· 马克思主义理论一级学科项目

· 习近平新时代中国特色社会主义思想研究中心

· 教育部社科司重点项目“高校思想政治理论课信息化教学建设研究”

· 国家民委人文社会科学重点研究基地云南民族大学民族关系和谐治理研究基地

· 国家民委民族理论政策云南民族大学研究基地

· 国家民委环喜马拉雅国别与区域研究中心

· 云南省重点马克思主义学院项目

· 云南省族际政治和谐治理创新团队

思想政治理论课研究丛书

思想政治理论课社会实践研究

苏丽杰　屈　睿　主　编

云南大学出版社
YUNNAN UNIVERSITY PRESS
·昆　明·

图书在版编目（CIP）数据

思想政治理论课社会实践研究 / 苏丽杰，屈睿主编
. -- 昆明 : 云南大学出版社，2019
ISBN 978-7-5482-3820-1

Ⅰ. ①思… Ⅱ. ①苏… ②屈… Ⅲ. ①大学生－思想政治教育－社会实践－调查报告－云南 Ⅳ. ①G641

中国版本图书馆CIP数据核字（2019）第258212号

策划编辑： 张丽华
责任编辑： 张丽华
封面设计： 任 微

思想政治理论课研究丛书

思想政治理论课社会实践研究

苏丽杰 屈 睿 主 编

出版发行： 云南大学出版社
印　　装： 昆明理煋印务有限公司
开　　本： 787mm×1092mm 1/16
印　　张： 17
字　　数： 330千
版　　次： 2019年12月第1版
印　　次： 2019年12月第1次印刷
书　　号： ISBN 978-7-5482-3820-1
定　　价： 88.00元

地　　址： 昆明市一二一大街182号（云南大学东陆校区英华园内）
邮　　编： 650091
发行电话： 0871-65033244 65031071
网　　址： http://www.ynup.com
E-mail： market@ynup.com

序

大学生是民族的希望和祖国的未来，是实现中华民族伟大复兴中国梦最为宝贵的人才资源。加强对青年大学生的教育和引导，强化实践教学和活动，帮助他们走好成长成才的必由之路，坚定理想信念，提高思想政治素质，促进他们的全面发展，既是发挥好高校思想政治理论课作为“立德树人”人才培养中的灵魂课程的作用的要求，也是培养造就肩负民族振兴使命、促进民族团结进步的践行者、促进者、守护者的必然要求。

在2016年12月召开的全国高校思想政治工作会议上，习近平同志强调指出，做好高校思想政治工作要因事而化、因时而进、因势而新。要坚持把“立德树人”作为中心环节，把思想政治工作贯穿教育教学全过程，实现全程育人、全方位育人。社会实践历来是大学生思想政治教育的重要环节，能让他们了解民生、了解国情，服务大众、服务社会，也是不断发展的新形势下大学生思想政治教育的有效途径，只有丰富社会实践的内容和形式，提高社会实践的质量和效果，才能真正实现育人的目的。

云南民族大学多年来一直坚持组织学生开展暑期大学生思想政治理论课社会实践活动。近年来，为进一步学习习近平新时代中国特色社会主义思想，用行动落实十九大精神，进一步加强和抓好大学生思想政治理论课的实践教学，学校继续鼓励、支持学生开展以“凝聚力量，探索中国精神，关注社会民生，宣扬法治理念，践行青春使命”为主题的暑期社会实践活动，并且在经费、组织、宣传、保障等方面加大了支持力度。

为深入学习贯彻习近平同志2018年5月在北京大学师生座谈会和纪念马克思诞辰200周年大会上重要讲话精神，高校必须进一步引导在校青年大学生把总书记的精神内化于心，外化于行，切实将总书记的讲话精神转化为砥砺前行的精神力量和自觉行动。云南民族大学围绕总书记重要讲话精神的丰富内涵和精神实质，鼓励广大青年学生以新时代的使命担当和责任要求，积极参与实践，坚持理论学习、创新思维与社会实践相统一，坚持向实践学习、向人民群众学习，在实践活动中积累经验、提升能力、增长学识。通过实践，青年学生在得到社会科学训练的同时，锤炼了能吃苦的品质，培养了面对未知世界的勇气，涌现出一批社会实践活动能手，创作了一系列社会实践优秀调研报告和论文。这些报告和论文是学生们紧密结合我国的国情、云南省的省情和学校的实际，立足现有条件，在广泛开展思想政治、依法治国、教育关爱、美丽中国、禁毒防艾、科学技术、文艺体育、社会调研、志愿服务、国情社情观察服务、“两学一做”进实践专项活动、城市流动少数民族人口管理服务活动等实证调查的基础上撰写而成的，从不同的文化、学科和地域视角提出了促进地区发展的一些建设性的意见与方案，充分展现了当代大学生服务地区、奉献社会、积极进取的良好精神风貌。

为了更好地总结交流经验，推动大学生暑期社会实践活动进一步开展，我们从近年来获奖的论文中选取了25篇，33万字，按“经济社会发展”“文化传承与发展”“人才培养”“党的先进性建设”四个专题汇编成《思想政治理论课社会实践研究》公开出版。本书的出版对于今后暑期社会实践工作的开展，对于学校实现实践育人目的，对于大学生的成长成才都具有重要的理论意义和实践意义。

编　者

2019年6月

目 录

第一部分 经济社会发展

第二部分 文化传承与发展

第三部分　人才培养

第四部分　党的先进性建设

第一部分

经济社会发展

外国语学院2017年暑期“三下乡”社会实践调研报告

云南民族大学外国语学院　卢丹丹

摘　要：云南民族大学外国语学院“三下乡”社会实践小组针对昭通市彝良县海子镇中沟村精准扶贫实施情况开展调研活动，通过网上查阅资料和实地走访的形式深入了解中沟村精准扶贫开展情况。大学生作为社会主义建设的后备军，有责任、有义务将所学知识有效应用于实践和基层。

关键词：精准扶贫；“三下乡”；社会实践

长期以来，我国的扶贫开发存在贫困人口底数不清、情况不明、针对性不强、扶贫项目和资金指向不准等问题。精准扶贫是针对以往粗放式扶贫而提出的一种精准到人到户的新的扶贫模式，是从业务工作到具体工作的转变。精准扶贫是我国在民生问题上做出的重大调整，对于扶贫工作的实施具有重大意义。中国扶贫攻坚工作实施精准扶贫方略，增加扶贫投入，出台优惠政策措施，坚持中国制度优势，注重六个精准，坚持分类施策，因人因地施策，因贫困原因施策，因贫困类型施策。数十年的改革开放，使数亿中国人甩掉了贫困的帽子，但中国的扶贫任务仍然艰巨。按照中国扶贫标准，一些贫困地区发展滞后问题没有根本解决。“经过多年的减贫工作，现在剩下的都是‘硬骨头’。”精准扶贫的提出，为扶贫工作指明了方向，加强了扶贫工作的指向性和针对性。

了解民生，是当代大学生义不容辞的责任。通过深入基层，学生们详细了解农户的家庭生活情况、脱贫状况，收集第一手扶贫信息，可为相关部门开展精准扶贫提供参考资料。精准扶贫调研能够让大学生体会到更为真实的基层社会，看到精准扶贫政策为广大农户带来的生活水平上的提高。精准扶贫是当前国家极为重视的一项工作，它承载着贫困农户脱贫致富的希望。同时，大学生具有很强的创造力，他们参与精准扶贫实践活动，能够收获知识，为精准扶贫工作的开展增添活力。

一、中沟村基本情况

该行政村隶属云南省昭通市彝良县海子乡，地处海子乡东南部，距乡政府所在地5.8千米，通往乡政府的道路为土路，交通不方便，距县城40千米。该村东邻本乡大田村，南邻树林乡，西邻本乡新营村，北邻本乡海子村。该村辖中沟、瓜车等20个村民小组。现有农户938户，有乡村人口3075人，全部为农业人口；劳动力1687人，其中从事第一产业的有1635人。

全村总面积16平方千米，平均海拔1610米，年平均气温10.1℃，年降水量910毫米，适合种植玉米、马铃薯、荞子等农作物。2006年全村经济总收入380万元，农民人均纯收入1250元。该村属于贫困村，农民收入主要以传统的种植业、畜牧业、外出务工收入为主。

彝良县作为贫困县之一，作为我国的革命老区之一，是云南省扶贫工作的重点开展地区。该地地理条件恶劣，地形以山地为主，耕地面积少，林地多但是土层薄，气候条件较差，雨季容易出现山体滑坡和泥石流等自然灾害，影响农作物产量，限制经济作物发展。

（一）耕地资源

全村耕地面积共4244亩，其中水田50亩，人均耕地1.38亩。全村山林面积7200亩。

（二）贫困人口基数大

据统计中沟村现有贫困户共428户，贫困户总数占全村总户数的45.63%，贫困人口基数大。

（三）基础设施

村中19个村小组农用公路网已改造完毕投入使用，现在还有彬彬村民小组正在改建中，村委会到村民小组之间的公路已经修通，沿主线的5条分支线共22.5千米，但晴通雨阻现象仍然存在；有11个村民小组农村饮水工程已经实施，剩下的9个小组饮水仍存在困难。由于地形限制，村民居住呈碎片化。村中有1

所小学，分6个班，有12个教师、1个卫生室、2名村医生。

（四）农村经济

种植业以核桃、花椒种植为主，但缺乏技术指导，产量相对较低，且缺乏管理，造成资源浪费。养殖业主要以养殖黄牛、山羊、猪、鸡为主，但成效不够凸显。发展经济作物缺乏动力。

二、精准扶贫工作开展情况

（一）深入到户，摸底调查

中沟村村干部以及云南民族大学驻村扶贫队对中沟村每一户进行深入走访和实地调查，精准识别到村到户，落实了每一户人家的贫困情况，有的放矢地开展扶贫工作，把“攻坚”摆在明面上，加强扶贫工作的力度和针对性。每一个贫困户都有对应联系的干部来进行指导和帮扶，干部驻村帮扶机制健全得以体现。中沟村扶贫队对每一户存在的问题进行了分析，根据致贫原因的不同，贫困户主要分为以下几类：技术不足、劳动力缺乏、资金不足、因病致贫、因学致贫等。同时，为了做好精准识别工作，中沟村充分发扬基层民主，在群众评议、入户调查、公示公告、信息录入等环节发动群众参与，保证程序透明，让贫困居民被精准识别出来，走向脱贫道路。

（二）完善基础设施，改变落后状况

中沟村道路设施的不断完善，为当地运输业的发展提供了条件，也为学生及村民出行提供了便利与安全保障。在天气作用下出现晴通雨阻的现象所带来的影响逐渐减小。村民小组间公路网的完善为生产生活条件的提高提供了便利条件。该村道路自2007年到现在已经有了较大改变，村内主干道已经从黄土路变为水泥路，村民出行方式也在改变，从原来的依赖步行转为依赖摩托车、汽车等交通工具。社区居民活动场所已经在筹建当中，危房改造补贴已经落实到相应的贫困户。

（三）教育扶贫，意义深远

云南民族大学驻村扶贫队主要致力于教育扶贫，通过开展帮扶“十事”来拉动当地教育水平的发展。教育扶贫见效慢、历时长，却是中沟村的扶贫重点，人口素质提高所创造的效益将带动中沟村发展，走上脱贫致富道路。

三、调查方法

对中沟村村民进行实地走访，并对村干部以及村民就精准扶贫开展、落实情况做采访和相关的调查。坚持理论、政策研究和实地走访相结合，进一步检验精准扶贫的成效。

四、实践准备过程

在前往中沟村做实地考察和走访之前，外国语学院社会实践小分队向云南民族大学驻彝良县中沟村扶贫工作队队长吴烨汇报了本次调研的目的和准备方案，吴老师根据当地情况给小分队提出了很多建议。小分队成员都认真做了记录，并对之前定下的方案以及针对贫困户对精准扶贫满意度的问卷都做了修改。除此之外，小分队成员对精准扶贫的含义和六项措施都进行了学习，以便在理论的指导下更好地开展本次实践活动。

五、对中沟村致贫原因的分析

（1）自然地理条件限制。由于地形原因，该村村民呈碎片化居住，且耕地面积较少，全源于山地开垦，难以发展大规模种植业。缺乏经济作物，且农作物产量低。山地面积较大，但由于土层薄，土壤肥力低，难以发展林业。

（2）教育致贫。村中儿童失学率在50%以上，文盲占比高。

（3）缺乏主要劳动力。村中青壮年主要依靠外出打工来补贴家中生活，空巢老人、留守儿童在全村人口中占比大。

（4）缺乏企业实体的带动，村民仍然依靠自给自足的“小农经济”发展。

（5）交通不便。村民出行主要以步行和骑摩托车为主，晴通雨阻现象仍然存在。

六、对中沟村开展精准扶贫工作的建议

（1）重视生态环境保护，退耕还林还土，坚持走可持续发展道路。

（2）大力发展教育事业，改变中沟村素质贫困的现状。认真落实义务教育政策，使失学率降为0。

（3）定期开展农业、手工业的技术培训。

（4）做好产业扶持，鼓励发展实体企业，吸纳当地劳动力，改变村民“自给自足”的现状，提高收入。

（5）完善基础设施，使天气对交通的影响逐渐减小，给经济作物的运输提供有利的交通条件。

（6）大力发展经济作物，形成区域性特色产业。

（7）依托当地自然地理，合理调节、利用自然资源。

精准扶贫政策的实施，为我国贫困地区的扶贫工作做出了指导，同时具有深刻的实践意义，在实现全面建成小康社会奋斗目标的道路上迈出了关键的一步，也加强了扶贫的针对性，让长期存在的脱贫难问题有了巨大的突破。在下乡实践中，我学到了很多东西，也更加深刻地领悟了精准扶贫的内涵和开展精准扶贫对中沟村贫困户的意义。只有实施精准扶贫才能增强扶贫针对性，才能更加直接有效地帮助需要帮助的人，让扶贫工作能有效地开展。社会是我们的社会，作为当代大学生的我们有义务去了解社会，主动承担责任，做好自己该做的事。比起还挣扎在温饱线上生活的人们，我们更应该倍加珍惜衣食无忧的学习生活。

助社区健身　创文明城市

——以昆明市呈贡新区为例

云南民族大学体育学院　孟宾　高磊

摘　要：云南民族大学体育学院调查小组根据国家《全民健身计划纲要》相关条例的指导，主要针对呈贡新区的前卫营小区、书香大地小区、实力锦城小区、雨花毓秀小区的社区健身事业进行了调查。

关键词：社区；体育；学校

当前，中国经济建设和社会发展对人民的整体素质提出了新的更高要求，但是，全民健身工作的现状还不能适应社会主义现代化建设的需要。群众的体育健身意识还不够强，群众性体育活动的开展还不够广泛，经常参加体育锻炼的人数还不够多，现有体育场地设施在向社会开放、满足群众开展体育锻炼的需要方面还有较大差距，全民健身工作的科学技术和监测管理还比较落后，有关的法规制度还不够完善，适应社会主义市场经济体制的全民健身管理体制和运行机制还在探索之中。这些问题，应随着经济和社会事业的发展，逐步加以解决。围绕这些问题，我们对呈贡的四个小区进行了调查。

一、实践地点基本情况

雨花毓秀、前卫营、实力锦城、书香大地 4 个小区分别位于吴家营、朗家营、缪家营自然村地界内，占地 43.15 平方千米，面积相当于目前昆明半个市区，距离昆明市区约 24 千米。这里北接规划中的市级行政中心区，东接丘陵果园，环境优美，独立安静。

二、实践主要内容

（一）实践时间

2017 年 9 月 6 日至 2017 年 9 月 12 日。

（二）实践地点

云南省昆明市呈贡新区前卫营小区、书香大地小区、实力锦城小区、雨花毓秀小区。

（三）调研对象

前卫营小区、书香大地小区、实力锦城小区、雨花毓秀小区中的 40 岁以上中老年人。

（四）调研方法

（1）实际调查法：采用走访调查，主要对社区中的中老年人群进行问卷调查。
（2）访谈法：在调查期间与健身人群进行交谈。
（3）问卷调查法：制作调查问卷，进行问卷调查。
（4）数据统计法：对调查问卷的数据进行统计总结。
（5）经验总结法：对整个调研活动进行总结，并开会讨论对应方案。

（五）实践目标

（1）了解现在社区里体育设施是否齐全及社区群众对设施的使用情况。
（2）了解社区健身的专业程度。
（3）了解健身在中老年人心中的重视程度。
（4）了解中老年人健身的基本内容、具体活动项目。
（5）了解社区群众是否愿意接受大学生对健身活动的指导。

（六）实践意义

了解并整理社区健身存在的问题，给出合理的解决方案，更好地响应全民健身。与此同时在学校倡导学生走出宿舍、走出网络、走向操场，投入带领社区中老年人进行全民健身这样有意义的活动中来。这样既可解决社区健身活动无人指导的问题，同时也可提供体育专业大学生毕业后的就业方向。无论是在体育领域或是建造文明城市领域，都将是一派和谐的新气象，并且可以更好地解决全民健身政策开展以来所遇到的一些问题。

三、实践情况调查概述

（一）基本情况

经过前期的准备，云南民族大学体育学院调查小组于 2017 年 9 月 6 日开始进行社区调研。此次调研由体育学院（国际太极学院）2015 级孟宾同学带队，其他成员由单秘、飞文林、刀玉兵、高磊、李春奇、王必超、段家昌组成。云南民族大学体育学院调查小组先后去了前卫营、书香大地、实力锦城、雨花毓秀等小区，制作调查问卷并进行小组分工，调查时间一般在清晨6：00—8：00、下午18：00—20：00。

主要调研对象为在街道上晨跑的路人、社区里的太极爱好者、晚饭过后在社区散步的叔叔阿姨等。我们对他们进行了问卷调查，同时和被调查者进行互动，指导他们一些专业的健身运动技巧，讲解一些体育运动常识，还对一些不是很喜欢运动的人群进行关于运动对身体健康的重要性的解说，同时我们也得到了当地广大中老年人的喜爱和支持。

其间也有一些小区居民发现我们在进行社区健身活动的相关调查，主动走近、配合我们填写调查问卷，并且他们主动询问一些健身、身体健康方面的知识，我们也一一进行了详细的知识普及。随后我们调查小组对调查结果进行汇总统计，并在指导老师的主持下召开小组讨论会，对通过调查发现的小区居民的社区健身存在的问题，进行讨论并且初步得出解决方案。

（二）调研人员

孟　宾　2015 级体育学院（国际太极学院）体育教育专业
高　磊　2015 级体育学院（国际太极学院）体育教育专业
单　秘　2015 级体育学院（国际太极学院）体育教育专业
刀玉兵　2015 级体育学院（国际太极学院）体育教育专业
飞文林　2015 级体育学院（国际太极学院）体育教育专业

李春奇　2015 级体育学院（国际太极学院）体育教育专业
王必超　2016 级体育学院（国际太极学院）体育学类专业
段家昌　2016 级体育学院（国际太极学院）体育学类专业

（三）制作问卷

社区健身调查问卷

1. 您的性别是？（　　）
   A. 男　B. 女
2. 您的年龄为？（　　）
   A. 40—50 岁　B. 50—60 岁　C. 60 岁以上
3. 您目前的身体情况是？（　　）
   A. 健康　B. 良好　C. 患病
4. 您的子女是否长时间陪同您？（　　）
   A. 经常　B. 偶尔　C. 极少
5. 您现在喜欢运动吗？（　　）
   A. 喜欢　B. 不喜欢　C. 一般
6. 您大概什么时候运动？（　　）
   A. 早上　B. 中午　C. 下午
7. 您平时有多长时间用来运动？（　　）
   A. 30 分钟以内　B. 30—60 分钟　C. 60 分钟以上
8. 您对所在社区现有的健身设施是否满意？（　　）
   A. 满意　B. 不满意　C. 一般
9. 倘若大学生来带领您做社区健身是否同意接受？（　　）
   A. 是　B. 否　C. 一般
10. 您希望健身运动是太极拳、健美操、广场舞或者其他？（　　）
    A. 太极拳　B. 广场舞　C. 其他

（四）数据分析

该问卷只在雨花毓秀、前卫营、实力锦城、书香大地小区内发放，该问卷为开放式问卷，问卷共设 10 题，语言采用汉语。其中第 1 题有两个选项，第 2 至第 10 题均有三个选项。

以下数据是通过统计调查问卷之后得出的数据，通过求出每个被选选项分别占总人数、男性人数、女性人数的比例之后再进行比较。本次调查共发放了100张问卷，其中男性47人，女性53人。男性占总人数的47%，女性占总人数的53%。

表1 汇总统计表（百分比）

	第1题	第2题	第3题	第4题	第5题	第6题	第7题	第8题	第9题	第10题
A选项	47%	20%	26%	11%	54%	43%	30%	32%	67%	33%
B选项	53%	46%	40%	36%	15%	16%	44%	19%	11%	46%
C选项		34%	34%	53%	31%	41%	26%	49%	22%	21%

通过汇总统计调查问卷后，我们可以清晰地看出：社区居民进行健身锻炼的人群有80%年龄处于50岁以上；身体处于健康状态的只有26%；进行健身锻炼的时间43%集中在早上、41%集中在下午；进行健身锻炼的时长在30—60分钟的占44%、时长在60分钟以上的占26%；愿意大学生进社区进行健身锻炼指导的比例占67%。

四、社区健身存在的主要问题

（一）社区健身器材设施存在问题

健身器材分布不均，部分地方器材稀少不能够满足社区居民的需求，部分地方健身器材太多反而出现资源浪费的情况。另外器材的维修问题，有些器材轻微损坏却长时间缺乏维修，有些健身器材甚至常年失修已经不能再投入使用。

（二）小区居民运动时间不固定

有些居民运动时间较长，有些则较短。经调查统计我们得出，运动时间少的人群主要是照顾家中幼儿、做家务、忙工作。

（三）运动的主要群体年龄集中在50岁以上

由于生活原因大多数小区居民对身体健康问题的认识不够充分，中年人因工作忙碌而选择忽略身体的健康状况，老年人因疾病缠身而导致不能正常进行运动锻炼。

（四）健身人群对太极拳和广场舞以及一些简单的体育项目兴趣浓厚

中年人太忙缺乏运动时间，老年人学习能力差。太极拳和广场舞这些简单易学、节奏感强的运动锻炼方式更加受小区居民欢迎。

（五）健身的专业性不够强

我们了解到，小区居民以往都是自己通过观看网上视频进行健身运动的学习，没有专业人员进行指导。倘若有专业人士义务进行健身运动的指导，会有更多的小区居民参与进来。

（六）健身人群大多数缺乏亲人陪伴

处于忙碌的时代，为了满足家庭的生活需求，大部分居民的亲人、子女都在外工作，很少有时间陪伴父母、家人。这就造成了社区老年人群体大多数缺乏亲人陪伴，同时老人的健身过程缺乏安全保障。

五、对社区健身存在的问题提出相应改善方法

一是现在的社区健身存在的主要问题是专业性不足，学校培养的体育人才又缺乏用武之地，倘若可以将学校培养的体育专业人才面向社区，那么社区健身的专业性就可以得到保障，学校的专业人才又可以得到实践的机会，实现双方的互利共赢。

二是针对社区健身器材的不足问题。社区健身可以使用学校体育教学资源，呈贡新区大学里的器材设施可以对外开放，让那些喜爱健身运动的人群进入学校，利用学校场地进行运动。而中小学基本没有对外界人员开放，造成多数的健身场地和设施的浪费，大部分健身场地闲置，需要健身的人群没有足够的健身场地进行锻炼。

六、本次社会调研各位组员的一些感悟

（一）孟宾的感悟

前期的准备工作是很辛苦的，作为调查小组负责人，我肩负的责任是巨大

的，同时也是对我能力的一种考验，我觉得对调研工作的统筹规划并不是最让我担心的，让我更放心不下的是整个调研过程中组员的安全问题。因此我提早陪同组员高磊对我们要调查的小区进行安全情况调研，在确保调研地点周边环境安全后我才放下心来。2017 年 9 月 4 日在确保我小组队员全部返校的情况下，当晚开了个小型会议，主要是进行组员分工安排，5 日我们进行调查准备，6 日调查小组开始调查。这是我第一次做问卷调查，刚开始很新鲜，但这是一件很辛苦的事，可以说感受也很深。从问卷设计到问卷发放再到问卷分析，还有最后的报告总结，一张小小的问卷，一本薄薄的报告，却含了我们多少辛苦的汗水。可以说最后的报告可能是最难做的，这样的重担也就落在作为组长的我身上了。为了能更好地做好这次问卷调查的分析报告，我和组员们把问卷的题目全部仔细看过并分析通过这些问题得到的答案的意义，然后把数据总结和分析又认真地审核了一遍。在确保无误的前提下，用了多个晚上的时间把问卷调查报告写出来了。担心内容还会有差错，我就把报告的电子稿同时发给其他小组的组员，让他们查找错误。经过我们的审核，修订好了要提交的这一份总结报告。

（二）高磊的感悟

我是第一次参加社会调研活动，2017 年 9 月 5 日晚上组长说我的职责是负责调研过程中的安全保障工作。实话说，接到这个任务的时候我心里也没底，因为我的责任重大，要负责整个团队成员的人身安全问题，需要提前去调研地点了解环境安全情况，让我充满信心的是当晚组长孟宾提出陪同我一起去进行安全调研工作。别看我看起来可能不是很强壮，但是安全警惕性很高，我相信也是因为这点组长才选我做这个工作。其实，社区居民都还是很和蔼可亲的，善良的老爷爷，慈祥的老奶奶，他们都在运动健身，祝他们健康长寿！

（三）单秘的感悟

和他们一样，我也是第一次做社会调研，我负责的是最后数据的汇总统计，从没有做过社会调研的我认为这事很简单，但是事实并不是那样。当 100 张调查问卷放在我面前的时候，我感觉到了任务的艰巨性，100 张调查问卷，1000 个数据结果，都要一一做到精确无误，我感到我的责任是重大的，因为我的工作直接关系到调查数据的准确性以及整个调研的后续工作。不过还好，组员们经过一天的奔波虽然很疲惫，但还是主动帮助我一起统计数据，那一刻，让我很感动。我们是一个团队！

（四）刀玉兵的感悟

我也是第一次做社会调研，而且组长分工后我来负责调查问卷的发放和填写，我是个有点内向的人，这种工作对我来说是一个挑战。在第一天刚开始的时候，调查的第一个人岁数和我爷爷相仿，我还是有点害羞的，不太擅长说话、沟通交流。但是看到组员们充满鼓励的眼神，我心里就有了点勇气，老爷爷也很慈祥善良，就这样我说话不会再那么害羞了。之后的几位社区居民也并没有想象中的那么难以相处，都很和蔼可亲，就这样我慢慢地敞开了心扉，在与人沟通方面成长了很多。感谢我的组员、我的团队，是你们给了我力量，让我变得越来越好！

（五）飞文林的感悟

我并不是第一次参加社会调研活动，在整个调研工作安排中，我的工作可以说是最轻松的一个。白天虽然背着相机、支架来回跑，但是我热爱拍摄，这些都不算累。我的工作也是重要的，我要负责记录下来团队在调研活动中每一个精彩、感人的瞬间，抓拍到每一个细节，记录下我们团队整个调研活动的过程。晚上对照片进行后期加工处理，实时跟进微信、微博的宣传。虽然忙碌，但我乐在其中。这是一次深刻的经历，它让我学到了实践的重要、团队协作的珍贵以及做事要保持一个积极仔细的态度，要善始善终！这样的学习经历要比只学习书本上的知识更有趣，使知识掌握得更实际更具体，相信也会对我们以后的工作有很大的帮助。

（六）李春奇的感悟

我主要负责这次社会调研活动的后勤保障，简单来说我就是团队的钱包。出行调查、餐饮以及各种物资的保障工作都要由我来做，可能我不是最重要的那个，但是团队少了我是不行的。虽然经济大权在手，但是我要求自己做到每一笔开销公开透明，每一笔账目我都会在工作群里进行汇报，同时也要做到能省则省，但这是建立在保证了每一位组员的基本需求之后的。我要感谢我的团队给予我的信任以及支持。这次活动，让我知道：梦想与现实真的还有好长的距离，也让我知道遇到困难和坎坷，我们要迎难而上学会思考寻求解决的方法，而不是一味地退缩和逃避。逃避是不可能解决问题的，只会把问题越积越厚，最后就会压垮自己。

（a）调查小组在调查过程中和被调查对象聊得很融洽，社区的叔叔阿姨们也都积极配合我们调查

（b）调查期间队员对正在健身的人群进行体育指导和讲解示范，同时在队员的带领下社区阿姨跟着行动起来

（c）据了解，这位68岁的爷爷进行太极拳锻炼已经有五六年时间，进行锻炼后，这位爷爷的身体素质得到明显提高

社会调研活动精彩瞬间

基层实施依法治国中存在的问题与对策

云南民族大学应用技术学院　何贵飞

摘　要： 实行依法治国是精神文明建设的前提条件；建设法治中国的一个重要方面就是要形成一个好的法治文化，要善于集中多数人的智慧，形成我国的法律体系、法治理念、法治精神、法治思维；要使公众有很强的法律意识，对法律产生敬畏心理，就要让基层人民也能够了解到我国的法治现状和背景。

关键词： 依法治国；基层普及；问题；对策

全面推进依法治国，总目标是建设中国特色社会主义法治体系，建设社会主义法治国家。坚持依法治国、依法执政、依法行政共同推进，坚持法治国家、法治政府、法治社会一体建设，实现科学立法、严格执法、公正司法、全民守法的总体目标，积极促进国家治理体系和治理能力现代化。使法治理念深入民心，是建设法治中国的必然要求。在“三下乡”活动中，开展法治观念宣传，很有意义。

一、背景介绍

此次赴楚雄彝族自治州元谋县开展依法治国的宣讲活动，是法学专业同学与其他队员深入了解和学习十八大关于依法治国理念精神，并结合自己所学知识，将此大会传达的精神讲授给当地居民的举措。积极响应党中央关于依法治国的重要指示，全面贯彻落实依法治国基本方略，为协调推进“四个全面”基本方针，在校团委和院党委的支持下，我们于 2017 年 8 月开展了为期七天的“三下乡”普法社会实践活动，到基层人民群众身边，切实了解法治在基层的实现水平，真正为谱写好依法治国基层篇章承担了当代大学生应该承担的社会责任。当代大学生积极主动弘扬社会主义法治精神，力求增强百姓法治观念，提高人民维权意识，促进社会知法、懂法、守法观念的形成。

首先，众所周知建设法治中国的一个重要方面就是要形成一个好的法治文化氛围。要善于集中多数人的智慧，形成我国自己的法律体系、法治理念、法治精神、法治思维。要使公众有很强的法律意识，对法律产生敬畏心理，要让基层人民也能够了解到我国的法治现状和背景。

其次，实行依法治国是精神文明建设的前提条件。改革开放数十年来，一个始终无法回避的事实是社会风气和道德标准下降，建设精神文明、两手抓就成为党中央一再强调的工作重点。但这项常抓不懈的工作成效不显著也是不争的事实，其原因就在于法治建设的不力，想要搞好精神文明建设，必须先下大力气搞好法治建设，所以法治理念深入民心就显得尤为重要，这也是我们此次下乡到元谋当地开展法制宣传的目的之一。

2014 年 10 月 24 日，党的十八届四中全会召开，提出依法治国首先要依宪治国。全会提出，全面推进依法治国，总目标是建设中国特色社会主义法治体系，建设社会主义法治国家。坚持依法治国、依法执政、依法行政共同推进，坚持法治国家、法治政府、法治社会一体建设，实现科学立法、严格执法、公正司法、全民守法的总体目标，积极促进国家治理体系和治理能力现代化。会议审议通过了《中共中央关于全面推进依法治国若干重大问题的决定》。全会明确了全面推进依法治国的重大任务，这就是：完善以宪法为核心的中国特色社会主义法律体系，保障实施宪法；深入推进依法行政，加快建设法治政府；保证司法公正，提高司法公信力；增强全民法治观念，推进法治社会建设；加强法治工作队伍建设；加强和改进党对全面推进依法治国的领导。当代大学生思想觉悟较高，提升大学生的法治意识对于贯彻落实我国的依法治国方略具有极为重要的现实意义。由大学生将此理念传达给基层群众，有助于促进法治建设。通过活动，我们了解到提升基层群众法治意识的重要性和必要性，提出了具有针对性的相关对策与建议，以促进基层群众法治意识的提升和法治理念的确立。法治理念深入民心对于国家建设法治中国具有必然性作用，此次“三下乡”开展法制宣传的活动对推进此理念有重大意义。

二、地理概况

元谋地处滇中高原北部，在东经 101°35′—102°06′、北纬 25°23′—26°06′之间，是楚雄彝族自治州下辖的一个县，东倚武定，南接禄丰，西邻大姚，北接四川会里，西南与牟定接壤，西北与永仁毗连。县城距省会昆明 189 千米，距四川省攀枝花市 143 千米，距楚雄州府 134 千米。全县面积 2021. 69 平方千米。

元谋县呈盆地地形，四周多山，气候属南亚热带干热季风气候，年均气温高，独特的气候和优异的水热条件形成了以第一产业为主的种植经济。

三、活动内容

在学校的大力支持下，我们在云南省楚雄州元谋县展开了为期一周的校级科研立项项目。以下按时间顺序对此次项目活动进行说明。

2017 年 8 月 17 日，来自云南丽江、普洱、昆明等地的小组成员汇集于元谋县，并在当晚召开会议确定了大致行程。小组一致决定利用当地政府的宣传资料以及本专业优势对元谋县周边乡镇的基层群众进行一系列普及法律的活动和宣讲，旨在让大部分村民懂法、识法、用法。然而在实际活动中出现的一系列问题导致我们的目的难以达到，具体将列于下文。

2017 年 8 月 18 日，小组乘车来到元谋县黄瓜园镇，徒步 5 千米到达海洛村。在当地村干部的支持下，深入贫困人家，从询问村民的生活情况开始，循序渐进地把此行的目的添入其中，并对其中几户人家进行了问卷调查。在当晚赶回驻地后，队长对队员进行了分工，对问卷调查进行了分析，以方便了解法律知识在小型村镇中的普及程度。当晚，小组再次召开了会议，讨论了黄瓜园镇海洛村为何法律普及范围小，讨论后找出以下几个原因：①地理位置。海洛村地理位置比较偏僻，远离中心街区，是地震和泥石流多发区，导致了村民与外界沟通不便，当地居委会不重视法律问题。②教育问题。村落分布过于松散，留守家中的老人多半不认字，对法律的知识了解不多。

2017 年 8 月 19 日，小组乘车来到元谋县物贸镇物贸村。在之前的会议中，我们询问了有关人员，对当地的情况进行前期了解，尽管在外活动的多为老人，但家中多有幼儿。于是此次出发前，队长带领一名队员到当地书店购置有关法律的书，通过向老人发放资料，鼓励识字幼儿朗读的方式，达到一文多学的效果。考虑到当地情况，图书涵盖农村宅基地的批建与纠纷解决、消费者权益保护、交通事故处理、农民工权益保护以及法律援助等知识。在当晚，针对当日活动再次召开会议，表扬了现已改进的工作方法。不足之处在于投入成本过大，不利于大范围普及宣传。

2017 年 8 月 20 日，小组乘车来到元谋县老城乡老城村。当日采取发放宣传单的形式，单上印有队长的联系方式，以解决村民识法却不会用法的问题。在遇到有债务纠纷问题的村民咨询时，几位法学专业的队员提出了自己的解决办法。其他队员深刻地认识到国家的宏观调控无法深入基层的角角落落，国家开设免费的法律咨询却没有宣传到位，以至于基层群众仍为民事纠纷而烦扰。

2017 年 8 月 21 日，队长带领队员前往元谋县政府和元马镇政府，取得有关支持，获得大量普法的宣传资料。同时，政府工作人员对元谋县各个乡镇进行了简短介绍并仔细听取队长对之前的乡镇普法工作的情况和见解。当天，我们对镇政府收集的资料进行分类和背诵，以便更好地普及各项法律。

2017 年 8 月 22 日，休整一天后，小队于傍晚时分来到人头攒动的凤凰湖公园。将背诵一天的材料向路人做详细的介绍，耐心细致地回答一些社区居民的疑问。

2017 年 8 月 23 日，我们来到元马镇小庄村，主要采取走访当地、派发材料、积极讲解等方式进行活动。

至此，对之前了解后决定考察的乡镇，已全部完成考察。本次活动宣传项目广，涉及群体多。前期多方面规划，实际以群众为根本，利用专业解决实际，利用实际理解理论。

2017 年 8 月 24 日，小队来到金沙江畔的红军长征纪念馆，馆里收藏有条件简陋的医疗物品和具有年代感的生活用品。红军的精神值得我们学习。

公共需求是一定社会中绝大多数社会成员对客观事物共有的、具有共享性的需求。公共问题是形成共同的需求后，由于客观条件的制约而使主观的需求得不到满足而产生的主客观之间的矛盾，是一个客观存在的现象。伴随着社会发展，更多公民意识到法律的重要性，已经形成了公共需求，如何学法、懂法、用法，成了迫切需要解决的公共问题。社会公共问题超出个人问题和集体问题的范畴，是与广泛的社会生活发生关系的客观存在。

四、突出问题

普法宣传是法治建设的基础性工作，承担着普及法律知识、弘扬法治精神、培养法治观念、引导法治行为的社会责任。在“三下乡”期间，我们深入了解了元谋县周边几个重点乡镇的普法情况，总结出以下几个问题：

（一）普法对象多元化，统一普法难度大

首先，按年龄层次划分，普法对象分为青少年、中年、老年，不同年龄阶段爱好不同、关注的法律内容不同、接受能力不同；其次，若以社会角色划分，又分为学生、农民、工人，由于社会角色的关系，大部分人群了解的法律知识存在一定的局限性，对法律的多元性缺乏认知；最后，当代农村中，大部分青壮年选择进城务工，留在村中的多为老年人和少年儿童。鉴于以上原因，普法难度极大。

（二）普法力度薄弱

经过我们的观察，村中虽然有许多普法宣传标语，但是没有能够切实解决村民问题的相关法律顾问，很多遇到法律问题的村民不能够及时地得到咨询。而致力于村级纠纷化解的民调主任和治保主任都不是法律专业人士，在处理村级社会事务时，存在法律宣讲不到位的情况。

（三）普法内容单一，成本大收益小

在整个普法过程中，我们准备了普法书籍、普法手册、宣传单、展板、法治宣讲等进行普法宣传。花费了大量的物力财力，虽然将书籍、宣传册等递到人们手中，但没有去搜集有关普法效果的信息，比如，法律宣传单、手册等只是大部分分发给了在家的老人、儿童，至于他们使用这些材料的情况我们很难得知。

（四）普法内容枯燥乏味，难以激起群众兴趣

一是普法形式以文字为主。普遍使用法律专业术语，使得只能抽象理解的法律知识变得更加难懂。二是有些宣讲员为了完成任务，进行法治宣讲时只是一味地读法条，没有结合案例进行讲解，导致了群众对法律知识的排斥。三是没有结合群众的实际需求进行法律宣传，使得普法宣传流于形式。

（五）普法对象对法律知识的不重视

在对本地区农民法律意识的调查中，当问到当自身的权利受到侵害时，是否会去法院起诉时，立即想到去法院起诉的只有少部分，大部分农民回答不会、不清楚；而问到农民会选择何种方式来维护自身利益时，有部分村民选择私下解

决，还有一部分会选择通过村主任、村支书等第三方解决问题，只有很少的一部分村民选择靠法律途径解决自己的问题。这在一定程度上反映了农民在日常生活中并没有意识到法律的地位，没有真正地重视法律和运用法律，没有认识到法律解决纠纷的即时性、可靠性和有效性。

（六）普法对象文化程度低

在我们的走访调查中，我们发现很多村民没有接受过正式教育，除了在校的学生之外，少部分中年人和大部分老年人对宣传手册中的文字讲解的实质内容一无所知，由于没有法律意识，对其中的专业概念理解起来很困难。

（七）学法用法脱节、执法不公的不良现象，打击了农民学法的信心

在调查中发现一些农民不是不想学法，而是觉得学法没用，不是对学法没兴趣，而是对法律没信心。造成这种状况的主要原因，就在于有的领导干部以言代法，以权压法。有些农民说："法律虽好，但执行起来，就往往走样。法律讲的是一回事，执行又是一回事，叫我们农民咋相信？学了法有什么用？"这些问题不解决，将会严重损害法律和国家在农民群众中的形象，损害党同人民群众的联系，就会使农民群众对法律失去信心，农村普法已取得成果也难以巩固。

五、对策措施

法制建设是社会稳定的基础。元谋县 2017 年首次举办"政府开放日"等活动，邀请 204 位普通群众参加"政府开放日"活动，他们来到县政府大院，在县委书记办公室、政协主席办公室、大会议室一路参观。县政府同时决定今后还将通过固定时间开放、不定期开放等形式，使百姓走进政府、监督政府工作常态化，这一以开放、透明、服务、民本为宗旨的创新做法，是近年各地推进依法行政、建设法治政府的一个缩影，这加大了人们对政府工作的认识和理解，人们享有参政议政的权利，能深入实践中去，体会政府工作的难处和不足，这样也有利于社会公平公正，群众可以心平气和，社会就能健康发展。

一是法制建设。制度是开展法制宣传工作的重要保障，一个城市的发展要依靠制度来管人、用制度来管事、用制度来推动。社会稳定，制度就能更好地推行，就越容易建立人们心中的服务型政府。因此在村（社区）推进"五个一"[一个法律顾问、一个"法律明白人"、一个法制宣传栏、一个法律图书室

（柜）、每季开展一次“法律下乡”活动］工程，强化“民主法治村（社区）”动态评价机制，探索基层民主法治建设激励措施，不断深化“民主法治村（社区）”建设工作。二是深入开展主题日、纪念日、节假日普法活动。这些都有利于社会的健康发展。

法制建设是社会和谐的重要推动力。没有法律的严肃性，就没有社会的和谐稳定，所以加大法治教育力度，加强公民法治意识培育，加快现代法治价值观的形成，已经成为提升法治建设水平的重要内容和环节。要围绕增强法治意识，不断深化普法教育。领导干部要带头增强法治观念，自觉养成依法办事、依规办事的习惯，切实提高运用法治思维和法律手段来推动工作、促进发展、解决经济社会发展中的突出矛盾和问题的能力，为全社会形成良好的法治环境树好榜样；要全面实施“六五”普法规划，在全县公民中深入开展学习宣传各项活动，营造全社会自觉学法、用法、守法的氛围，切实引导广大人民群众坚持依法反映诉求、维护权益，依法解决矛盾纠纷，努力建设政府与社会多元共治、公民法人依法自律的诚信社会共同体。

（一）加强法律宣传

首先，随着电视、网络普及程度的提高，我们应该充分利用这种时效性、直观性、权威性较强的传播途径，进行法律知识的宣传，改变传统的说教方式。在农村，我们可以利用公益广告、法制节目等电视手段来加强法律知识的宣传教育，如中央电视台的焦点访谈、今日说法，河北电视台的警方报道、法制河北，各县电视台的法律事件报道，如村民运用法律维护自己合法权益的事件等，以丰富村民的法律知识，增强他们的法律意识和培养其运用法律来维护自身合法权益的思维方式。

其次，元谋县政府、镇政府应该开展“送法下乡”活动，普及农村法律知识，加强农村的法制建设，让法律知识的宣传不再只是停留在政策方面，而是深入村民的日常生活中。如采用村民易于接受的宣传形式，如戏曲、秧歌等娱乐节目，可以将法律知识融入这些娱乐节目中，这样不仅丰富了村民的业余生活而且让村民受到了法律知识的熏陶。此外，给予村民适当经费，让村民自编自演，形成节目，扩大宣传范围，这样更有利于村民法律意识的提高。

（二）加强和完善农村法治文化建设

法治文化包括法治制度、行为、精神等方面。加强农村法治文化建设，既要注重完善农村法律制度，对村民的行为进行正确的引导，更要加强民主法治精神的构建，使村民知法懂法护法，懂得运用法律维护自身的合法权益，并以守法、护法、用法为荣。

首先，完善村民自治制度。村民自治制度的核心是民主选举、民主决策、民主管理、民主监督，加强村民自治制度的运行，使村民有效地参与到选举、决策、管理与监督中来，提高村民的主人公意识，加强村民的自治意识。全面推行运用法律维护合法权益的奖励制度，如在村民的日常生活中，当村民运用法律知识维护自身合法权益时，村委会要对这种正确行为进行适当的奖励，激发村民学习法律和运用法律的热情，提高村民的法律意识。

其次，发挥村委会依法正确引导村民行为的作用。村委会应依法管理村社，为村民依法办事做出榜样。当村民遇到矛盾或纠纷时，村委会应进行正确的行为引导，帮助他们运用法律知识化解矛盾，解决纠纷。同时，建立村民法治人物和事件评选制度，通过典型人物推动农村法治建设的进程，让他们在农村法治文化建设中起到模范带头作用，通过村民自己的行为提高法律意识，改善周围的法治文化氛围。

最后，加强法治精神的构建。法治精神包括依法治理的精神、权利义务精神等。宣传法律知识不仅让村民懂得法律条文，更要让其明白条文背后所体现的法律精神。村民自治制度的完善和落实，不仅是体现我国法治进程的里程碑，更是民主法治精神的发扬光大。村干部带头模范守法，不仅是为了维护法律尊严，更是为了维护村民的合法权益。法治人物评选不仅是加强法律知识宣传和学习的手段，更是法治精神在实践中结出的硕果。因此，村民在一个遵法守法的文化环境中，就能潜移默化地树立法治精神。

社会主义新农村建设离不开法制的有力保障，提高村民的法律意识是加强农村法制建设的基础性环节。中共中央、国务院制定的《关于推进社会主义新农村建设的若干意见》明确提出，要“加强农村法制建设，深入开展农村法制教育，提高农民依法维护自身权利和履行义务的自觉性”。农民只有提高法律意识，才能运用法律来维护自己的合法权益。因此，提高村民的法律意识，是村民利用法律维护自身权益，利用法律知识达成协商共识、化解矛盾，有效地推动社会主义新农村法制建设的重要前提。

法是以国家政权意志形式出现的，具有权威性。而法制建设作为社会主义建设的一项重要内容，是元谋县加强社会管理的重要内容，也是经济社会发展的重要保障。近年来，元谋县全社会法制意识不断增强，法制环境持续优化，效果显著。可以说法制建设有利于社会的稳定、发展和和谐。

社会稳定、发展和和谐三者是相互统一的，统一于党立党为公、执政为民的基础，统一于科学发展观。稳定是发展和和谐的基础，没了稳定，社会就犹如无本之木，无源之水，而发展和和谐又离不开稳定。所以三者是一个综合体。

大学生参与“三下乡”活动，是当年五四青年开创的“走向社会，深入民众”光荣传统的延续。作为新时代的大学生，我们参加暑期“三下乡”社会实践活动，就是要发挥专业优势和特长，在实践中受教育、长才干、做贡献。

为积极响应院团委号召，引导广大青年学生在全面建成小康社会的实践中树立和落实社会主义科学发展观，学习实践社会主义核心价值观，服务社会主义新农村建设，在依法治国大环境下，我们一行七人（包含四名法学专业的同学），选择了普及宣传法律这一课题。

法制宣传教育是提高全民法律素质、推进依法治国基本方略实施、建设社会主义法治国家的一项基础性工作，是提高公民履行法定义务、维护自己合法权益的自觉性和能力，增强参与社会管理和监督的责任感，适应现代法治社会的要求，是法制宣传教育工作长期发展的需要。

“美丽砚山行”环保宣传社会实践报告

云南民族大学化学与环境学院

邵　鑫　钟素贤　于红梅　汤慧敏　杨　露　番振中　王博涛

摘　要： 为调查云南城乡环境现状，开展环境保护宣讲工作、了解环保产业，寓学于用，云南民族大学化学与环境学院环境工程专业师生在暑假期间赴云南省文山州砚山县开展了以“环保知识进村进户，美丽砚山保护听湖”为主题的社会实践活动，对当地的生态文明建设进行了走访调研，对存在的环境问题进行了分析，并提出了相关的建议。

关键词： 环保宣传；湖泊保护

习近平同志在哈萨克斯坦纳扎尔巴耶夫大学发表演讲谈到环境保护问题时指出：“我们既要绿水青山，也要金山银山。宁要绿水青山，不要金山银山，而且绿水青山就是金山银山。”为了贯彻习近平同志在全国高校思政工作会议上的讲话精神，引领广大同学把远大抱负落实到具体实践中，云南民族大学化学与环境学院环境工程专业师生以云南省环境科学研究院“千乡万村”和云南民族大学“三下乡”等为载体，到砚山县江那镇开展了为期6天的以“环保知识进村进户，美丽砚山保护听湖”为主题的环保社会实践活动。通过形式丰富的社会实践活动，师生们将专业知识、专业思维与地方环保工作相结合，将保护环境、爱护生态落实到具体行动中。

一、农村环境意识及环境现状调查

（一）调研内容

文山州砚山县属于国家级的贫困县，在农村环境意识及环境现状调查中，我们选取了砚山县江那镇法龙村作为调查研究对象。江那镇法龙村地处砚山县城饮用水源地——回龙水库上游，砚山县环境保护局2012年将其列入农村环境整治对象，并修建了相关环保工程设施。在当天的活动中，我们和砚山县环保局的工作人员一道在当地村委会驻地办公室向当地村民发放了环保知识手册、野生菌食用宣传册、生活用水卫生宣传手册以及环保袋等资料，并现场就农村环境保护进行了用水、用肥、用药、垃圾处置方面的环保知识宣讲，并带领村民对回龙水库周边的环境治理工程进行了参观走访，向村民介绍了工程概况，提醒村民保护水源地周边的环境。活动中虽伴随着小雨，但村民们热情不减，积极参与支持我们的活动。在此期间我们还实地走访了42户当地父老乡亲，就村民生活的经济来源，村集体经济发展特点、乡村及周边环境受污染情况、村民对环境的满意度、生活行为习惯、农业生产及家庭养殖状况、重点关注的环境问题及建议等问题进行了问卷调查，对当地的整体生态环境有了一个比较全面直观的了解，就进一步防治农业生产和农村生活污染，综合整治乡村环境，提高城乡居民的生活环境质量，提出了有益的意见和建议。活动最后云南民族大学化学与环境专业师生与环保局工作人员合影留念。

图1　调研小组在法龙村调研

（二）调研结果分析

1. *农村居民的环保认识不足*

在对环境的认知情况以及周围环境是否受到污染的调查中，34%的村民认为没有，52%的人认为有，14%的人不知道；在居住地环境卫生及村民对环境的关心程度的调查中，12%的村民认为居住地环境为优，48%的人认为良，40%的人认为一般。结果表明，当地村民对自身生活环境的满意度较高，但也有部分村民对环境污染不了解，对环境污染程度的理解不到位。譬如，在我们的调查中发现，在农业用肥方面村民缺少科学种田的指导，有滥用化肥和农药的情况，

60%—70%的农民表示农药使用是遵照说明书或按经验进行，没有考虑土地及作物的具体情况；村民们平均每户每亩地化肥用量为80千克，使用农药化肥后，当降雨落到地面并形成地表径流冲刷时，就会将大气和地表中的污染物带入地边水池、边沟，最终汇入池塘、水塘等，使水体遭受严重污染。

2. 农村环保基础设施薄弱

在我们的调查中，村民使用之后的生活污水都是直接排入门外水沟，没有专门的污水收集管网和处理系统，对水资源、土地资源以及生态系统造成污染。另外，村里的垃圾箱摆放不合理、数量不足，且垃圾没有分类收集，生活垃圾的清运不及时，还有部分村民因为垃圾箱距离远而选择直接丢弃生活垃圾的现象发生。在对村民生活习惯的调查中，发现有50%以上的家庭还使用煤、柴等不可再生燃料，这对当地的大气也造成了一定程度的污染。

3. 农村环保知识宣传缺乏

在我们的调查中，有83%的村民没有看过有关环境保护的电视节目，12%的人偶尔看，只有5%的人经常看。环保知识进村讲座几乎没有，培养小学生的环境意识的相关活动开展严重不足，没有良好的机会对具体的环境问题进行考察与实地教学。

（三）调查建议

一是加强宣传教育，增强环境意识。例如，在村委会宣传栏张贴海报，充分利用县、乡新闻媒体等多种渠道，对村干部、农民群众、中小学生进行环保知识宣传。

二是增加农村环保基础设施建设投入，增加垃圾箱数量，合理布局，对村里的水道进行整治，建设生态净化湿地，将生活污水通过湿地处理后再自然排放。

二、城镇环境意识及环境现状调查

（一）调研内容

首先我们在砚山县污水处理厂进行了参观实习，了解了整个污水处理厂的运行情况，对处理水量、水质指标等有了清晰的认识。傍晚时分，我们在砚山县城人流量最大的地方——墨山公园，开展了针对县城供水、用水及水污染的环境调查，并进行了相关的环保宣讲活动。调查的内容主要包括生活用水的安全程度、污水的处理情况等。水是生命之源，与每个人都息息相关，在调查中，居民们十分支持我们的工作，除了问卷上的一些基本问题，他们也向我们讲述了更多关于县城内水质以及污水处理的基本情况，更方便了我们对当地的水质情况的了解。最终，我们回收到了 72 份调查问卷（发放了 80 份），综合分析了当地的用水安全、全民保护环境、合理利用水资源等情况，并提出了一些意见和建议。

（二）调研结果分析

一是居民对水质污染的了解程度不高，居民的环保意识薄弱，用水安全满意度不高。通过调查了解，在对生活用水安全情况的调查中，有 20% 的当地居民认为所居住地的用水还是很安全的，没有出现较严重的问题；有 17% 的人认为现阶段的水质相对安全，生活用水没有较大问题，能正常使用；有 39% 的人认为现在相对安全但以后可能不安全；其余 24% 的人认为他们的生活用水不太安全，偶尔会出现冒泡、有异味的问题。

二是市政污水的收集和处理程度不高，污水处理工程建设滞后。在对节约用水及污水处理的调查中，有 21% 的家庭会重复逐级利用自来水，例如洗菜后的水用来冲洗厕所等，并且认为城市的污水排水系统很完善；有 35% 的家庭不重复利用，将生活污水排入下水管道，并且认为污水会经过处理再排放到附近湖泊；有 27% 的居民认为他们所排放的污水并没有处理就直接排放到周边的湖泊，严重影响了听湖的水质；另外还有 17% 的居民随意排放污水，没有环境保护意识。

（三）调查建议

一是加强宣传教育，使群众增强环保意识，了解自己居住地的环境。应充分利用各种网络媒体，让广大群众充分了解居住地的用水情况，学习了解生活污水的处理情况，最大限度地有效利用水资源。

二是完善市政管网工程，建设截污系统和雨污分流系统，防止雨天污水溢流出排水管道直接排入周边水体。

三是加强政府和行业监管，可建立相应的罚款制度，逐步使民众形成节约用水、保护水环境的自觉意识。

三、听湖水质监测

（一）听湖现状

听湖是砚山县的母亲湖，在县城中心的东北面 3.6 千米处，库容量 1758 万立方米。水库中有五座孤立的小岛，各具特色。双峰岛为中心，将长 4900 米的库区一分为二；双峰岛长 500 米，宽 250 米，岛的东面，因地形的变化而酷似一只巨大的山鹰扑向水面，故寓意为“雄鹰击水”。湖西岸有一座长 700 米的小岛，伸入水中的部分宽 250 米，临近岸边的部分则只有 50 米，形似由西北方白龙山上下来吸水的巨蟒，形态逼真，称为“蟒蛇吸水”。

（二）水质监测与分析

8 月 23 日、24 日上午调研小组带着采样器具分别在听湖水库的不同地点采集了五个水样（见图 2）。各采样点的情况为：1 号样：位于听湖进水口，主要是经市政污水处理厂处理后的排放水和因雨天污水溢流而形成的河道污水。2 号样：为听湖入水口旁边长满水葫芦和水白菜的水塘，该水塘水流基本无流动，呈现出明显的富营养化。3 号样：富营养化水塘下游，水库水面漂有零星的水葫芦。4 号样：水库 1 号水坝坝前库区，水坝旁边有村舍和农田，农田中种有水稻、玉米、辣椒等农作物。5 号样：水库 1 号水坝坝后库区，水面面积逐步变大。

（a）　　　　（b）

图 2　听湖水库水质监测点分布与取样

表 1　听湖水库水质监测数据

	TN/（mg/L）	TP/（mg/L）	COD/（mg/L）	NH_3-N/（mg/L）
1 号样	9.88	0.622	16.5	3.26
2 号样	2.91	0.347	9.65	2.10
3 号样	6.93	0.351	30.3	3.28
4 号样	7.11	0.341	44.1	3.45
5 号样	2.52	0.096	33.1	0.963

（三）数据分析

听湖水质的测定结果表明：总氮含量最高为 1 号样 9.88mg/L、总磷含量最高的为 1 号样 0.622mg/L、化学需氧量最高的为 4 号样 44.1mg/L、氨氮最高的为 4 号样 3.45mg/L。从水库入水口往内湖方向，听湖的 TN 含量从 9.88mg/L 下降到 2.52mg/L，TP 含量从 0.622mg/L 下降到 0.096mg/L，呈明显下降的趋势，这说明导致水体富营养化的氮和磷元素主要是点源污染，其主要来源是城区生活污水，氮和磷还没有形成面源污染及内源性污染，只要加强市政截污管道建设就能逐步消除富营养化。对比化学需氧量和氨氮数据，在 1 号坝坝前库区含量突然升高，这主要是因为在坝体周围分布有村舍和农田，农田种植有水稻、玉米、辣椒、姜等。一方面，村民将未经处理的生活污水直接排入听湖；另一方面，农作物的生长需使用农药和化肥等，很多农药和化肥没有被农作物吸收就会顺着地表水流入听湖，致使听湖水质变差。

综合参照《国家地表水环境质量标准》（GB3838－83）和相应的湖泊富营养化水质标准，各水样的水质指标均超出劣Ⅴ类水和过营养化的水质标准。所以，综合分析表明，在听湖 1 号坝以前水域范围内听湖水质为劣Ⅴ类水，营养程度为过营养化，从入水口往内湖延伸，水质逐渐好转。

（四）调查建议

一是完善市政管网设施建设，建设雨污分流管道或者截污工程，改善目前的雨天污水溢流导致的污水直排听湖的现状。

二是对现有的城镇生活污水处理厂进行改造升级，提升污水处理量和处理程度，减轻听湖的污染负荷。

三是实施听湖周边乡村搬迁工程或者建立污水收集系统，倡导使用无磷洗衣粉和洗洁精，推广绿色种植技术，减少农药和化肥的使用。

四是加强宣传，提高民众保护意识。听湖为砚山县的后花园，环境优美，是居民们茶余饭后散步的好地方，应大力倡导市民在娱乐休闲的同时不留垃圾，还听湖一片洁净。

在此次活动中，师生们进行了农村环境意识及环境现状调查、城镇环境意识及环境现状调查、听湖水质监测与分析、湿地垃圾集中清理等行动，同时在城乡进行环保知识宣讲，带头为保护环境贡献自己的微薄之力，呼吁社会都来关注身边的环境问题，强化自己的环境保护意识。同时，市民了解了更多的环境保护知识，提升了对环境的关注度。作为保护环境的人，我们必须深入贯彻落实可持续发展观与科学发展观的理念，将保护环境落实到具体行动中，我们必须深刻认识到环境保护工作任重道远，需要全社会每一个人的积极参与，共同保护我们赖以生存的环境，还自然一片青山绿水。

参考文献：

[1] 余谋昌．环境意识与可持续发展．世界环境，1995（4）．

[2] 薛纪恬．关于生态环境意识的若干思考．天津师范大学学报（自然科学版），1992（5）．

[3] 陈双基．环境教育发展走向．北京联合大学学报，2000（10）．

[4] 杨振强，孙铭明．环境意识教育．北京：科学出版社，2001.

[5] 黄志刚，灾害预警——人类行为的越轨与检讨．北京：科学技术文献出版社，1998.

云南省大理白族自治州洱源县邓川镇“环保知多少”社会实践调研报告

云南民族大学化学与环境学院

茅晶晶　施金秋　周海芳　李　洁　海潇平　彭　飞　苏万宝　李　涌

摘　要：本文以邓川县为研究对象，围绕工业发展过程中环境污染、水资源保护、垃圾处理、气候异常等问题进行调研。小分队到农村基层开展科普知识宣讲、社会调查研究、环境监测、发展建言献策等活动。同时，以合理使用化肥、农药为重点，小分队到乡镇进行过度使用农药、化肥对农田及环境危害的影响的宣讲，并针对现象给出合理化建议。

关键词：邓川县；环保科普；生态文明

为贯彻落实习近平同志在全国高校思政工作会议上的讲话精神，引导广大同学把远大抱负落实到具体实践中，深入学习宣传贯彻习近平同志关于青年成长成才的一系列重要论述，引领和帮助广大青年学生在社会实践中受教育、长才干、做贡献，以青春建功的实际行动，为全面建成小康社会贡献青春力量，以优异成绩响应共青团中央“喜迎十九大、青春建新功”的号召。在校团委、学院党委的正确指导和支持下，2017 年 8 月 22 日云南民族大学化学与环境学院“环保小分队”师生一行 8 人（由一名带队老师和 7 名同学组成）在大理白族自治州洱源县邓川镇进行了以“美丽中国——我与洱源蔚蓝之旅”为主题的 2017 年度暑期“三下乡”活动，为期 6 天。充分展示了本院的专业特色以及当代大学生无限的热情和积极向上的精神风貌。

一、邓川概况

（一）历史背景

邓川镇，是云南省洱源县的南大门，古为“邓赕”地，境内三江平列如川，故名邓川。明成化年间设邓川驿，崇祯十四年（1641 年），邓川州城由旧州迁到此，更名新州后，一直作为邓州、邓川县的治所，延续至 1958 年年底成立剑川县时为止。

（二）小镇现状

洱源地处滇西高温热水区，地热资源得天独厚，是闻名遐迩的“温泉之乡”。境内分布有九台—玉湖、牛街—三营、下山口—城西—温水等地热主显示区，共有 30 余处自然出露点，水温 30℃—90℃，矿物质含量均达医疗热矿水标准。

邓川工业园区是全县工业发展的聚集地，园区始建于 2002 年 8 月，2004 年被列入“云南省 30 个重点工业园区”。2012 年被州委、州政府列为重点打造的“百亿工业园区”，2014 年 7 月被省政府列为全省重点打造的 50 个百亿园区之一，2013 年园区中的邓川片区被列为“大理国家环保产业园一园三片一基地”中的一个片区。园区总体规划面积 25. 72 平方千米，分为“一园四片区”（邓川片区、炼铁片区、焦石片区、炼城片区）。邓川片区主要发展先进装备制造业、食品与消费品制造业；炼铁和焦石片区主要发展矿冶、建材业和新能源产业，形成矿电结合的产业格局；炼城片区主要发展绿色食品加工和仓储物流产业。目前，邓川工业园区累计入驻企业 53 家，其中，规模以上企业 14 家，高新技术企业 2 户，省级技术中心 3 户，年平均就业人数 4299 人。

（三）生物资源

1. 梅子资源

邓川现有梅树面积 2033 亩，主要品种有盐梅、苦梅、珍珠梅、杏梅、大青梅、双套梅、桃梅。

2. 畜牧资源

邓川现有黑白花奶牛存栏 3000 头、年产鲜奶 2500 吨，生猪存栏 8615 头，羊存栏3500只，其中奶牛为品种优良的改良邓川乳牛。

3. 大蒜资源

邓川镇大蒜种植面积达1800亩、产量达3000吨，主要品种有无公害高原早熟独头蒜、珍珠蒜、丫蒜、三丫蒜。

4. 水生生物资源

邓川镇境内水域面积有1822.3亩，水库面积236.3亩，苴河、罗时江、永安江穿越全境，全镇的生产、生活、农业用水水源充足。有右所鱼种厂、邓川水产品开发公司，有文笔湖、银桥村、三道桥等成片的养鱼示范基地和养鱼示范户，各种商品鱼成批交易。水产品主要品种有邓川弓鱼、鲤鱼、武昌鱼、高背鲫鱼、鲢鱼、螺蛳、海菜、莲根、茭白、慈姑等。

5. 粮食资源

邓川粮食年产量达7195吨，主要品种有水稻、玉米、小麦、啤大麦、大白芸豆、蚕豆等。

二、开展情况

（一）理论科学、重视主流

深入贯彻中共中央、国务院《关于进一步加强和改进大学思想政治教育的意见》（中发〔2004〕16号），教育部等部门《关于进一步加强高校实践育人工作的若干意见》，共青团中央、教育部《关于加强和改进新形势下高校共青团思想政治教育工作的意见》，进一步学习习近平同志系列重要讲话精神，积极响应党中央“两学一做”重要精神，推进“一学一做”实践教育，用行动落实十八大，十八届三中、四中、五中、六中全会精神，进一步加强和抓好云南民族大学大学生思想政治理论课的实践教学，用学子的青春力量迎接十九大的胜利召开。

（二）运筹帷幄，全面策划

1. 认真组队

云南民族大学化学与环境学院团委积极为此次下乡活动做准备，在六月底对报名同学进行严格的筛选及面试，最后形成一支优秀的下乡队伍——云南大理白族自治州洱源县环保小分队，团队由团委常务副书记赵田甜老师担任指导老师。为了方便管理，确保活动的顺利进行，在学院党委及团委的指导下，团队进行多次前期的准备及培训。

2. 用心策划

根据活动的主题及当地的一些实际情况并综合网络资源，团队的成员经过几个晚上的积极讨论之后确定活动内容，同时分工拟写了详细周密的方案。同时结合当地一些近况对方案进行及时修改，保证活动能按预期有条不紊地进行。

3. 合理分工

在前期准备过程中注重专业优势的实际转化并加以统筹，做到合理分工，并注重队员之间的取长补短、优化组合，在整个活动过程中，团队实行了组长负责制，做到了统筹安排、合理分工，确保有较高的工作效率。同时，我们十分注重人员的灵活调动，实现了人力资源的合理利用，也调动了每位成员的活动积极性。

（三）认真工作，激情不减

本次社会实践小分队主要以联合当地人员，采取悬挂横幅、发放资料、口头交流等形式，在邓川镇新洲村与莲河村围绕环境污染、水资源保护、垃圾处理、气候异常等现象和问题，开展科普知识宣讲、社会调查研究、环境监测、建言献策等活动。同时，以合理使用化肥、农药为重点，亲自到乡镇宣传过度使用农药、化肥对农田及环境的危害，并针对该现象给出合理建议。此次活动力图将生态文明建设带到边疆少数民族地区，将环保的理念传递给每一个人。

1. 初到邓川

2017 年 8 月 22 日，化学与环境学院 2017 年暑期“三下乡”社会实践服务队的 8 名青年学生，在指导老师赵田甜的带领下，承载着老师和同学的期望，迎着 8 月的太阳，踏上前往大理白族自治州洱源县的火车，开始了为期 6 天的下乡实践活动。一路上，同学们兴致都很高。经过 8 个多小时，云南民族大学化学与环境学院“美丽中国——我与洱源蔚蓝之旅”成员纷纷到达大理火车站，于当天晚上进行相关交流座谈并进行合理分工。

2. 认识邓川

小分队乘车前往洱源县邓川镇，全体队员在经过充分学习的情况下就村民对化肥和农药的了解程度、使用情况及生态自然环境进行座谈交流，深入了解情况。

3. 走访邓川

由队员开展生态环境问卷走访调查，此次调查采取随机抽样的方法，在走访农户、观察村庄的同时以问卷形式进行调查。首先到选定的调查地点进行村情、农业、生态环境的观察，然后随机地进到农户家中访谈，即边走边访谈，发放的调查问卷由各少数民族村民自行填写或村民口述由队员填写的方式进行，调查时要求村民按实际情况如实填写，不懂、不清楚和没有的内容均可不填，不编造。按实际的情况填写问卷，保证问卷的真实性及代表性。内容包括个人基本情况、受访者对环境的认知情况、水源状况、田地使用化肥和农药状况、受访者平时生活习惯等多个方面，从环境认知情况和环境行为两个大的方向上，从不同角度、不同程度反映环境意识水平。全体成员对调查问卷进行汇总后，上午在相应的村委会村民聚集地开展生态环保宣传，宣传内容为如何在村庄里环保生活与节水等。下午由 5 名队员到当地小学以“树立环保意识”“美丽中国”为主题组织宣讲交流活动。

4. 惜别邓川

小分队召开总结交流会，在交流会上总结本次下乡活动中发现的问题以及不足，并做好相关的记录工作。晚上在溪边、在护栏旁边、在人们的谈笑风生中，队员感觉到的是这座县城的宁静，微风迎面而来，心里充满说不出的欢快和愉悦。在回程的火车上，全体队员在一起聊着这些天的经历。因为我们的付出，我们收获了很多。在活动的几天里，我们全体队员一起做事、一起讨论、一起总结、一起面对困难、一起超越困难，我们同奋斗、我们同欢乐。因为这次实践活动，我们由不熟识到熟悉，由单独的个人变成一个团队。这些日子的生活和工作，不仅让我们看到了集体力量的伟大，同时认识到作为一个集体，里面的每一分子应该齐心协力，把要做的事认认真真地做好，把要完成的任务一丝不苟地完成。

（四）积极宣传，扩大影响

2017 年小分队在总结往年经验的基础上，不断改进工作形式，提升工作水平，取得了新的突破。我们利用微博、微信公众号等新媒体随时随地分享活动信息。本次“三下乡”社会实践活动，团队根据青年大学生的特点，使用新媒体平台进行了活动的宣传报道，通过文字、图片等方式，及时将社会实践中的所见所闻、所思所为进行展示、分享。同时，还通过关注“云南民大共青团”以及“青年观察家”等微信公众号，了解其他高校大学生暑期“三下乡”社会实践团队，在扩大团队影响力的基础上，还学习和借鉴了很多好的经验、做法，将其完善并运用于本次的社会实践活动上。

习近平同志在云南考察时，要求云南把生态环境保护放在更加突出的位置，成为生态文明建设排头兵。这个要求深刻揭示了生态环境对于云南发展的极端重要性，为云南省进一步找准目标定位、突出优势特色、推动跨越发展具有重要指导意义。“三下乡”活动引领了青年学生深入基层、深入农村和深入实践，有助于培养当代大学生“践行社会主义核心价值观、服务农村促发展”的意识，增强学生服务农业的使命感和社会责任感。

（五）效果显著，收获良多

虽然由于天气原因时常下大雨，我们团队的活动被迫提前结束，但从活动效果上看，此次下乡活动还是非常成功的。每个活动都符合此次主题，达到了预期的效果。同学在参与各个活动的过程中，还学到了许多有趣的知识。此次活动很好地宣传了云南民族大学化学与环境学院，使外界对我校、我院有了更进一步的了解。在此过程中，队员们学习了吃苦耐劳的美好品质和团队合作的重要精神，磨炼了意志，培养了把理论运用于实际的能力。此次社会实践活动务求实效，有所为有所不为，把社会实践工作具体化、制度化、阵地化，不断拓展社会实践活动的范围，使大学生暑期社会实践活动走上可持续发展的科学路径。

同学普遍反映收获颇丰，活动的效果好。大家普遍反映，通过参与暑期社会实践活动，真正将课堂上所学到的专业知识运动到实践中，服务了社会，增长了知识，锻炼了才干。一是通过本次社会实践活动，同学们能够广泛地接触社会，了解社会，在实践中开阔了视野，增长了见识，增强了才干。二是培养了团队合作精神。在这次社会实践活动中最突出的表现就是充分体现了师生之间、同学之间的团结友爱互助。我们在今后将会继续保持和发扬这种良好的团队精神，使其发挥巨大的凝聚作用。

同学在社会实践中还认识到自身的不足，如实践知识的欠缺，处世能力、人际交往能力等方面存在的不足。通过实践活动及事后总结，大家对自己的水平有了清楚的定位，发现了问题，找到了差距，明确了今后学习和努力的方向。

化学与环境学院“美丽中国——我与洱源蔚蓝之旅”小分队能够圆满完成此次暑期社会实践活动归功于每一位队员的辛勤努力。当然也要对接受采访的村民表示由衷的感谢，祝愿他们家庭幸福，生活愉快！也祝愿大理白族自治州洱源县邓川镇所有村民能一直生活在环境优美的绿色家园里！

附：实践期间部分访谈记录

访谈记录一

一、访谈时间及地点

2017 年 8 月 24 日。

当地敬老院、当地村民家中、老年活动中心。

二、访谈对象及社会身份

一位 70 多岁的老人、退休教师。

三、访谈内容

小分队：奶奶，您好！感谢您抽出宝贵的时间来配合我们云南民族大学化学与环境学院“美丽中国——我与洱源蔚蓝之旅”小分队的访谈，我们正在做一个“环保知多少”社会实践调研报告，有几个问题想问您。请问，您是土生土长的洱源人吗？

访谈对象：是的，我从 25 岁参加工作，从事教师这个职业 30 余年，现在已经退休 10 多年了。

小分队：你们这里离下关挺近的，请问您会经常到下关去吗？交流多不多呢？

访谈对象：多的，我经常到下关和其他教师进行交流，那里有很多我的老朋友，我们也会一起去逛古城等。

小分队：现在大理市正在创建文明城市，请问您知道社会主义核心价值观吗？

访谈对象：知道的，虽然现在我已经退休，但是还是关注这些时事的。社会主义核心价值观是：富强、民主、文明、和谐、自由、平等、公正、法治、爱国、敬业、诚信、友善。

小分队：奶奶，请问在日常生活中，您注重环保生活吗？

访谈对象：注重的，比如在近距离出行时，我们会选择坐公交车或者步行，只有在远距离时才会自主驾车出行。

小分队：请问一下，您会经常来老年活动中心吗？来活动中心您主要是进行哪些活动，做什么事情呢？

访谈对象：会经常来这个活动中心的，来这里我们一般都是跳广场舞、打太极拳、看戏、观看红色电影等。

小分队：感谢奶奶您抽出宝贵的时间接受我们的访谈，我们将会如实记录，祝您身体健康，生活愉快，谢谢！

访谈记录二

一、访谈时间及地点

2017 年 8 月 24 日。

小镇某家小吃店。

二、访谈对象及社会身份

一位当地高中生。

三、访谈内容

小分队：你好！感谢你抽出宝贵的时间来配合我们云南民族大学化学与环境学院“美丽中国——我与洱源蔚蓝之旅”小分队的访谈，我们正在做一个“环保知多少”社会实践调研报告，有几个问题想问你。请问你今年多大了？在上学吗？

访谈对象：今年 17 岁了，在读高二。

小分队：你们这里离下关挺近的，请问你会经常到下关玩吗？

访谈对象：会的，我经常到下关玩，我们也会一起去逛古城。

小分队：现在大理市正在创建文明城市，请问你知道社会主义核心价值观吗？

访谈对象：知道的，现在政府都在大力宣传，就连学校也一直在要求我们会背，熟记于心。

小分队：请问在日常生活中，你觉得小镇注重环保吗？

访谈对象：这些年已经好了很多了，学校也会经常开展关于环保类的主题班会等，特别是现在到处都在宣传保护洱海等，就连购物袋都由原来的塑料袋换成了纸袋，可以说进步很多了。

小分队：你的身边还有哪些不文明的现象？

访谈对象：会有一些不文明现象，比如尽管公用垃圾桶已经随处可见了，但是垃圾桶周围还是有部分的垃圾，明明已经走到垃圾桶旁边了，却还是没有把垃圾准确地扔进垃圾桶。

小分队：感谢你抽出时间接受我们的访谈，我们将会如实记录，祝你学习进步，生活愉快，谢谢！

访谈记录三

一、访谈时间及地点

2017 年 8 月 24 日。

村民家中。

二、访谈对象及社会身份

一位自由职业的中年妇女。

三、访谈内容

小分队：您好！感谢您抽出宝贵的时间来配合我们云南民族大学化学与环境学院“美丽中国——我与洱源蔚蓝之旅”小分队的访谈，我们正在做一个“环保知多少”社会实践调研报告，有几个问题想问您。请问您家一共几口人呢？

访谈对象：我们家一共 5 口人，有我和老伴，儿子、儿媳去外地打工了，小孙子去上学了。

小分队：请问在日常生活中，您觉得小镇注重环保吗？

访谈对象：现在这里人人都开始有环保意识了，垃圾也不会随便乱扔了，环境也好了很多。

小分队：现在大理市正在创建文明城市，请问您知道社会主义核心价值观吗？

访谈对象：知道的。

小分队：请问您家有农田吗？

访谈对象：没有了，因为孩子们现在外出打工，我们也老了，挥不动锄头了。

小分队：您的身边还有哪些不文明的现象？

访谈对象：会有一些不文明现象，比如尽管公用垃圾桶已经随处可见了，但是还是有部分的垃圾没有扔进垃圾桶。

小分队：小镇是您想象中的美丽小镇吗?

访谈对象：算是吧，现在变化很大，家家户户都安上了自来水，人们也不乱扔垃圾了，周围的环境挺好的、挺绿色的。

小分队：感谢您抽出时间接受我们的访谈，我们将会如实记录，祝家庭美满，幸福安康，谢谢!

云南省屏边苗族自治县的森林环境保护

——以大围山为例

云南民族大学法学院　马祥立

摘　要：本文试图以大围山为例，探查少数民族地区森林保护现状、存在问题，并在此基础上，就云南省少数民族地区的森林环境保护提出改进的方法和有效的建议。

关键词：少数民族；大围山；森林保护；建议

云南省是一个少数民族种类繁多的省份，也是一个森林资源大省。森林周边的少数民族自古就以林为生，在利用和管理森林资源方面形成了自己独有的方式。但鉴于云南省生态系统的脆弱性，所以需要特别加以关注和保护。尤其是近些年在云南省旅游资源的大幅度开发及旅游业快速发展的大背景下，一方面需要尽量对保护区的森林资源进行进一步的挖掘和开发，以促进少数民族地区的经济发展；另一方面，却又要加强对生态环境的保护，保护当地的生物多样性和濒危物种。

一、大围山自然保护区简介

大围山国家级自然保护区位于云南省东南部，地跨红河哈尼族彝族自治州屏边、河口、蒙自、个旧四县（市），地理坐标为东经103°20′—104°03′，北纬22°35′—23°07′之间，属森林生态系统类型的自然保护区。1986年3月云南省人民政府批准建立大围山省级自然保护区，2001年6月国务院批准大围山为国家级自然保护区。大围山自然保护区地貌属中低山地，面积43993公顷，边缘为热带湿润区。保护区类型为科学保护区兼自然资源保护区，主要保护热带山地常绿阔叶林自然景观及其珍稀动植物品种。大围山保护区是中国唯一分布有以云南龙脑香为标志的热带湿润雨林，垂直带上的季风常绿阔叶林和山地苔藓常绿阔叶林，都是特殊的森林植被类型，保护价值极大。

二、大围山自然保护区现状

（一）旅游现状

作为一个国家级的自然保护区，地方政府的大力支持和资金投入使大围山更显迷人神韵。水围城园林区、金鸡窝民族风情区、杜鹃山森林科普区等园区各景点，无不让人体味大自然的超凡脱俗；还有千年奇树、万古根艺和“空中花篮”“树楼观海”“席梦思小道”等景观无不令人为之入迷。正是这些因素使其成为中外游客寻求回归大自然、体验森林野趣的重点旅游景点之一。大围山旅游业的发展带动了当地少数民族经济的发展，大围山旅游业以大围山自然保护区作为支撑不断地向现代化迈进。旅游业的收入已成了当地重要的经济支柱之一。

（二）保护区情况

在保护方面，经过我们的走访调研，发现大围山自然保护区采取的是分级保护的保护模式，主要体现在自然保护区和其周边社区的关系上。周边社区的发展和自然保护区之间的矛盾如何有效地得到调和，仍有待解决。

三、保护区存在问题

保护区所存在的问题主要还是集中在社区发展和自然保护区之间的矛盾上。事实上在自然保护区成立之前，很多地方就已经有人在居住了，而随着自然保护区的建立，当地经济的发展就受到了限制，致使居民生活水平无法提高，这样两者之间的矛盾就出现了。在一定程度上，这对当地经济发展不利，但社区如果过度发展，又会大大地削弱自然保护区的管理，使保护生物多样性的目的难以得到实现，自然保护区会渐渐处于一种孤立封闭的状态。

四、改进路径和建议

综上所述，在此提出三点建议：

一是进一步协调好保护与利用的关系，即进一步开发和挖掘旅游资源，促进当地的经济收入增长。

二是协调好自然保护区与周边社区之间的关系，兼顾社区发展与自然保护区保护。在适当程度上给予当地居民一定的生存和发展空间，让当地的居民可以从中获得一定的利益，使自然保护区的利益与周边社区的居民利益息息相关，从而促使社区居民主动地参与到保护自然环境中来。

三是加强资源开发与合作，鉴于保护区内物种多样性，可以与发达国家进行合作，利用他们的技术优势，达到资源有效利用的目的。

鉴于云南省少数民族地区自然保护区有诸多类似之处，在此方面也有许多关于这一方面的调研和相关理论。这其中涉及对“社区”“自然保护区”等词的定义，由于走访有限，经验不足，未能瞻望全局，本文只是浅论，权当一家之言。

云南社会组织的生存现状及发展路径的探寻

——以云南连心社区照顾服务中心为例

云南民族大学人文学院　吴清婷

摘　要：本文主要以云南连心社区照顾服务中心为例来展开分析。云南连心社区照顾服务中心是云南省发展较为良好、影响力也较大的一个社会组织，其经验可以给其他社会组织发展提供借鉴和思路，促进云南社会组织的共同发展。本文采用文献法、参与观察法、访谈法和比较研究等方法来研究云南连心社区照顾服务中心的发展情况。对此形成报告并加以研究。

关键词：社会组织；生存现状；发展路径

一、本文研究背景

广义的社会组织最初起源于社区，来自最基层的社会，来自原始公社时期的部落之中，如秦汉时期的“乡里”即是古代基层的行政组织，其还扮演着民间社区的角色，发挥着类似社会组织的功能。

我国现代社会组织的发展从改革开放以后大致可以划分为三个时期：第一个时期，是社会组织的萌芽期，从 1979 年到 1986 年。这个时期的法律不健全，与单位制紧密相连，因此又称单位制时期，社会组织基本上是盲目发展的。第二个时期，是社会组织的雏形期，大约在 1987 年至 1996 年。这个时期的典型特征是与社区服务紧密相连，亦称服务制时期。随着市场经济的发展，单位制不断弱化，大批具有社区民间性质的社区服务组织涌现，一些依托街道与居委会的社区服务中心和援助中心建立起来。第三个时期，是社会组织的发育期，从 1997 年至今，其典型特征是与社区建设联系在一起。发展至今，由于数量和规模趋小、自身能力不足等因素，社会组织现在仍然处于初级阶段，其发展还具有局限性，现在其面临良好的机遇和新的挑战，社会组织将承担更大的社会责任。

从云南社会组织发展的数量看，截至 2012 年 6 月，云南各级民政部门登记的社会组织共有 1.4 万多个，其处于近年来的快速增长阶段，但云南省每万人拥有社会组织数不足 2.8 个，与东部地区差距较大。因其特殊的地理位置、民族文化等因素，云南省是中国境外非政府组织开展活动最活跃的地方。改革开放以来，先后有 20 多个国家和地区的 370 多个境外社会组织在这里开展活动，有超过 140 家国际组织在这里设立机构和开展活动。云南本土的社会组织则多为小型组织，有很多普通的民间草根组织，如绿色流域和云南生态网络等①。

正是由于时代的变化和政策的改变，社会组织所发挥的作用日渐呈现，本课题选择云南连心社区照顾服务中心这一具有代表性的社会组织进行调研，希望可以探寻其发展过程中存在的一些问题以及发挥了什么作用，通过总结云南连心社区照顾服务中心发展过程中的一些好的经验，推进其自身的可持续发展，同时也为促进云南社会组织的共同发展尽微薄之力。

二、研究目的及意义

本文主要是运用文献和实地研究的方式研究云南连心社区照顾服务中心（以下简称连心）这一社会组织的发展过程，包括发展的背景、成立的缘由、开展的活动、遇到的问题、发挥的作用以及如何解决这些困难，并给云南其他社会组织的发展提供借鉴，对此形成报告并加以研究。

研究连心的发展和变迁，发现它发展过程中存在的问题，以及发挥的作用，总结连心在发展过程中值得借鉴的地方，能给云南省其他一些社会组织的发展带来一些启发，促进云南省社会组织的共同发展，同时也促进云南省更好更快地发展，社会更加和谐，人民生活更加安定。所以研究连心的生存与发展对社会及社会组织的发展都具有理论和实际应用价值。

三、研究综述

（一）国内研究综述

国内的研究主要从社会组织的发展研究、社会组织的发展困境研究、政府与

① 侯江红．云南省社会组织现状与培育监管对策研究．社会管理研究，2012（7）．

社会组织的关系研究、社会组织的治理与培育研究等角度入手。

社会组织的发展研究。王龙在《城市社区社会组织发展研究——以青岛市南区为例》一文中，以城市社区社会组织作为研究对象，主要探讨了城市社会组织的发展路径，包括其社会功能、发展中的瓶颈，结合国内外相关理论和实践，从法律、政策、政府部门、公民、社会组织自身五个维度进行了阐述①。季凌芸在《公益型青年社会组织的发展研究——以上海市长宁区为例》一文中，以上海市长宁区为例深入研究了公益型青年社会组织的可持续发展以及如何促进其可持续发展，希望这些研究能够加快中国公民社会的历史发展进程②。

社会组织的发展困境研究。孟若愚在《上海女性社会组织的发展现状研究》一文中，主要研究的是上海的女性社会组织，探寻女性社会组织面临的困境，并尝试提出促进其可持续发展的政策建议③。梁肖月在《城市社区社会组织发展困境研究——以北京市东城区社区社会组织为例》一文中，分析了影响社区社会组织发展的三大困境：人员困境、资金困境、管理困境，并分析困境产生的原因，研究走出困境的途径④。

政府与社会组织的关系研究。祝晓龙在《政府与支持型社会组织的互动分析——基于浦东公益组织发展中心的个案观察》一文中以 NPI 公益组织发展中心为个案，从影响政府与支持型社会组织互动的内外两因素出发，通过分析归纳出了一种新型合作关系：以政府主导、社会组织积极迎合的互动方式，并深入讨论了社会组织和政府之间如何良性互动的道路优化⑤。崔正、王勇在《政府购买服务与社会组织发展的互动关系研究》一文中针对政府购买服务与社会组织发展的关系问题，通过分析梳理之后，从短期合作和长期互动两个方面来分析了政府购买服务与社会组织之间的关系，并在其基础上提出相应的对策和建议⑥。蔡娜在

---

① 王龙．城市社区社会组织发展研究——以青岛市南区为例．青岛：中国海洋大学，2012.

② 季凌芸．公益型青年社会组织的发展研究——以上海市长宁区为例．上海：上海交通大学，2013.

③ 孟若愚．上海女性社会组织的发展现状研究．上海：复旦大学，2013.

④ 梁肖月．城市社区社会组织发展困境研究——以北京市东城区社区社会组织为例．北京：首都经济贸易大学，2014.

⑤ 祝晓龙．政府与支持型社会组织的互动分析——基于浦东公益组织发展中心的个案观察．上海：东华理工大学，2012.

⑥ 崔正，王勇．政府购买服务与社会组织发展的互动关系研究．中国行政管理，2012（8）.

《云南社会组织参与政府购买公共服务研究》一文中主要分析了政府、社会组织、受益对象三元主体之间的关系，并为构建云南社会组织参与政府购买公共服务提供了思路①。

社会组织的治理与培育的研究。何润宝在《云南省社会组织培育机制研究》一文中提出应从行政培育和社会培育两个角度来进行云南省社会组织培育机制的构建，提出了社会组织不仅要培养，更要培育的对策建议。注重社会组织的培植与孵化和社会组织的培养与扶持，希望能够建立一个比较完善的云南社会组织的培育和发展机制②。刘振国在《中国社会组织的治理创新——基于地方政府实践的分析》一文中认为地方政府在社会组织治理创新上的实践产生了巨大的示范和引导作用，不仅有助于完善中国社会治理的格局，而且提升了公共服务的质量，加强了社会组织的能力建设，还增强了公民的参与意识③。

（二）国外研究综述

国外社会组织的发展相对中国国内的发展起步要早，其发展经验值得我们学习和借鉴。韩国在 1987 年以前，社会组织的发展一直受到政府的限制和打压，在 1987 年以后社会组织才开始获得飞速的发展。这一切不仅得益于经济和制度的变迁，根本上还是政府对社会组织的态度从管制转变到积极引导和支持，懂得如何积极地改革体制内的社会组织，还提供人力、物力和财力等扶持社会组织的发展。再如英国非政府组织的发展采取的是社会组织与政府建立良好关系，加大政府购买服务，同时社会组织提升自身的服务水平，二者相互扶持，共同发展。美国非营利组织的发展，在管理上既有松的一面也有紧的一面。松的一面在于社会组织注重自我管理，董事会对组织内的活动负法律责任；而紧的一面在于对其运行有严格的法律审查，财务状况需要向大众公开，美国可以自由成立社会组织，源于美国《宪法》对公民权利的保障。美国社会组织懂得为自己所代表的利益群体表达他们的声音，在政府和公民之间起到一个桥梁的作用，把民众的利益诉求表达出来，这在一定程度上维护了社会稳定。

---

① 蔡娜．云南社会组织参与政府购买公共服务研究．昆明：云南财经大学，2014.

② 何润宝．云南省社会组织培育机制研究．昆明：云南财经大学，2012.

③ 刘振国．中国社会组织的治理创新——基于地方政府实践的分析．经济社会体制比较，2010（3）.

四、概念界定及研究方法和框架

（一）概念界定

根据《社会组织论纲》中的阐述，社会组织又称非政府组织，特指那些具有一定公共属性、承担一定社会公共职能、代表一定社会群体共同利益或公共利益的社会组织，其中不包括企业等营利性的组织[①]。社会组织的定义有广义和狭义之分。广义的社会组织包括人民团体和事业单位与各种 NGO；狭义的社会组织包括社会团体、基金会、民办非企业单位和商会。本文所研究的社会组织更多的是指狭义的社会组织。社会组织，应该具有以下三大属性：非营利性、非政府性和社会性。根据已经出现的各类民间组织的特征以及在管理实践中的内容和形式，我们可以把社会组织大致划分为以下 7 类：行业组织、公益组织、学术组织、人民团体、国有事业单位、社区组织、民办非企业组织[②]。连心是属于公益组织，因为它主要是服务于流动人口，帮助弱势群体。它同时也属于社区组织和民办非企业组织，连心不以营利为目的，同时在王家桥社区服务于社区的民众，改善他们目前的生活状态。

（二）研究方法

1. 文献研究

通过对社会组织相关书籍和相关理论的研究，笔者对社会组织的发展有了大致了解，对一般社会组织的基本情况、对社会发挥的作用、发展过程中遇到的困境以及国内外的先进经验状况有了基本了解。另外，笔者还拟将进入连心调查点搜集一些文献资料，以供研究。

2. 参与观察

笔者作为志愿者进入连心，和社工们、孩子们以及其他服务对象融为一体，在情境中观察、思考，再跳出情境分析。调研主要集中在针对流动儿童周末志愿者进行了为期半年的功课辅导以及以志愿者的身份进行时间比较集中的为期一个

---

① 王名．社会组织论纲．北京：社会科学文献出版社，2013.

② 张勤．中国公民社会组织发展研究．北京：人民出版社，2008.

月的志愿服务，同时在做志愿者期间笔者深入了解连心的各种活动以及连心是如何在流动人口社区开展各种服务的。

3. 个案访谈

访谈对象主要是连心在职的一些社工，对负责不同服务内容的社工进行个案访谈，谈谈对连心的一些看法和这份工作的满意程度等，由此来了解连心发展过程中的一些人员流动原因和面临的困境。

4. 问卷调查

问卷调查并不是本文运用的主要调查方法，笔者只是发放了少量问卷作为辅助调查。发放问卷主要是对在连心工作的社工们做一些基本的调查，旨在分析连心工作人员的专业、受教育程度、工作年限、收入、归属感、职业认同等是否会对连心的人员流动和发展等产生一定的影响。本次问卷调查共发放问卷 35 份，回收有效问卷 26 份，具有一定参考价值。

（三）研究框架

本文的主要构想是运用文献研究和实地研究的方式，研究连心这一社会组织的发展过程，包括发展的背景、成立的缘由、开展的活动、遇到的问题、发挥的作用以及如何解决这些困难从而实现自身可持续发展，对此形成报告并加以研究。该研究对于云南省其他社会组织的发展也具有一定参考价值。

五、连心的基本概况

（一）连心的基本简介

1. 成立的背景及原因

连心（原名莲心）属于非营利性民间社会服务机构，也属于社工机构，是 2005 年 12 月在云南省民政厅注册成立的民办非企业事业单位，是社会组织的一种。机构成立的目标是服务社区儿童、青少年、妇女、特困老人及其他社会弱势群体，给他们解决问题并提供物质和精神上的帮助。但随着近期急速的城镇扩张，国家加强对流动人口管理与服务，低收入流动人口的处境更为复杂。云南城乡和区域发展的失衡，灾害频发，农村的凋敝迫使更多的农民离开自己的家乡，离开农村来到城镇寻找工作，流动人口大大增加。对此 2006 年连心理事会决定将机构的服务由孤儿救助转变为流动人口社区服务，同时将“云南莲心”更名为“云南连心”，寓意为我们和大家一起心连着心，共创一个相互包容、充满关爱、支持和信赖的社会。理事会成员林希圣先生资助了20万元作为机构的启动资金，由此连心成立。

2. 服务的理念和目标

2007年至今，连心一直扎根于流动人口聚集的社区，以发展型社会工作为理念和方法，通过社区服务、社区经济、行动研究及政策倡导四者相结合，探索流动人口社区综合服务模式。同时，以城乡循环流动为理论视角，逐渐将服务拓展至云南的少数民族农村社区，为农村留守人员提供服务，不断探索农村社会工作及民族社会工作的方法。

连心的服务愿景：我们扎根于流动人口社区，与流动人口一起，整合一切社会积极的力量，共同改善社会群众生计，丰富社区群众生活，促进社区流动人口的互助与合作，实现有价值、有尊严、有保障的生活。

3. 服务的对象和范围

机构的服务对象包括流动儿童、青少年、妇女、老人等弱势群体，成立了儿童活动中心；开展学校社会工作和外展社会工作；成立青少年成长空间；建立妇女之家，开展反家暴工作；同时也开展老年社会工作以及流动少数民族社会工作。其服务的范围主要在于流动人口聚集的社区，为流动人口服务；主要工作有社会工作服务与开发、行动研究与社会倡导、社会工作机构及人才的培育和孵化。

（二）连心的发展现状和特点

1. 发展现状

（1）部门组成。连心是一个社工机构，更是一个公益性质的社会组织。最高部门由理事会和监事会组成，下面是由党团支部、管委会和专家咨询委员会组成，再接下来就是儿童青少年工作部、社区综合服务部、农村社会工作部、研究倡导及培训部、公益社企和行政财务部，各部门相互监督与合作（见图1和图2）。儿童青少年工作部已经独立出来，改称为“益心”，反家暴干预于2015年在民政部登记注册，从社区综合服务部独立出来改称为“明心”，专门负责家庭暴力干预工作。

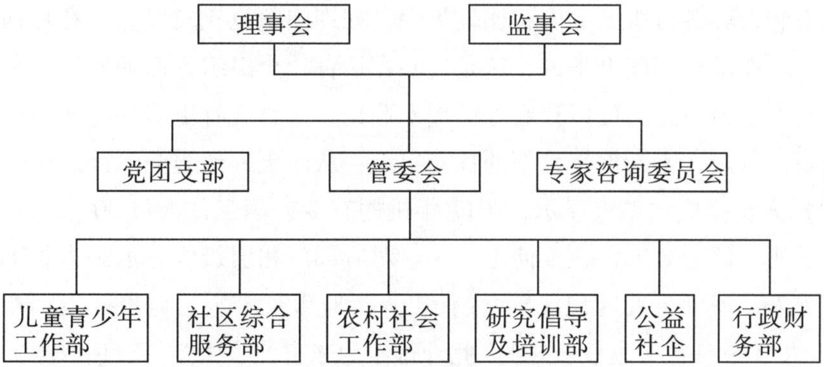

图1　连心主要部门结构

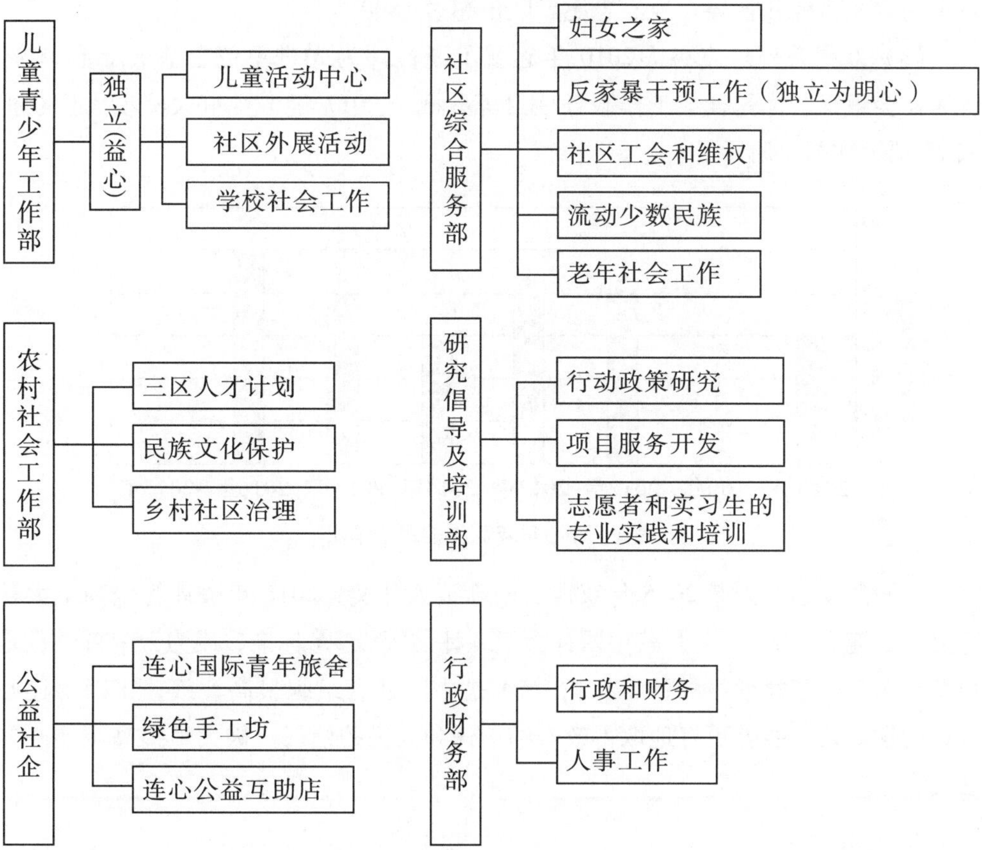

图2　连心各部门主要工作结构

明心和益心各自服务的内容比较集中，处理问题也比较成熟，有长期稳定工作的社工。在某种程度上来说，这是连心在培育社会组织方面的发展，一方面可以节约成本，另一方面可以让服务更加专业化。连心会有更多的时间和精力探索和开发新的领域，不断地培育新的社会组织，从而更好地服务于社区和社会。

（2）人员构成。调查显示，2017 年机构有专兼职工作人员 30 余人：95% 本科以上学历，硕士 8 人，在读博士 1 人。对应部门和层级中分配理事长 1 人，副理事长 1 人，理事 7 人（现任），主任 1 人，监事长 1 人，监事 4 人，专家咨询委员 16 人（来自各大高校教授）。此外每年为来自北京大学、云南大学、香港中文大学等国内高校、美国普林斯顿大学等海外高校 70 多名实习生提供 3 万小时以上的专业实训和督导，连心志愿者队伍超过 1800 人。

（3）获得荣誉。连心从 2010 年起就不断被评为先进单位、基层示范单位、优秀社会组织、优秀社会工作服务项目等，截至 2017 年 1 月重大奖项累计获得共 25 项，如图 3 所示。

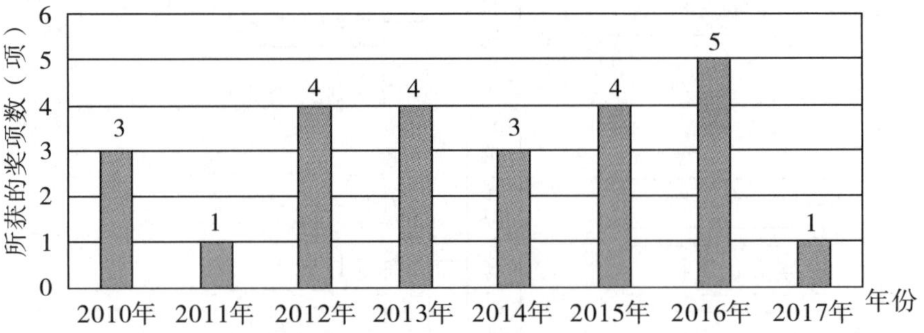

图 3　连心每年获得的荣誉情况

连心的发起人向荣 2015 年获得云南新滇人才奖，2016 年被评为全国十大社工之一。连心 2017 年 1 月获中国社会组织评估等级 5A 标准，成为云南首个也是目前唯一一个获此评级的社工机构。5A 是中国社会组织最高评级，正因为连心获得的这些荣誉能够更好地取得政府的信任和人民的信任，极大地提高了连心的公信力。

2. 发展特点

（1）曲折的发展历程。在 2005 年的时候，连心的发起人向荣教授在基础条件不足的情况下，带领自己的学生在城市周边的农村社区开展针对流浪儿童和孤儿的社会工作，在协助美国一个基金会成立一个救助孤儿的社会组织时，经过 9

个月的尝试推动，成立了“莲心”。随后由于双方合作方向不一，于是在2006年，在我国香港地区一个机构的帮助下，对方提供了20万元资金，“莲心”在民政部登记注册成立“连心”，即将“莲心”改为“连心”，在原有的工作基础上，将重点服务对象从流浪儿童转变为流动儿童。此外，连心为了寻找合适的流动人口社区，前前后后一共搬了7次，从写字楼搬到社区，随着流动人口的流动而流动，连心在流动中行动，成为“流动的社工”。最终在昆明市普吉路王家桥社区扎根。

（2）趋于多元化的服务形式。连心作为社会组织以及社工机构，服务于流动人口。在其服务过程中，连心不仅采用传统的个案工作、小组工作、社区工作等工作方法，而且在这些工作方法的基础上不断创新和加以改进。

（3）趋于群众生活的服务内容。连心在社区内建立了儿童活动中心，为流动儿童提供安全照顾、功课辅导、兴趣开发等多方面的服务。另外还组织了志愿者团队、在儿童安全和家庭教育等方面向社区居民开展流动服务。

随着社区服务的慢慢深入，连心发现流动儿童所面临的问题离不开家庭环境、学校环境和社区环境，首先要解决家庭、学校和社区三方面的问题，才能更好地解决流动儿童的问题。从服务于流动儿童和青少年逐步扩展到服务于残疾人、老年人、少数民族、妇女等多个弱势群体，贴近他们的生活来开展社工服务，不断地满足社区内群众的需求。

（4）合作伙伴越发增多。从最初曲折的发展至今，连心从小到大，不断壮大自己的规模和实力，自身的关注度和公众度大大提升，合作的伙伴也越来越多。截至2017年前前后后合作伙伴就有政府机构、基金会、合作企业、合作媒体、合作学校以及其他各行业，累计达134家，统计如表1所示，这让更多的人关注到弱势群体，也让更多的志愿者加入到这个队伍，共同携手为帮助弱势群体改善他们的生活和现状奉献着自己小小的一份力量。

表 1　连心合作伙伴

	具体单位	合计
政府机构	中华人民共和国民政部、共青团中央委员会、云南省人民政府、云南省民政厅、共青团云南省委、云南省妇女联合会、云南省总工会、中共云南省委省直机关工委、五华区团委、五华区总工会、云南省总工会共青团、妇联干部培训学校、共青团昆明市委、昆明市共青团、五华区王家桥社区居委会、共青团西山区委、云南省五华监狱、云南省文明办、云南省旅游发展改革委员会、昆明市西山区民政局、昆明市五华区民政局、石林县民政局、昆明市西山区教育局、云南省临沧市沧源县政府、五华区西园北路社区居委会、民盟云南省委、云南省政协、共青团怒江州委、共青团曲靖市委、共青团大理州委、沧源县民政局等	32
基金会	乐施会、爱佑慈善基金会、爱佑未来慈善基金会、全球儿童基金会、南都公益基金会、施永青基金、中国扶贫基金会、腾讯公益慈善基金会、中华儿慈会、云南省青少年发展基金会、昆明市青少年发展基金会、United Board for Christian Higher Education in Asia、儿童乐益会、云南三益文化国防基金会、壹基金、联合国国际劳工组织	16
合作企业	诺仕达集团、云南白药、广发银行、云南子元（集团）股份有限公司、可口可乐、恒生银行、云南雄风集团、马来亚银行、索菲特大酒店、滇鹤堂中医馆、英之航国际英语、AA 户外运动、普罗米集团、云南博爱血友病关爱中心、康明斯（中国）投资有限公司、中海地产、昆明公交集团西北部公交枢纽、雪兰牛奶、本然生态庄园、云南敬谦净商贸有限公司、Where There Be Dragons、博西家用电器集团、云南省粮油工业公司、云南云路房地产开发经营有限公司、墨彩图文、云南易美传播、四海百货、中国平安保险、啤酒虫等	30
合作媒体	中国青年报、云南日报社、云南网、彝族青年网、云南信息报、昆明日报、春城地铁报、人民日报、人民网、云南政协报、云南广播电视报、春城晚报、都市条形码、都市时报、中国妇女报、公益时报、昆明广播电视台 FM105 幸福频道、云南新闻广播、昆明广播电视台、《中国慈善家》杂志、《人与自然》杂志、华人频道、东方卫视	23

续 表

	具体单位	合计
合作学校	国内云南大学、香港中文大学、云南财经大学、云南民族大学、云南农业大学、香港大学、台湾辅仁大学、香港城市大学、中山大学、北京大学、清华大学、国家开放大学社会工作学院、长沙民政学院、云南大学—香港理工大学设计与社会发展研究中心、云南大学民族学与社会学学院、社会工作研究所、昆明市五华区联家小学、博华小学、方正小学、昆明五华区远洋小学、宏兴幼儿园，国外普林斯顿大学（美国）	22
其他	英国领事馆、北京近邻、中国社工联合会、土生食馆、绿砖瓦、云南社会组织联盟、素味、大理蓝续文化发展中心、八福农业、彩耘农夫市集、老农耕	11

*统计数据主要来源于连心官网

六、连心开展的服务与发挥的功能

（一）开展的服务

从图2可知连心的每个基层部门都各司其职进行着各种服务，服务内容覆盖面大而复杂。对此，在撰写调研报告时，笔者在连心开展的服务上主要概括和总结了流动儿童的社会工作、流动人口社区综合服务以及研究倡导和培训三个方面的服务内容（见图4），并从这三个方面再进行简单的分析。

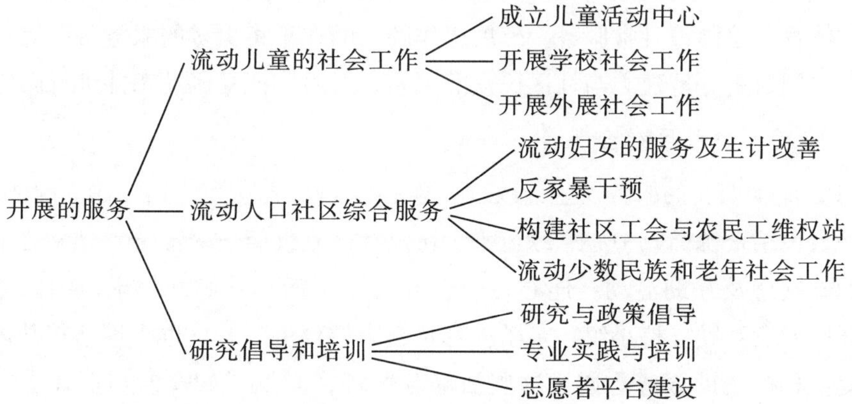

图4 连心开展的服务

1. 流动儿童的社会工作

根据不完全统计，昆明在2015年流动儿童及青少年的总数超过50多万人，连心所在的街道——普吉路王家桥，就是一个流动人口的聚集地，那里的流动儿童数量就超过了一万人。一方面，由于城乡二元结构和公共服务的不均等，城乡结合部及城中村社区都缺乏安全的社区公共空间，流动儿童在暑假的时候或者下课后，因为没地方玩耍，所以他们不是待在家里面看电视，就是在水库或者马路边玩耍，要么进入黑网吧，由此导致大量儿童安全事故的发生，儿童溺水、触电、火灾、车祸、被拐卖等问题突出；另一方面，民办教育资源投入不足，拆迁、频繁搬家和不断换学校等也导致流动儿童及青少年在就学和升学方面面临很大的困难，辍学问题普遍。因此，为解决这些问题，帮助流动儿童，连心通过在城中村社区（目前主要是在昆明市普吉路王家桥社区）建立儿童活动中心、青少年活动中心、学校社会工作站、流动外展车等平台，从社区、学校、家庭及儿童个人多个层面构建儿童健康平台及安全支持网络体系。

（1）成立儿童活动中心。社区儿童活动中心主要设立在王家桥流动人口聚集的社区，通过社工带领志愿者，为儿童提供安全照顾、图书借阅、兴趣小组、功课辅导等多样化服务，为社区儿童提供安全的社区公共空间。

（2）开展学校社会工作。连心与王家桥社区中的民办和公办学校进行合作，共同就流动儿童在生活技能、预防拐卖、儿童安全、生活技能、家庭教育等内容方面开展服务，让更多的流动儿童可以获得平等的受教育机会。

（3）开展外展社会工作。外展社会工作是连心较早采用的一种工作方法，即选择城中村社区的公共场地，以流动中心方式在城中村社区提供图书、玩具、游戏、体育、绘画等日常服务。外展工作的目的在于将更多的服务带到其他城中村社区，同时更好地建立与社区民众的关系，及时掌握社区动态并进行回应。

2. 流动人口社区综合服务

（1）流动妇女的服务及生计改善。连心以妇女之家为依托，建立绿领平台。绿领平台包括资源回收中心、绿色手工坊及社区互助店三个部分。妇女之家主要开展妇女支持及互助活动。连心一般会开展以下活动：妇女骨干组织兴趣培训班，开展妇女互助支持小组、亲子教育及健康教育讲座等，也为遭遇特殊困难的妇女提供积极援助服务。通过这些活动及服务，激发了妇女参与群体事务的意识，使其能部分回应社区需求，同时也锻炼了妇女的能力，为今后开展活动及服务奠定了基础。

（2）反家暴干预。家庭暴力是个普遍的社会问题，在流动人口家庭也比较常见。在日常工作中，连心接到很多个案是关于家庭暴力的，包括经济控制、辱骂，甚至殴打。家庭暴力涉及多个方面，包括个人、家庭。连心无论是对受暴妇女和儿童进行保护，还是对施暴者进行干预和辅导，这些都离不开公安、社区组织、妇联、街道、民政志愿者等的共同参与和合作。然而在整个昆明地区，却缺乏这样一个平台来解决家暴问题。过去虽接触过家暴的个案，但连心并没有过多的精力和时间进行干预。从 2012 年开始，连心开展了反家暴干预与宣传，希望在解决家暴问题的同时，也能够探索形成多部门联动的反家暴工作机制。连心建立了一站式社区反家暴工作站、栖息小屋庇护所两个工作平台。

（3）构建社区工会与农民工维权站。在昆明成规模的非正规就业劳务市场点共有 12 个，每天上万人规模的劳动关系中也滋生了各种劳务纠纷及社会矛盾。2012 年连心在劳动力市场进行调研和服务观察，了解到社区非正规就业群体规模大，法律援助、职业安全教育等服务需求明显。他们面临着如劳资纠纷、工伤、诈骗等难以通过正规渠道解决的困境及风险。由于法律、社会保障的缺失，企业主在追逐剩余价值的过程中让他们陷入生活的绝境。他们生活在城中村里，既没有纳入政府管理体制之下，又很少出现在学者、新闻记者的视野之下。因此在上级部门指导和支持下，连心设立了普吉街道办农民工维权站及连心社区工会。希望通过这两个平台能为社区中的非正规就业群体提供专业的社会工作服务。

（4）流动少数民族和老年社会工作。在昆明的流动人口中有一部分特殊人群，他们以捡垃圾出售为生。在连心服务片区就聚居着这么一群来自贵州的以拾荒为生的布依族少数民族群体。他们虽然从事着城市清洁工的工作，却在生活就业、居住环境、娱乐、人际交往和社会地位等各方面受到社会排斥。针对这一情况，连心从 2012 年开始设立专门的少数民族社会工作板块，并配备了专门工作人员跟进社区少数民族群体。2013 年，连心主要开展以下服务：对少数民族困难家庭儿童的教育资助；成立推动妇女互助小组，保护和培育信任、互助、关爱等少数民族文化；通过各种活动和陪伴，激发少数民族妇女的综合能力，目的是提高社群生活质量。经过一年的努力，布依族群体特别是妇女及儿童发生了积极的改变。2014 年连心继续以推广少数民族服务模式为目标，通过各种方法，推动妇女互助小组的成长，提升少数民族妇女能力，改善少数民族妇女基本生存状况；推动和协助布依族自助举办民族节庆活动，保护和传承民族文化，提高民族自豪感和自信心。

3. 研究倡导和培训

（1）研究与政策倡导。连心有别于其他组织最大的优势是与云南大学—香港理工大学设计与社会发展研究中心及社会工作研究所形成合力，有效地将服务、研究与倡导进行结合。在过去几年的经验中，连心尝试通过承接政府委托的针对弱势人群的相关研究课题，在此基础上不断开发社区分人群的服务项目，同时通过政协提案、政策咨询报告5个，对社会组织发展、社会工作人才培养及流动人口服务方面存在的问题进行了政策反馈，多份提案及报告获得高层重视，引起一定的反响。

（2）专业实践与培训。在云南省福彩公益金的支持下，连心开展了“沧源佤族自治县新农村建设干部培训项目”，为沧源佤族自治县200多名村干部提供了培训。此外，连心还协助云南省民政厅对红河、普洱、文山、西双版纳四个州市近150名民政干部进行了社区社会工作专业方法的培训。2014年开始，连心整合内部资源和外部资源，邀请相关的专家和连心内部具有专业特长的资深同事为机构员工进行相关培训，如介绍九型人格。另外还开设专题培训及工作坊，连心对组织的各类培训，进一步促进了团队成员在专业上的成长和服务品质的提高。同时，对外承接的培训和经验分享，帮助连心的员工提升了对自己实践经验的总结和分享的能力，在一定程度上推动了社会工作和公益理念的传播，也间接推动了社会组织的发展。

（3）志愿者平台建设。截至2017年连心参与服务的志愿者超过1800人，主要来自合作伙伴中的各大高校、企业、中学及其他。一般志愿者可以网络报名、电话报名、现场报名。每一位正式志愿者都有一本志愿者证书，用于记录自己的工作进程，做好服务时数记录。连心还会培育一些志愿者骨干，使其具有领导和管理能力。

（二）发挥的功能

1. 促进自身的发展

连心在发展的过程中，不仅为社区、流动人口做出了贡献，维护了社会稳定，促进了文化繁荣，参与社会治理，同时也能够带来自身的成长。连心探索了一些适合自己的工作方法和实践方法，同时还培养了一大批优秀的志愿者和社工人才，更重要的是在培育云南社会组织发展的过程中贡献着自己的力量。

（1）探索了适合自己的社会工作理论知识及实践方法。典型的如连心于2013年开始启动“三区”社工人才支持计划，在沧源、禄劝和团结镇三个地区分别成立社工站，服务于当地的社区居民。“三区”计划的实施，使云南少数民族的农村地区不再缺乏专业的社工，推动这三个地区的社会服务朝更专业的方向发展，还探索“本土社工 + 专业社工”的工作模式，最重要的是推动了当地本土社会组织的发展。

（2）培养了一批社会工作人才及志愿者。根据连心的统计数据，2017年参加志愿者服务的志愿者超过1800人，总计服务时数为10000多小时，人员分别来自各大高校、中学、企业、医院和社区等，不分年龄和行业。为连心的发展和社会做出了巨大的贡献。同时从2013年起，云南省民政厅以项目打包的方式委托连心负责选派60名专业社工人才到云南省临沧市沧源佤族自治县、昆明市禄劝彝族苗族自治县、昆明市西山区团结镇这三个民族贫困地区开展专业服务，希望发挥自身机构的专业力量和业内的资源，进一步整合和引导社工人才开展形式多样、覆盖范围更广的社工服务。

2. 促进社区的发展

（1）为流动人口提供社区性公共资源。政府通常承担着社会管理职能，但是常常由于某些政府公务员干预不当、信息不充分、官僚行为等，造成政府在动员资源、制定和实施政策、提供服务等过程中，出现“失灵”现象，不能为民众提供某种服务或者服务过程效率低下，导致损害了社会公平和利益的现象。连心恰恰发现了这一问题，驻扎在王家桥社区，连心开始在王家桥给流动人口提供各种服务与资源。如妇女之家和绿领平台的成立为社区妇女提供了一个创业的平台，提供学习缝纫和手工培训，而连心公益互助店则把四处募集到的衣物和资源重新整理二次出售，帮助互助店的妇女骨干改善了生活，也丰富了她们原本枯燥的生活。连心的四楼是工友活动室，这里为非正规就业的农民工提供活动的场所，还有基本已经独立自主的老年活动中心则由老人们自己去管理，他们每天在活动中心聊聊天、打打棋牌，在这里，老人们已经建立起归属感和认同感。

（2）促进社区民众诉求的表达和维护社区公民权益。连心在昆明已经成立了十多年之久，早已被王家桥社区的居民熟知。社区的农民工如果遇到老板拖欠工资或者工伤等问题都会主动找连心寻求帮助，遭受到家庭暴力的妇女也懂得打电话或上门来寻求调解的办法。不论社区的民众遇到什么困难，连心都尽可能地想办法解决他们的困难，连心服务于社区群众，社区群众也开始懂得维护自己的合法权益了，化被动为主动，开始通过寻求社工的帮助来解决自身问题。所以连心的发展在一定程度上促进了社区民众表达利益诉求，也维护了社会的公民权益。

（3）维护社区稳定和谐。社会组织发挥着应对社区各种社会问题、维护和增进社会公共利益的功能。任何社会在其发展和演进的过程中，都会发生各种社会问题，如少数分子暴恐事件、地震等自然灾害带来的混乱、灾荒引发的人口流动等。当社会问题发生时，有时政府会因为很多原因不能很好或者及时化解矛盾、解决社会问题，社会组织就起到了很好的作用。连心代表着流动人口的利益，当他们遇上失业、天灾人祸等问题时，连心能够给予他们关怀和温暖，帮助他们释放心理的压力和消解怨恨，这在一定程度上维护了社区的和谐和稳定。

3. 推进社会治理和社会管理

（1）提供社会公共服务。连心是把一线的服务和政策倡导结合起来的一个社会组织。连心扎根于流动人口社区，采用发展型社会工作服务于流动人口，以个案、小组、社区三大手段为依托，响应流动人口的多样化需求，同时通过妇女联合会和政协，提出关于流动人口和社区的一些政策建议，推动流动人口相关政策的出台和发展。

社会组织还具有推动社会治理现代化的功能。连心成为社区居民表达利益诉求、参与社会事务、拓展公共领域的一个制度平台。连心在举办慈善公益活动的同时，促成了人和人之间的互动，有助于化解不同群体和利益集团之间的冲突，起到汇聚人气、感动社会，促进社区稳定与和谐的作用。

（2）在政府与社会之间搭建沟通桥梁。社会组织充当政府与社会之间的桥梁和纽带，代表着不同的利益群体，社会组织往往把收集到的有关利益群体的信息传递给政府相关部门，增强了政府和社区民众的联系。连心关注流动打工群体，并开设一个板块专门针对工会维权方面，保护劳动者的合法权益。2015 年下半年，连心开始探索用社区剧场和生命故事深度访谈的形式，让流动打工群体的生存状况得到更多的人，尤其是政府的关注。

4. 对本地流动人口的影响

（1）物资上提供资助。从 2013 年下半年开始，连心开始招募大学生开展针对20多个困境家庭的一对一家庭陪伴计划。2014年连心开始申请民政部支持，获得李嘉诚基金会“大爱之行”项目的支持，同时也获得云南省团委及青基会的支持，共组织了50名志愿者和6名社工，对40个困境流动家庭接近100名困境流动儿童进行陪伴支援。在针对少数民族的工作中，连心针对布依族群体开展妇女互助小组，给家庭困难的布依族儿童提供教育资助，每周一到周五开设小饭桌，给布依族孩子提供营养午餐。

（2）精神上给予鼓励和温暖。连心的服务口号为：“我们每个人都有价值、有尊严。每个人都应该被平等、公正地对待。每个人都是可以改变的，并且自身有促进改变的能力。”连心把社区内的每一个流动人口甚至儿童都当成是独立有尊严的个体，帮助他们改善自身的同时也相信他们自身有改变自我的能力，所以连心一直坚信的理念是赋权。连心志愿者和社工的温暖话语和温柔的对待、耐心的教导和陪伴无疑都带给孩子们精神上的鼓励，让他们觉得他们是被关爱和保护的群体。连心的工作人员耐心的倾听和陪同劳动力市场的工友们解决问题，一定程度上给予他们精神上的慰藉。连心为受家暴妇女提供安全的临时居住环境，社工同时也开展个案辅导等工作，协助受暴者走出困境。

（3）适应能力及自我保护能力得到提高。连心开展的困境流动儿童陪伴及家庭支援计划结束后，通过志愿者和社工的陪伴，困境流动儿童与志愿者建立信任关系，相处中获得很多快乐。他们慢慢走出家庭，跟其他的伙伴交流互动，有了自己的朋辈群体，在自信心、生活技能、沟通能力方面都有了很大的提高。志愿者的陪伴一方面减轻了家长的负担，另一方面也改善了亲子关系和家庭互动方式。这些社区活动，一定程度上提高了流动儿童的城市适应能力。

七、连心在发展中面临的机遇与困境

（一）面临的机遇

1. 昆明市政府向社会组织转移职能和购买服务

2014年昆明暴恐事件发生以后，昆明市政府就把一些事宜委托给连心处理，安慰伤员和受难者家属，做心理疏导与陪伴等工作，这些确实是比较适合社会组织来处理的。连心既是社会组织也是社工机构，社工能够从更加专业的角度来协助市政府处理和解决社会问题，而市政府同时给连心提供资金，这样社会组织和政府之间达到互补的状态。

2015 年，云南省安排了 600 万元福彩公益金作为资金来购买社会组织的社会服务，主要针对留守儿童、城市流动人口、老年人和残疾人等特殊群体，经过评审和立项，一共购买了 17 个社会组织的社会服务。政府向社会组织购买服务，不仅激发了社会组织的活力，同时也发挥了社会组织在社会治理中的作用，促进社会组织的进一步发展。政府购买服务的逐渐完善和政府看到社会组织的作用对社会组织来说是一个很大的机遇。

2. 自身社会影响力逐渐扩大

如今，连心已经从仅有几人的微型机构发展成为有 30 多人的小型机构，这十几年来，连心的社会影响力也在不断地扩大，属于云南省发展较好的本土社会组织，在王家桥社区更是人尽皆知。几乎每一年，连心都可以拿到不一样的荣誉——优秀社会组织、优秀社工等。

连心有属于自己的官网、微博和微信平台，还有人人小站，在各大知名网站上都注册了，让更多的人也能了解到连心。因为连心工作人员的不断努力，才有了今天的成就，而这种成就也是连心继续发展的一种机遇。正因为这种影响力，政府逐渐认可连心、信任连心，与连心合作，继而让连心承接政府购买服务；也让更多的企业认识连心，让更多的基金会支持连心，让更多的志愿者加入这个队伍中来，让更多的流动人口信任连心，有困难找连心。这些无不体现了连心如今的社会影响力，这对连心来说也是一种莫大的机遇。社会组织正为把握这种机遇而不断努力。

3. 社会评估机制的完善

随着社会组织数量的不断增加和发挥的作用越来越大，规范社会组织的管理，深入开展社会组织评估工作，已经显得越来越重要。社会组织逐渐在承接政府公共服务、创新社会治理方面显现优势，因为政府购买服务导致政府职能发生转变，所以成立云南省社会组织评估服务中心迫在眉睫。

2010 年 4 月 25 日，云南三方社会组织评估服务中心由云南省民间组织促进会、云南平云会计师事务所有限公司、云南连心社区照顾服务中心等 7 家单位联合发起，经云南省民政厅批准，正式成立。注册资金 10 万元。根据民政厅党组决定，中心法人暂由承担评估工作职能的民管三处负责人担任①。

2015年初，云南省民政厅又发布了《关于探索建立社会组织第三方评估机制的指导意见》。政府积极规范社会组织第三方评估机制，同时建立相应的管理制度，评估机构必须遵守基本原则。政府为第三方评估机构提供政府购买服务，确保了第三方评估机构的资金来源。同时还提倡信息公开制度，提高评估工作的透明度。

4. 法律法规的修改和完善

很多社会组织成立困难，是因为关于社会组织成立的相关条例仍然带有很严重的管理色彩，高门槛和限制竞争等限制了社会组织的发展。降低社会组织的登记门槛，才是促进云南社会组织发展的正确手段。判断一个社会组织是否合法不是凭借它的身份，而应该看它的行为，从法律的角度来加以监管。

十八大以后，政府逐步取消社会组织的双重管理体制，使社会组织得到快速发展，但是相关的立法还是很落后。这既是机遇，又是挑战。十八大明确提出具体要求，要求政府和社会组织职能应该分开，责任更加明确与分化，在法律的保障下健康有序发展。十八届二中全会提出“改革社会组织管理体制”，十八届三中全会提出要“激发社会组织的活力”，十八届四中全会更是明确提出“加快社会组织基本法的确立，引导和规范社会组织的健康发展”。这些要求都在不断改善，为加快社会组织立法创造了一个良好的社会环境。社会组织的发展急需法律的规范和引导，社会组织的很多权益也需要得到政府的支持和保护。

（二）面临的困境

十几年的发展，连心从无到有，发展到30多人的小型机构，知名度不断提升，开展工作的范围不断扩大，但与此同时，也面临着各种各样的困境，尤其是在近期的发展过程中连心开始感觉到力不从心，机构管理也略显疲惫，团队越来越涣散，这种停滞很可能会阻碍连心的发展，导致不能很好地解决社会问题。认识到自身发展过程中遇到的困境，突破这些困境，连心才能更好地走下去。笔者在连心做志愿者时曾有一个多月，跟实习生一样每天住在连心，和连心的社工慢

① 引用于百度百科“云南三方社会组织评估服务中心”。

慢熟起来以后开始对他们开展个案访谈了解一些连心的情况。

1. 人员流失问题

（1）志愿者季节流动性大。

A社工，女，本科毕业，云南大理人，24岁。曾在连心做过志愿者，于2015年下半年来到连心工作，是连心社区综合服务部负责志愿者工作的社工。笔者向A社工了解了关于连心志愿者方面的问题。

笔者：连心每年或目前累计大约会有多少志愿者？

A社工：嗯，我们对每一位志愿者都会记录在册，每一位志愿者都会有自己的志愿者证书，上面记录自己的服务时数和内容。据统计，2017年累计总人数超过了1800人。

笔者：好的，那么他们大部分是来自哪里呢？

A社工：大部分的话还是高校的学生，其余一部分是来自企业、医院和社区等。

笔者：好的。那志愿者人数那么多，是不是不会出现季节性流动呢？

A社工：这个还是有的，比如当学生放假或者学期结束或者毕业，志愿者都有可能会离开，在寒假和暑假志愿者就会比较少。

笔者：你认为志愿者的季节性流动对连心的服务有什么影响？

A社工：嗯，志愿者的流动会带来一些服务不持续的问题，然后招募的新的志愿者需要几天的时间来了解和适应，不如老志愿者那么熟悉和熟练。老的志愿者对社区的孩子们、服务对象也更为熟悉，而新的志愿者则需要花时间来了解适应这些。

笔者：好的，谢谢你。

根据统计数据，连心的志愿者数量庞大，对连心开展活动起到很好的帮助作用。笔者在志愿者工作中还发现，志愿者毕竟很多都是高校的学生，连心的志愿者季节流动性很大，虽然连心的志愿者一般都是工作半年或者一年以上，但是会因为种种原因，都不会长期地服务于连心，所以志愿者的离开会带来服务不持续的问题。这就需要连心提早作出预测来规避这些问题，比如用培育骨干的方法促进自我管理。

（2）项目开展时缺乏专业性人才。

B社工，男，本科毕业，云南石林人，26岁。从连心创办之初就在这里工作，对连心的成立和发展比较熟悉，是连心行政部负责劳工维权的社工。

> 笔者：从你负责的工作来说，连心现在遇到什么困境呢？
>
> B社工：我觉得人员的困境要比较突出。
>
> 笔者：为什么这么说呢？
>
> B社工：比如说在项目开展时缺乏专业性人才。有时候，我们会开展一些大的项目，需要在农村或偏远地方和灾区等地方工作，说实话，可能很多人都吃不了这个苦，不愿意长期从事这个工作。有的时候开展项目时，不可能机构的工作人员全部过去，所以我们就需要招募一些新的工作人员。比如三区人才项目中，我们总是很难招聘到合适的农村社工人才。

连心在开发一些项目的时候，会缺乏一些专业的人才，比如在三区工作项目中，无法招聘到合适的农村社会工作人才，所以招聘合适的人员一直是三区社会工作中最大的挑战。

（3）社工的流动性比较大。

C社工，女，本科毕业，云南楚雄人，27岁，是2015年上半年来到连心工作的，有在连心做过志愿者的经历。现在是连心社区综合服务部负责劳工维权工作的社工。

> 笔者：为什么来到连心？之前在哪里工作？
>
> C社工：之前在广州那边工作，因为家里的某些事情，得到连心等NGO的帮助，后来就来到这里做志愿者，觉得工作挺有意思的，也觉得和自己的想法是契合的，所以就来到了这里工作。我想加入这个队伍，帮助更多的流动人口，让他们像我一样得到社会组织的帮助。
>
> 笔者：你原来本科是学的社会工作专业吗？
>
> C社工：不是，我本科学的是其他专业。
>
> 笔者：你觉得来到连心收获了哪些？

C社工：我觉得比较明显的是打开了我的视野。比如说我现在负责的农民工维权这块，刚开始我以为只是老板黑心啊，来到连心了解到更多的实情，知道了农民工受压迫的更深层次原因。

笔者：好的，谢谢！那你们工资待遇怎么样呢？是你满意的吗？

C社工：我觉得社工的工资在国内还是比较低的，连心还算比较可以，每月2000多元，勉强够维持生活，但相信以后还会有上升的空间。

笔者：你打算在连心待多久？会一直在连心工作吗？

C社工：这个也不能确定，打算先坚持几年。

笔者：好的，谢谢！还能问一下，有几个社工辞职吗？

C社工：从年报上看，2014年有7个，2015年也有7个。

笔者：你了解他们辞职的原因吗？

C社工：我觉得原因应该是比较复杂的，工资只是一部分吧。

笔者通过调研发现：2013年至2014年连心的工作人员大约有28个，2014年大约有7个离职人员；2014年至2015年的工作人员大约有37个，2015年大约有7个离职人员；2016年到2017年还相对稳定。在这里，笔者虽然没有做SPSS数据分析，从简单的分析也可以得出，连心每一年还是有一定的人员变化。但庆幸的是在连心总有一些坚守岗位的社工，他们在连心从事流动人口的服务已经很多年，有三四年甚至七八年了。

从前文的数据来看，连心的工作人员总体素质较高和专业能力还是比较强的，大部分是本科学历，很多是社会工作专业或社会学专业毕业，具有较好的工作理念与良好的工作态度和对社会工作的热爱。在笔者问及对连心的归属感的问卷调查中，笔者发现一些在连心待的时间越长的人员对连心的归属感越强烈。离职的往往是一些刚刚毕业的在机构工作时间不长、对机构归属感不强的社工。刚来连心的社工工资一般在2500元到3000元范围内，工资水平还是比较低的，导致了人员的流失。

2. 资金资助问题

（1）政府购买服务滞后于东部沿海地区。

笔者：除了人员困境外，你觉得还有什么困境呢？

B 社工：应该是政府购买滞后吧，相比于深圳广东等地区来说。你看深圳在 2007 年就已经有政府购买服务了。

笔者：所以云南这边基本上没有政府购买服务吗？

B 社工：有，说是有几千万元，但是不常见，政府购买服务没有覆盖到社工机构。

连心算是云南省专业能力较强的社工机构和社会组织了，都还没有多少政府购买服务，其他刚刚成立的社会组织就更难获得这种保障了，它们的资金只能依靠于基金会或者其他企业支持，然而这种保障也不是长久的，一旦资金出现问题，对社会组织发展的影响是巨大的。虽然政府购买服务的目录已经出来了，但相应的实施细节还需要完善，很多政策还要进一步落实，所以政府购买服务还有待规范。

（2）资金来源不稳定。

笔者：连心在这几年的发展中有遇到资金方面的困境吗？

B 社工：资金方面的困境有是有的，但不是很迫切。

笔者：那连心的资金都是来源于乐施会等基金会吗？

B 社工：对啊，靠基金会。100% 的资金都是来源于基金会。

笔者：主要支持连心的基金会是哪几个？

B 社工：就是乐施会啊、壹基金等国际基金会。因为我们也不确定明年会是哪一家基金会。

笔者：意思是每一年会变动是吗？

B 社工：会啊，反正就是很多基金会，一会儿是南都公益基金会，一会儿是乐施会，一会儿是壹基金。

笔者：但是这样会不会造成资金不稳定。

B 社工：那肯定是会的，NGO 本身就是做好了这个准备的，资金不稳定应该是社会组织目前都面临的一个问题。

从以上对话可以看出，社会组织多多少少都会面临这种资金不稳定的情况，上文 B 社工就已经说明当初建立连心的时候就已经做好了社会组织会面临这种风险的心理准备。还有一些倡导性和权益类的社会组织，他们是很少得到基金会的支持的，因为存在敏感性因素，怕有风险，它们的生存和发展往往很困难。

这个时候就需要政府的支持与扶持，有了稳定的资金来源，社会组织才能可持续发展下去。

3. 流动性造成的同步影响

连心因为种种原因面临过6次“搬家”，组织基地不断地变动。这对于连心来说既是机遇又是挑战，只有在不断探索的过程中才能不断取得进步，找到适合自己的前进方向。

（1）随流动人口流动而流动造成组织基地不稳定。

笔者：我接触过的社工机构都有搬迁史，连心有过吗？多少次呢？

B社工：有过，没记错是有6次了。最初从翠怡酒店到五家堆的联通二楼，然后再从联通的二楼到五家堆的新二小区，那时候就已经进城中村了。然后又从新二小区搬到林家院188号，又从188号搬到现在的王家桥社区，再然后是从现在这里搬到王家桥路，后来又从王家桥路搬回了现在这里。当时叫大家投票，到底是在王家桥路还是这里，大家还是觉得这里好，于是又搬回来了，一共搬了6次家。

笔者：哇，听起来挺曲折的。

从这段访谈记录可以看出，连心不断地会面临一些内外因素造成组织基地不稳定，如因为城中村拆迁改造，连心不得不与社区流动人口一起经历着一样的搬迁。因为连心的服务对象就是流动人口，他们走到哪里，连心就服务到哪里。

（2）人力、物力、财力等资源的浪费。

笔者：搬家这么多次，有没有带来什么不好的影响？

B社工：有利有弊吧，你是指哪方面？

笔者：弊端，比如说会不会耗费人力物力等等的？

B社工：那是相当耗费的。一次搬家会流失很多服务对象，每次搬家要动员很多志愿者和扔掉好多东西。但是只有在这个搬家的过程中，我们才能弄清楚连心跟流动人口的关系。连心的服务越来越接近底层，因为每一次搬家都会开始思考新的东西。记得第三次搬家的时候全连心停了一个月没有上班。所有人都分散出去，去整个昆明的城中村去找这种适合服务的地方，王家桥来过三四次，尹家村也去过好几次。

笔者：那你们是怎么发现现在这个点的呢？

B社工：是有一次下大雨，我们又刚好坐错公交车，就在这里停下来，从这个小巷子里绕进去，发现居然还有这样一个城中村社区。

笔者：后来发现这个社区是流动人口聚集地吗？

B社工：然后我们的另一个社工有一天骑自行车在这里绕发现了适合连心办公的这样一个地方，有一个很大的场地，然后我们赶紧租下来。我们花了好大力气把办公室搬到了188号。在188号差不多办公了一年多，不到两年的时间。

笔者：后来为什么又从188号搬到现在这个位置呢？

B社工：因为那里的房东实在是难处，他不接受那些小孩子去那边玩，那些小孩子去那里还跟房东吵过架。孩子过去经常被房东骂，所以最后还是搬过来了。又花费大力气把所有的东西搬过来，还好这次不是隔的特别远。

从以上的谈话可以看出，每一次连心搬家的过程中，不仅会流失一些服务对象，还要耗费很多人力物力，把一些物品很无奈地扔掉之后，日后需要的时候还是要花钱重新购买，这在一定程度上来说是对连心造成了耗损。不过这是连心在不断的发展过程中一个必经的过程，如果没有经历过搬迁，就不会找到适合服务的这么一个流动人口聚集的地方，找到合适的服务地点，连心的工作才能更好地开展下去。

八、连心的可持续发展路径探寻

促进连心的可持续发展是一个艰巨又漫长的过程，这期间需要社会组织、政府、社工和各类工作人员的共同努力。其他社会组织可以通过经验借鉴和反思来促进自身发展。

（一）连心的启示

1. 建立人才培养机制，保证人才的可持续性

连心为什么能够在云南发展得越来越好有很多原因，其中一个重要的原因就

是连心很注重人才培养。笔者在连心做志愿者的那段时期里，给连心的社工发放过问卷，其中有一项是连心对员工的培训频率，几乎所有的社工都选择了最多的那一个选项，一年三次以上。笔者在与社工的交流中得知，连心经常通过各种工作坊和其他学习途径让新员工可以学习到更多专业和切合实际的工作方法。

连心不仅注重机构内的人才培养，也注重机构外的人才培养。连心在开发一些新的项目时常常会遇到缺乏专业的人才这样的困境，而连心想出来的解决之道就是培养当地的社工人才。例如在开展三区计划时，三区社会工作人才支持计划推动了当地农村民族社会工作人才的培养，这样就为后续的工作奠定了人才基础。连心有意识地在日常的服务中挖掘一些当地的适合做社工的年轻人和大学生等人才，会特地创造机会和资源送他们去培训或者参加乡村社工人才培养计划。这种人才培养机制也是值得其他社会组织学习和借鉴的。

2. 建立服务与倡导相结合的服务模式

连心建立的是一种服务与倡导相结合的模式，这种服务模式让连心更加深入地了解王家桥社区居民的需要，同时将这种需要传达给上层决策者，从而影响社会政策的改变。

首要的当然就是服务于基层群众。连心长期扎根于流动人口社区，服务于流动社区的妇女、儿童和老人等，对社区居民有着深入的了解，甚至和他们融为一体，连心的社工们并不是把他们当作服务对象，而是当成老乡一样对待，尊重理解他们这样一些群体，经常开展各种社区活动，和他们有着真切的情感联系。而倡导就是把社区居民的声音传递给上层决策者，让政府听到群众的声音。如果没有连心这样的社会组织，最基层的群众很难把自己的心声表达给政府，政府很可能不能全部顾及得到。这种服务与倡导相结合的模式是需要云南其他社会组织学习的，更重要的是靠辛勤的汗水和努力，这些都是值得借鉴的。

3. 完善社会组织建设，培育和孵化其他社会组织

开展社会服务单单依靠连心一个社会组织的力量是不够的，毕竟连心也面临着基地、资金、人员、物力等的局限，不可能覆盖整个云南地区，最好的办法就是培育和孵化其他社会组织。连心作为云南省发展较早的本土的专业社工机构，具有较丰富的工作经验和专业知识，可以将如何良好运作的经验和方法传授给新的社会组织。近年来，连心一直在为培育社会组织做出努力。

2013 年，连心与西山区民政局建立合作关系，一起为社会组织培育和人才

培养做出努力，经过一年多的时间终于在2014年10月成立西山区社会工作人才服务中心。

明心和益心的独立，也是属于社会组织培育的一部分。由于反家暴和流动儿童板块已经发展比较成熟，它们各自服务的内容比较集中，处理问题也比较成熟，有长期稳定工作的社工，有独立的条件，并在五华区民政局注册成为区级的社会组织，既能分流连心的工作又能扩大连心的影响。

4. 与政府建立良好的合作关系

只有与政府建立良好的合作关系才能更好地开展组织活动和服务，才能更好地进行政策倡导，也才能更好地推动社会组织的发展，最根本的是才能更好地为群众解决实际问题。连心能够将服务与倡导相结合的模式开展好，重要的因素之一就是连心与政府建立了良好的合作关系。与政府合作，给工作开展打下合法性基础，同时政府也能提供物质和非物质支持。

第一，与政府合作最基本的前提就是获得政府的信任。首先，连心服务的对象是流动人口，流动人口问题一直是政府关注的焦点。其次，连心的创始人向荣教授是政协委员，具备了获得政府信任的前提，让政府采取了支持的态度。

第二，连心与政府部门有着共同的目标。首先要有目标才能共同合作，连心与政府部门有多次合作经历。2014年昆明发生暴恐事件时，连心与政府部门齐心合力共同应对这次危机，正因为连心此时和政府有着共同的目标，这才为双方的合作打下了基础。

所以，连心和基层政府合作，不仅可以获得更多的政府信息，获得更多的资源帮助，还能够更加便利地在社区内开展工作。连心的服务也能够促进政府取得更好的政绩，更重要的是能够让群众获得更多的合法权益。这种合作是一个良性循环，能够进一步促进和强化连心与政府的合作关系。这些亦是值得其他社会组织学习和借鉴的地方。

5. 拓宽组织筹资渠道，保证资金的可持续性

社会组织多多少少都会面临资金方面的问题，资金来源不稳定、筹资渠道单一等，连心也一样会面临这样的问题。连心主要的资金是来源于基金会，因为每年与不同的基金会合作，所以连心面临的资金问题主要是资金来源不稳定，政府购买服务较少。但其实连心的活动资金相比其他社会组织来说还是比较多的。因为连心懂得拓宽自己的筹资渠道，与多个基金会合作，包括乐施会、正生基金

会、南都公益基金会、李嘉诚基金会、云南省青少年发展基金会等，这些基金会都给予连心莫大的支持。连心在开展一些比较大的项目时就会申请民政部和一些基金会对项目的支持。例如，2014 年的困境流动儿童家庭陪伴及支援计划中获得了民政部和李嘉诚基金会、云南省省委和青少年基金会的支持。所以连心给我们的启示就是注重多方筹资，与政府建立良好合作关系，尽量申请政府购买服务。

（二）推进连心可持续发展的对策建议

1. 加强社会组织的自我完善和自身建设

要推进云南社会组织的发展，加强云南社会组织的自身建设和自我完善才是最基础的。十八大报告提出："要加强社会组织在社会服务和管理中的职能与责任，同时政府要引导社会组织健康有序发展。"这说明中央对社会组织的发展充满了期待，同时也认同社会组织的功能，但是为了适应社会的需要，社会组织必然要加强自身能力的建设。

第一，要优化和完善社会组织的内部结构。社会组织管理的好坏影响到它的社会公信力，影响到它的活动效率，所以完善社会组织的内部结构显得尤为重要。

第二，加强对机构内员工的培训。无论是社工机构还是其他类型的社会组织，首先要定期为自己员工培训专业知识，其次要把专业知识和实践结合起来。

第三，可以参考连心的督导制度，老员工带动新员工，随时监督与指导。

第四，就是找到合适自己的工作方法。云南社会组织之间可以相互借鉴有用之处，但是毕竟每一个社会组织都有它的特殊性，很多地方还需要自己慢慢探索。此外，社会组织还积极加入社会组织评估，根据社会组织评估的结果加强自身建设。

2. 完善社会组织发展的政策和法律

法律的完善是推动社会组织健康发展的保障。从国家层面上，应该加快和完善社会组织各类法律的修订和完善。国家首先要推动以及加快相关社会组织基本法的制定，来规范社会组织的功能、经费财产、权利义务、主体条件、法律责任、组织形态等；然后还可以按类别分类出台不同类别的社会组织条例。在地方上，应重视社会组织的作用。云南省民政部在 2016 年开始开展中央财政支持社会组织参与社会服务项目。“云南省民间组织管理局已经做了相关的通知，对2016年中央财政支持社会组织参与社会服务项目的资金性质和分配、资助范围、资助类型、数量和标准、资助条件及申报程序、执行办法等做了详细规定。[①]”

3. 政府建构扶持培育政策和加大购买服务力度

云南省由于受经济、地理位置等各方面因素的影响，社会组织的发展本来就滞后于东部发达地区，所以云南省的社会组织比较薄弱，发展中也面临很多问题，对于不成熟的社会组织，地方政府应该加大培育和扶持力度。例如，在社会组织开展活动时给予资金支持、给予一定的税收优惠和对相关人员提供免费培训等。

云南省政府要加强对社会工作的购买服务力度。一方面用于服务当地弱势群体，另一方面也要兼顾社会工作者的生存发展。首先应该认识到政府购买服务的益处，政府购买服务，社会组织承接政府服务，是一项有效和改善民生的创新举措。云南省更加需要政府的这种职能转移，来解决各种矛盾和各类问题，提供便民服务，创新社会治理。其次，政府的购买服务资金，不仅要真正投入使群众受益的项目，也要一部分用于改善社工等工作人员的工资待遇，这样工作人员的待遇得到改善，开展项目的积极性也会得到提高。可见政府购买服务是一项扶持与帮助薄弱的草根组织的重要举措。

4. 加强和其他社会组织的合作

云南省社会组织要发展，加强和其他社会组织的合作是必不可少的。相互吸取经验，调用人才，各取所需，达到双赢的目的，互惠互利。社会组织之间的合作可以促进资源的良好利用和人才的培养。首先，与政府机构合作，是必不可少的，这在前面的叙述中，都说明政府机构对社会机构发展的重要性。其次，还要加强与基金会的合作。以连心的例子来看，连心获得的政府购买服务较少，而更多的资金是来源于基金会。云南社会组织应该充分利用好云南省民间社会组织和基金会比较集中的区域优势，寻找更多的基金会加强合作。最后，云南社会组织也可以争取和国内外更多的慈善组织合作，获得更多的善款和基金的支持。但是需要注意的是把握政策，合作的慈善组织需做到无条件捐赠，而不要附加其他不

① 民政厅：云南省民间组织管理局《关于做好2016年中央财政支持社会组织参与社会服务项目申报工作的通知》，2016年。

合理的条件。

笔者以志愿者的身份进入连心，旨在通过实地研究、参与观察和个案访谈的形式了解连心的发展历程。但是在调查中也存在许多的不足之处，首先，在研究与调查中不可能全面覆盖连心的整个发展过程，因为像这种社会组织中员工经常出差，长期处在其中的员工比较少，对该组织的了解不全面，搜集到的资料也不全面；其次，由于调查时间有限，导致调查不够深入，显得整篇文章深度不够，对连心的服务内容和特点介绍过于简单；再次，资料数据有限，造成数据资料不足，文中所用数据资料大多采用调研过程中所获取的，一部分是来自文献资料；最后，由于项目参与人员的专业性和知识储备还不足，研究中必然会有很多缺陷和不足，所提出的对策建议也不一定全面和完全适用，希望以后可以不断地在学习中得到进步。

参考文献：

[1] 郭国庆．现代非营利组织研究．北京：首都师范大学出版社，2001

[2] 赵军，张志勤．城乡社区社会组织实用工作手册．北京：中国社会出版社，2010.

[3] 廖鸿．社会组织建设的新视野．北京：时事出版社，2010.

[4] 刘玉能，高力克．民间组织与治理：案例研究．北京：社会科学文献出版社，2012.

[5] 国务院发展研究中心社会发展研究部课题组．社会组织建设：现实、挑战与前景．北京：中国发展出版社，2011.

[6] 赵黎青．非政府组织与可持续发展．北京：经济科学出版社，1998.

[7] 许莉娅．个案工作．北京：高等教育出版社，2004.

[8] 刘梦．小组工作．北京：高等教育出版社，2003.

[9] 夏建中．社区工作．北京：中国人民大学出版社，2009.

[10] 风笑天．社会调查研究方法．北京：中国人民大学出版社，2009.

[11] 王思斌．社会学教程．北京：北京大学出版社，2003.

[12] 葛延风．社会组织建设：现实、挑战与前景．北京：中国发展出版社，2011.

[13] 民政部民间组织管理局．社会组织建设与管理．北京：中国社会出版

社，2008.

[14] 王龙．城市社区社会组织发展研究——以青岛市南区为例．青岛：中国海洋大学，2012.

[15] 姚迈新．资源相互依赖理论视角下的社区社会组织发展——以广州为例．岭南学刊，2012（5）．

[16] 谭日辉．社会组织发展的深层困境及其对策研究．湖南师范大学社会科技学报，2014（1）．

[17] 汪春翔．和谐社会视域下社会组织建设研究．南昌：江西师范大学，2013.

[18] 钱悦扬．青年社会组织发展模式探究——以上海青年家园为例．上海：上海交通大学，2012.

[19] 祝晓龙．政府与支持型社会组织的互动分析——基于浦东公益组织发展中心的个案观察．上海：东华理工大学，2012.

[20] 崔正，王勇．政府购买服务与社会组织发展的互动关系研究．中国行政管理，2012（8）．

[21] 徐培培．政府购买社会组织服务研究．长春：长春工业大学，2012.

[22] 何润宝．云南省社会组织培育机制研究．昆明：云南财经大学，2012.

[23] 梁肖月．城市社区社会组织发展困境研究——以北京市东城区社区社会组织为例．北京：首都经济贸易大学，2014.

[24] 罗鹂鸥．我国社会组织发展困境及其对策研究．长沙：湖南大学，2010.

[25] 蔡娜．云南社会组织参与政府购买公共服务研究．昆明：云南财经大学，2014.

[26] 王贺功．政府转型中社会组织发展研究．长春：长春工业大学，2012.

[27] 胡薇．双轨制——中国社会组织发展的现实路径分析．中国行政管理，2013（6）．

[28] 周扬．我国社会组织的社会企业发展道路探索——基于东莞市社会服务类社会组织的研究．昆明：云南大学，2013.

[29] 刘振国．中国社会组织的治理创新——基于地方政府实践的分析．经济社会体制比较，2010（3）．

附录 A　访谈提纲

连心的发展状况以及连心社工的访谈提纲

一、连心的发展情况

（一）基本情况

1. 连心注册成立是什么时候？

2. 连心的使命和目标是什么？

3. 连心的机构设置有哪些？

（二）人员情况

人员构成是怎样的？

（三）服务的范围

1. 连心服务的对象有哪些？

2. 连心一般开展哪些活动？

二、员工状况

（一）从业时间

1. 你是什么时候加入连心的？

2. 你打算在连心工作到什么时候？

（二）主要负责的工作

1. 你目前负责哪一个板块的工作？

2. 参加过哪些具体活动？

（三）工资待遇

1. 你的薪资待遇如何？

2. 你对你的工资满意吗？

3. 你是否认为自己有良好的晋升空间？

（四）组织归属感

1. 你在连心工作感觉压力大吗？

2. 你对连心机构的归属感如何？

三、发展面临的困境

（一）资金来源

1. 连心的资金主要来源于哪里？

2. 连心是否有政府购买服务？

（二）人员流失情况

1. 现今连心工作人员数量和流动情况如何？

2. 志愿者大部分来自哪里？有流动性吗？

（三）其他困境

你觉得连心在发展过程中还存在其他困境吗？

四、连心发展中获得的启示和不足

1. 你认为连心的未来发展趋势如何？

2. 你觉得连心在这些年的发展过程中获得哪些可以借鉴的地方？

3. 连心还有哪些地方需要不断学习？

附录 B　调查问卷

关于连心社会工作者的工作状况调查

各位连心的朋友：

你们好，非常感谢忙碌之中抽出时间填写这份问卷，这次调查旨在了解连心社会工作者的工作现状，以便为改善社会工作者的基本权益提出建议和分析。本问卷不会泄露任何有关您个人的信息。注：在您选择的选项处打“√”。

一、基本状况

1. 您的性别

①男　　②女

2. 婚姻状况

①已婚　　②未婚　　③离婚　　④丧偶

3. 您是否是云南本地人

①是　　②否

4. 您的年龄

① 20 岁以下　　② 20—25 岁　　③ 26—30 岁　　④ 31—35 岁

⑤ 36—40 岁　　⑤ 40 岁以上

5. 您在连心的工作年限

① 1 年以内　　② 1—3 年　　③ 3—5 年　　④ 5—10 年　　⑤ 10 年以上

6. 您的教育背景

①社会工作专业　　②社会学专业　　③其他______________

7. 您的教育程度

①高中及以下　　②大专　　③本科　　④硕士　　⑤博士

8. 您所获得的社工资格证是

①助理社会工作师　　②社会工作师

③高级社会工作师　　④未获得社工资格证

9. 您的职称

①社会工作员（助理社工）　　②助理社工师　　③中级社工师

④高级社工师　　⑤见习督导　　⑥督导助理

⑦初级督导　　⑧中级督导　　⑨高级督导

10. 您在连心负责哪个板块的工作

①流动儿童及青少年部　　②社区综合服务部　　③农村社会工作部

④研究倡导及培训部　　⑤公益社企　　⑥行政部　　⑦财务部

二、生存状况及能力培养

1. 您的月收入

① 2500 元以下　　② 2501—3000 元　　③ 3001—3500 元

④ 3501—4000 元　　⑤ 4001—5000 元　　⑥ 5001—6000 元

⑦ 6001—7000 元　　⑧ 7001 元以上

2. 您每月大致能存下多少钱

① 500 元以下　　② 501—1000 元　　③ 1001—2000 元

④ 2001—3000 元　　⑤ 3001—4000 元　　⑥ 4001 元以上

3. 您在机构中享受五险一金的情况

①完全没有　　②有五险但没有公积金　　③有住房公积金但无保险

④有部分保险　⑤有五险一金

4. 您对目前的薪资感到

①非常不满意　②不满意　　③不确定　　④满意　　⑤非常满意

5. 连心机构对员工的培训频率

①基本没有　　②一年一次　③一年两次　④一年三次　⑤一年三次以上

6. 连心每年组织的员工集体活动的次数

①基本没有　　②一年一次　③一年两次　④一年三次　⑤一年三次以上

7. 您认为连心机构的工作氛围

①压抑　　②较压抑　　③一般　　④轻松　　⑤非常轻松

8. 您在服务过程中感觉自己的专业水平可以满足需求

①非常不同意　②不同意　③不确定　④同意　⑤非常同意

9. 您工作中感觉压力很大

①非常不同意　②不同意　③不确定　④同意　⑤非常同意

10. 您对晋升空间感到满意

①非常不同意　②不同意　③不确定　④同意　⑤非常同意

11. 您在开展服务中得到有关部门的大力支持

①非常不同意　②不同意　③不确定　④同意　⑤非常同意

12. 您对连心机构有强烈的归属感

①非常不同意　②不同意　③不确定　④同意　⑤非常同意

三、职业认同状况

1. 您觉得在连心做社工对于社会和个人的帮助都是很大的

①非常不同意　②不同意　③不确定　④同意　⑤非常同意

2. 您觉得自己做社工的信念如何

①完全不坚定　②不坚定　③一般　④坚定　⑤很坚定

3. 您对社工有很高的职业归属感或者您很喜欢社工职业

①非常不同意　②不同意　③不确定　④同意　⑤非常同意

4. 您来到连心工作的原因是

①纯粹是为了谋生　②为了实现自我价值　③受别人影响

④没有更合适的发展机会暂时为之　⑤不清楚

关于云南新型农村社会养老保险政策实施效果的探讨

——以云南省寻甸彝族回族自治县西拉龙村为例

云南民族大学政治与公共管理学院　凌益敏

摘　要： 本文运用实证研究与规范研究相结合的方式，在实地调研云南省寻甸彝族回族自治县西拉龙村的养老状况的基础上，以2009年新型农村社会养老保险政策实施开始年为界，对西拉龙养老状况作了两阶段的划分。对比两阶段养老状况，分析新型农村社会养老保险政策在该村的实施效果，从而进一步就新农保政策如何可持续发展提出建设性的意见。

关键词： 新型农村；社会养老保险政策；农村养老

一、研究背景及意义

根据联合国人口署的预测，中国人口老龄化问题在2015年后将日趋严重，中国60岁以上人口比重将达到15.1%；而根据云南省统计局数据，云南省昆明市到2013年为止，60岁及以上人口比重就已经达到了16.81%。2013年，我国的老龄人口抚养比为13.10%，云南省的老龄人口抚养比为11.13%，比全国平均水平还低1.97个百分点，而云南的GDP为11720.91亿元，仅占全国GDP的2%。与全国相比，云南是一个集边疆、民族、贫困为一体的省份，边境线长达4060千米，城市化率低于全国平均水平，乡村人口占总人口比重为64.8%，乡村农民劳动生产率和生活水平低下，经济结构的二元性使农村的发展远远落后于东中部的农村地区，云南省人口老龄化具有明显的“未富先老”的特征，且老龄化进程还在不断加快，凸显了云南省养老问题的严峻性。

在全国各地都在稳妥推进“新农保”政策的大环境下，结合云南省农村养老问题日渐突出的严峻形势，自2009年开始，云南省的新型农村养老保险政策落实力度就较大。云南省委常委、副省长李江在云南省新型农村养老保险政策试点启动会议（2009年）上讲话时说："云南省制定出台的新农保试点政策，既严格执行了中央的要求，又坚持从云南省实际出发，力度大、措施实，从目前已出台政策的省区看，云南省是省级财政补贴力度最大的一个省份。除国务院批准的13个试点县外，云南省又'自费'增加了3个省级试点县，确保了每个州市都有一个试点县。"这一举措体现了省委、省政府对民生问题特别是农村养老问题的高度重视和关心。

如今，试点到现在时隔数年之久，在如此强的实施力度下，云南新型农村社会养老保险政策实施效果到底如何？政策还将继续往哪一个方向推进？对这些问题的研究在理论和实践两个方面都具有重要的意义。从理论意义上讲，可以为国家特别是西部边疆民族地区，推行新型农村社会养老保险及建立相关的社会保障政策，为其推进与改革提供一定的参考和借鉴，为破解中国农村发展过程中出现的养老难题提供新思路，丰富理论研究成果。从实践意义上讲，探寻符合云南省情的农村养老保险问题的解决之道，不仅有助于国家的宏观政策与云南具体实践的结合，推进本省农村社会养老保险制度的建立和完善，也有助于使农民生活得到切实保障，促进边疆民族地区的经济发展和社会和谐稳定。

二、文献综述

从2009年政策实施以来，学术界不少学者对新农保政策已做过不少的研究，就研究方向来看，主要集中在以下几方面：

（一）对政策执行问题的研究

在普遍肯定新农保推动中国农村跨越式发展成效显著的基础上，学者们对这一政策实施中普遍存在的问题进行了探究，如卢海元教授（2010）研究了关于试点区与非试点区进度不平衡、农民与被征地农民之间存在的不公平、农民与城镇居民仍存在差异，新农保经办管理服务，信息管理服务，农村金融服务上的问题以及新农保跨制度、跨城乡、跨地区转移接续的办法，筹资政策，基金投资管理政策待完善的问题；新农保试点政策存在制度缺位，主要吸引的是中低收入水平、健康水平低、参保回报时间短的人群（穆怀中、闫琳琳，2012）；年轻农民的参保意愿相对偏低，"与子女相绑"的参保方式有违农民的意愿（刘善槐等，

2011）；新农保最低缴费档次在试点县格外“受宠”，选择较高缴费档次者相对较少（鲁欢，2012）；地方政府筹资难、基金管理难、参保意识维持难（范永茂，2011；王翠琴、薛惠元，2011）。

（二）对参保意愿影响因素的研究

对政策的了解程度、对政府的信任和满意程度（郝金磊、贾金荣，2011）、年龄（苏东海、周庆，2010）、农民经济情况（黄阳涛等，2011）、政府的落实工作与宣传力度、村民的文化程度等都会影响农村居民的参保意愿。

（三）对政策实施效果的评估与研究

张川川等（2013）同时采用双重差分方法和断点回归方法，从多个角度较为全面地估计了新农保政策的影响，发现新农保政策的实施在一定程度上减少了老年人贫困、促进了消费、提高了老年人的生活福利水平。陈华帅、曾毅和程令国等（2013）估计了新农保政策的实施对父母和子女间转移支付的影响。王翠琴与薛惠元（2012）通过政策分析发现，在现行财政补贴政策下，新农保的收入再分配偏向于选择较高档次缴费的人群及缴费困难群体等，“捆绑式缴费”政策产生了逆向的收入再分配效应。刘冰等（2012）采用两时期的世代交叠理论模型进行模拟分析发现，新农保能在一定程度上替代养儿防老，减少农民自愿生育的子女数量。

就这些研究方向来看，学术界在关于新农保政策执行问题与参保意愿的影响因素的研究上较为全面且从全国到地方、从理论到实证都做过一些相关研究。这些对政策实施的研究深化了我们对新农保政策的认识，但是由于新农保推行时间还不太长，政策效果需要经过一段时间才能显现出来，且全国各地政策实施由于各自所处地理区位、人文状况的差异，必定会有不一样的效果，不能一概而论，新农保政策实施效果上的研究尚存针对性的研究，需进一步推进实地政策实施效果的跟进与研究。

三、研究思路

本文以云南省寻甸彝族回族自治县西拉龙村养老状况的实地调查信息为实证研究的基础，以西拉龙村养老状况以及新型农村社会养老保险政策的实施开始年份为划分点，分前后两阶段对当地的养老状况进行分述，目的是对比分析新型农村社会养老保险政策实施效果，进而对实施效果进行评述，提出政策可持续性发展的建议，推动破解现存农村养老保障难题，为当地提高农村养老质量提供一定的参考。

四、研究方法

调研团队综合运用实地研究与规范研究相结合的研究方式，深入调研对象的社会生活环境，与调研对象同吃、同住、同劳动连续一周，全面、细致地考察调研对象社会生活的方方面面。在实地调查中，由于考虑到调研的安全因素及时间安排情况，调研团队采取了抽样调查的调查方式，从西拉龙村 2 社的 54 户家庭中随机选取 18 户家庭，抽取比例为 33.3%，共实现访问对象 49 人，覆盖了 32 位老人和 17 名老人子女，其中有 17 名一般老人，15 名高龄老人。考虑到当地村民的文化水平，抽样调查普遍采取结构式访问的方法，系统、直接地收集相关信息资料。在实地调查的基础上，对获取的一手资料进行统计与分析，得出调查结果作为本文的支撑信息。

五、概念界定

（一）老　人

我国历来称 60 岁为“花甲”，同时由于我国地处亚太地区，这一地区规定 60 岁以上为老年人，因此，我国现阶段以 60 岁以上为划分老年人的通用标准。本文沿用这一年龄作为老人划分的标准，本文中提及的老人，均为 60 岁以上。就年龄阶段而言：60 到 70 岁为一般老人；70 岁以上则统称为高龄老人。90 岁以上称长寿老人；而 100 岁以上称百岁老人。

（二）家庭养老

我国现行的农村养老形式可分为家庭养老和社会养老两大类。目前，家庭养老仍是中国农村养老保障的主要方式。家庭养老指老年人因年老体弱丧失劳动能力之后，依靠家庭成员或其他亲属为其提供养老保障与支持的一种养老形式，主要包括三方面的内容：经济供养、生活照料和精神慰藉。这种养老方式不仅取决于子女的数量、性别，以及子女自身的经济能力，另外还受到文化、道德、社会等因素的影响。

（三）新型农村社会养老保险政策

根据云南省人民政府发布的《云南省新型农村社会养老保险试点实施办法（试行）》规定："年满 16 周岁（不含在校生）、未参加城镇职工基本养老保险、具有本省户籍的农村居民（以下简称参保人），可以自愿在户籍地的县（市、区）参加新型农村社会养老保险。参保人领取的养老金由个人账户养老金和基础养老金两部分组成，支付终身。个人账户养老金：个人账户全部储存额除以个人账户养老金计发月数，即个人账户养老金月领取标准为个人账户全部储存额除以 139。基础养老金：中央财政或省财政全额支付的每人每月 55 元的基础养老金，以及州（市）、县（市、区）人民政府提供的基础养老金。参保人符合领取养老金条件时，国务院试点县由中央财政全额支付每人每月 55 元的基础养老金，省级试点县由省财政全额支付每人每月 55 元的基础养老金。在此基础上，州（市）、县（市、区）人民政府可根据实际情况提高基础养老金标准，所需资金由州（市）、县（市、区）人民政府承担。参保人按照规定缴费后，可享受省财政给予的每人每年 30 元的缴费补贴。在此基础上，州（市）、县（市、区）人民政府可根据实际情况适当提高缴费补贴，所需资金由州（市）、县（市、区）人民政府承担。鼓励参保人选择较高档次缴费。对选择较高档次缴费的参保人，在享受上述财政缴费补贴基础上，州（市）、县（市、区）人民政府可根据实际情况再给予参保人鼓励性缴费补贴，所需资金由州（市）、县（市、区）人民政府承担。"

六、西拉龙村地理区位状况

（一）自然环境

云南省行政区划数据显示："西拉龙村隶属于六哨乡板桥村委会，属于集高寒、民族、贫困三位于一体的山区。位于六哨乡南边，距离板桥村委会 2 千米，距离乡政府 2 千米。面积 5.92 平方千米，海拔 2300 米，年平均气温 11℃，年降水量 1200 毫米，适宜种植马铃薯、荞子等农作物。全村有耕地总面积 2337 亩（旱地 2337 亩），人均耕地 2.05 亩，主要种植马铃薯、荞子等作物，拥有林地 3114 亩，水面面积 37.48 亩，草地 623.48 亩，荒山荒地 2493.8 亩，其他面积 270 亩。"

（二）人口情况

西拉龙村共226户人家，全村每户均约5口人，共1137人；彝族有92户，汉族134户。

（三）经济情况

中国扶贫基金会2010年数据信息显示："寻甸回族彝族自治县是全国592个、云南省73个、昆明市3个国家扶贫开发工作重点县之一。由于受历史、区位等诸多因素的制约，一直是一个以农业为主的经济欠发达地区，经济发展滞后，是集老、少、山、穷为一体的贫困县，贫困程度深、贫困面广、经济总量小，是少数民族自治县。有15个少数民族11.8万人，占全县总人口的21.96%，是典型的农业县。农业人口占全县总人口的94%，是典型的贫困县。2009年末，全县人均纯收入1196元以下贫困人口有20余万人，农民人均纯收入3058元，财政收入仅为2.7亿元，属昆明市的工业小县、财政穷县、经济弱县。而西拉龙村的经济情况更是凸显了寻甸回族彝族自治县的典型农业县、贫困县的特点，西拉龙村2006年农村经济总收入216.19万元，其中：种植业收入191.15万元，占总收入的88.42%；畜牧业收入18.85万元，占总收入的8.72%（其中，年内出栏肉猪900头、肉羊8头）；林业收入0.89万元，占总收入的0.41%；第二、三产业收入5.3万元，占总收入的2.45%。农民人均纯收入880元，农民收入以种植业等为主。全村外出务工收入10万元，其中，常年外出务工人数26人（占劳动力的4.25%），在省内务工25人，到省外务工1人。"

（四）教育情况

该村小学生在六哨中心小学就读，中学生在六哨中学就读。目前村子里有正在上学的初中生60人左右，小学生40人左右，大学生12名，幼儿园儿童30人左右。

七、西拉龙村的传统养老困境

（一）家庭养老必须与自我养老相辅相成

虽然一般意义上，对于老人的定义是在60周岁以后，并且基本退出农业生产和家庭劳作活动，但是在云南西拉龙村仍普遍存在已过60岁的老人仍未退出农业生产和家庭劳作活动的现象。根据我们的实地调查，60—69岁的老人继续从事着大量农业生产的人口比例为98%，70—80岁仍从事大量农业生产的人口比例约为55%，80岁以上仍从事大量农业生产的人口比例约为11%。70岁以上但还身体较好的老人不仅没有依靠家庭成员的照顾，还在为家庭贡献自己的力量，为子女嫁娶、建房、购车等储备积蓄。只有随着年龄的增长，老人自身的劳动能力逐渐降低，参与耗费体力比较大的农业生产的工作量大幅度减少时，老人才会从自我养老模式转向家庭养老模式，其主要的收入保障来源才会发生转变，即从主要依赖劳动收入转向主要依靠来自家庭成员的支持，但他们仍然会做一些力所能及的辅助家庭的劳动，比如，饲养家畜、煮菜做饭、制作民族服饰等。这种自我养老与家庭养老相辅相成的传统养老格局的建立主要原因在于西拉龙村本身家庭经济条件的限制，子女刚成立的家庭由于还有养育下一代的任务，家庭负担一般都比较重，还不完全具备承担赡养老人义务的经济能力，而老人一方也体恤抚养压力大的子女，且在自身仍有条件从事农业生产活动的条件下，为减轻家庭压力，自主自愿地为家庭继续做贡献。

（二）养老责任划分缺乏子女个人自觉抚养意识

西拉龙村传统的养老责任划分是缺乏子女个人自觉抚养意识的，普遍是以老人财产分配为依据。根据对西拉龙村的实地调查了解，西拉龙村的传统习惯中，子女一结婚就会分家分出去。但分家习惯在政府统计数据录入上并未明显体现，原因为西拉龙村在分家上，分为形式上的分家和实际上的分家，形式上的分家即为户口的划分，但由于国家政策对家庭人口的限制，不能将家庭户口划割开，导致在该村中还有四五户形式上难以分家，房产证和门牌号仍为一个，有实却无形。在家庭财产分割、家庭养老责任划分上也已形成其俗定的规矩，分家纠纷也相对较少。分家纠纷较少的原因：一是西拉龙村经济水平普遍偏低，家庭可供分配的经济资源本就有限；二是西拉龙村地处偏远，民族传统与习性保存较好，分家的规矩已成为其世代的传统习惯，有法可循。依据世代习惯，当分完家，村中老人不能过多劳作，开始回归家庭时，只有一个儿子的，则回归该儿子家养老；有两个或两个以上儿子的，则由儿子家轮流照料或由财产上占优势的儿子负责。

（三）西拉龙村养老压力逐渐增大

西拉龙村村民自身在民族性格上较为安分守己，西拉龙村外出务工的人较少。但近年随着云南各地区经济的发展，城市能够提供的就业岗位和就业途径增加，外出务工者也在逐渐增加。从2009年起的20余人，增加到现在的60余人。另外，据统计，西拉龙村65岁以上的人口比重为6.68%。虽然根据联合国的统计标准，一个国家65岁以上老年人口总数达到总人口数的10%或者65岁以上老年人占人口数的7%以上的属于人口老龄化国家，西拉龙村还尚未达到老龄化标准，仍存在一定的“人口红利”，抚养负担较小，但已经在逐渐接近老龄化标准了。在生活质量和医疗水平逐渐提升的今天，老人寿命不断延长也是增加养老负担的一个方面。

八、西拉龙村的新型农村社会养老保险政策实施情况

（一）新农保参保意愿与意识在逐年增强

虽然西拉龙村一开始的养老保险参保率就较高，老人的参保率达到了98%，基本全村老人除了一两家外均已缴纳养老保险。但在西拉龙村的年轻人中，起初的参保率并不高。如图1所示，根据调查人员对参保家庭最初参保原因的调查，77%的村民缴纳养老保险的主要原因是跟从大流。一年100元对于大多数家庭来说也不是特别多，而实在困难的低保家庭国家还会代缴；还有14%的村民解释是迫于村委会的压力，怕得罪村委会成员导致自己未来的福利受损；仅有9%的村民是站在对国家政策的信任的立场缴纳养老保险。

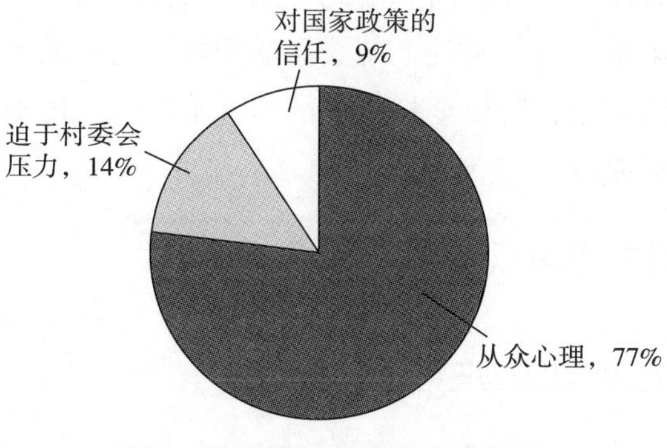

图1　西拉龙村新农保参保原因

同时，根据村主任的介绍，从新型农村社会养老保险实施开始，村中缴纳养老保险的年轻人并不多，觉得自己还年轻，害怕自己活不到来领国家的钱。但近年来，村中16周岁以上的年轻人缴纳养老保险的数量明显增多，16至30周岁缴纳了养老保险的人数占16至30周岁村中人口的比例从起初的22%上升到了71%；开始缴费的平均年龄也在降低，16至30周岁人群缴费平均年龄从27周岁降低至19周岁。这一现象的形成有三大原因：一是随着政策实施时间的增长，村民对政策的了解程度提高；二是近些年看到有老人领到了养老金，且数目不少，对于政策本身的信任度也在逐步提升；三是近年国家的低保政策、建档立卡政策等扶贫政策的陆续实施，使村民对国家的信任度也有所提升。

（二）全村参保缴费档次一致

西拉龙村全村的经济来源主要依靠马铃薯种植收入，还类似于自然经济生产生活状态，村民的贫富状况也较为均等化，因此各个家庭的养老水平一直以来也较为一致。《云南省新型农村社会养老保险试点实施办法（试行）》关于缴费档次选择规定“缴费标准为1年100元、200元、300元、400元、500元5个档次，由参保人自主选择档次缴纳。鼓励参保人选择较高档次缴费”，我们可以看到参保档次选择本质上应是一种参保人个人的自主自愿选择的行为，并不是由集体规定、统一规划的行为，村民可以按自己的意愿选择不同档次的保障层次。而根据我们在西拉龙村的走访调查，西拉龙村全村缴费档次具有一致性，全村居民均选择的是最低缴费档次，即1年100元。

就这一现象，我们进行了入户调查，得知：村中72.8%的老人表示对政策不了解，不知养老金有多少，不知道具体养老保险收缴政策，只是通过村委会宣传介绍了解该政策对自己有利好趋向。由此可见，西拉龙村养老保险缴费水平是建立在村民普遍对政策不了解的基础上的。而缴费水平的一致产生的直接结果是养老保险金获取水平的一致，所以全村老人的养老水平没有因新型农村社会养老保险政策的实行而形成差异。

九、西拉龙村的养老现状

（一）家庭养老模式仍占主导地位

在我们调查的15户家庭中，仍对家庭养老抱有极大依赖心理和信心的老人占比95%，剩余5%的老人则普遍为独孤老人，即没有子女供养的老人，这一类老人无人供养的原因，一为子女因意外伤害而丧失了劳动能力，导致无力供养老人；二为老人与子女性格及生活习惯不和，使老人拒绝接受子女供养或子女不愿供养老人，但这一类老人对家庭养老信心的缺失也是出于无奈，他们除了自我养老外，没有了其他养老方式的选择项，所以，在西拉龙村，家庭养老模式仍占主导地位。

西拉龙村当地无一所养老机构，集体养老模式未建立，集体养老的意识也较为淡薄，而且寻甸县作为云南省昆明市仅有的3个贫困县中的1个，寻甸县的下辖西拉龙村，经济发展程度较低，社会养老的供给水平也较低，所以，除家庭养老外，其他养老模式不能对老人特别是劳动能力基本丧失的老人实现较好的生活照料，其他养老模式到目前为止甚至在今后更长的时间内不能代替家庭养老。

（二）新农保养老保险金减轻了家庭养老的经济负担

从新型农村社会养老保险的经济支持力方面看，西拉龙村每户有9.8亩的土地，2亩林地，每亩地能产马铃薯3吨左右，马铃薯单价一般为每斤约1元，这样算下来，平均每户的年收入约为5万元，而最低档次的养老保险金为每月72.39元，一年合计可得868.68元，按家庭有两个老人计算，两个老人的家庭一年养老金收入合计可达1737.36元，养老金收入可占家庭总收入的比例为3.5%。这笔钱虽然在一个家庭总收入中占比并不大，但由于我们前面计算的家庭年收入是整个家庭未刨除家庭开支及可能存在的农业生产损失的年收入，且一个家庭的开支一般重心更多分配到子女抚养、家庭饮食方面，在养老上的开支占比较小，所以对于大多数西拉龙村的家庭来说，这笔养老金已经算是一笔可观的纯收入了。特别是在我们调查中还处于自我养老状态下的老人，新型农村养老保险金占个人用于消费收入的30%以上的老人占了40%。由西拉龙村养老现状与新型农村社会养老保险政策实施现状可见，西拉龙村没有一所养老机构和集体养老场所，社会养老设施也不健全，没有任何为老人特设的养老休闲娱乐场所和场地，对于老人的精神需求也未有特别的关注。社会养老只在新型农村社会养老保险、针对特殊老人的五保户制度和一些社会组织对老人的关心上有所体现。而新型农村社会养老保险金作为少数存有的支持力度较大的社会养老保障，对于老人的家庭而言是一笔不可小觑的纯收入，是对家庭养老的一笔补充资金，对家庭养老的经济供给功能也就体现得较为明显。

（三）新农保养老保险金有助于老人更加自主地寻找精神慰藉和生活照料

干农活对于很多老人来说也是一种精神慰藉。对于很多农村老人来说，干了一辈子的农活，人已然深深扎根在土地里，一旦闲下来，就会感觉到孤独和无聊，做一些农活对老人本身来说锻炼了身体，饭也更吃得下了，精气神也更好了。对于老人而言，新型农村社会养老保险一方面可以为这些劳动能力较弱的老人在饲养家畜、制作民族服饰换钱方面提供部分的资金支持，为其老年精神生活提供一定的经济保障；另一方面也让老人能更加自主地安排与规划日常衣食住行，减少了子女在老人生活照料上的后顾之忧。

（四）政策宣传不到位限制了不同家庭养老需求的反映

《云南省新型农村社会养老保险试点实施办法（试行）》规定："缴费标准为1年100元、200元、300元、400元、500元5个档次，由参保人自主选择档次缴纳，鼓励参保人选择较高档次缴费。"由于西拉龙村村民对政策了解程度的不足，以及村委会对政策宣传力度不够，西拉龙村在缴费档次上没有体现不同家庭对养老的需求差异，不利于西拉龙村村民养老质量的提高。

十、政策可持续发展建议

（一）弘扬孝道，继续发挥家庭养老作用

家庭养老在很长一段时间内都是其他养老模式无法替代的。因此，目前为让西拉龙村老人的老年生活得到更好的保障，必须继续发挥家庭养老的养老保障作用和功能，推动家庭养老与社会养老相辅相成，共同服务于"老有所养"的目标。

尊老爱幼是中华民族家庭中的传统美德，也是中国普遍大众内心一直存有的价值准则。增强农民的老龄意识和主动孝养意识，对于指导农民家庭生活中的养老态度、养老行为有着潜移默化、不可估量的作用。由此可见，结合西拉龙村养老现状，充分发挥家庭养老的功能，应借助道德的力量。可采取不同的形式，因地制宜地积极开展群众喜闻乐见的孝文化宣传教育，如建设孝文化宣传长廊，举办父母与子女的互动活动，为独孤老人过生日等，强化孝文化价值；亦可发挥舆论之力，表扬为老人排忧解难的典型事迹，树立尊老敬老、孝敬父母的道德典

范；也可在村中对青年人（包括孩子）进行以“敬老、爱老、养老”为核心的道德教育，提高农民的道德素质。通过弘扬孝道，让家庭养老的功能得到更好的发挥。

（二）加大宣传力度，保护农民投保自主选择权

村民对国家政策的了解不足，这也是相关管理层宣传工作不到位的体现。因此，在政策实施过程中，政策实施者要通过多种方式，进一步加大对新型农村社会养老保险政策的宣传力度。一方面，可组织动员村干部、社保机构工作人员、志愿者等各方面力量，深入基层、走村串户，宣讲新农保政策意义、基本原则和各项政策，并针对农民群众提出的问题及时答疑解惑；另一方面，可借助电视、广播、手机短信等通俗易懂的媒体工具，建立宣传栏，发放新农保传单，让新农保政策家喻户晓，从而切实保护农民对政策的知情权和自主选择权。

（三）健全新农保配套制度体系，多角度关注老人生活

经济较为落后的地区，社会养老机构无法建设，集体养老模式无法展开，养老基础设施不健全，社会养老在当地的体现只在于新型农村社会养老保险政策下的养老金，社会养老保险金的经济支持只能间接使老人的老年生活得到改善，并不能对老人提供直接有效的生活照料和精神慰藉。随着时代的变化发展，完全依赖家庭养老的养老模式必将要被淘汰，要让老人能更加独立地实现养老保障，社会养老的作用要更加有效地得到发挥，因此，政府部门等有关负责单位需因地制宜开展多种服务形式，进一步完善养老保障政策体系，多角度关注老人生活，提升农村养老质量。要不断健全农村公共养老服务设施，扩大老年人的活动范围，建立老年人文体活动中心，使老年人有宽敞的空间进行健身、娱乐；同时，多举办健康有益的集体性老年活动，增加老年人之间的交流互动，减少老年人的孤独感，保障其身心健康。

十一、不足与展望

（一）研究的不足

1. 客观因素导致调查数据的全面性、真实性与可靠性的不足

一是此次实地调查研究地点——云南省昆明市寻甸彝族回族自治县六哨乡西

拉龙村地处亚热带季风气候区，而此次实地调研时间正为该地区的夏季多雨期，给此次实地调研的开展带来了一些客观阻碍因素，调研团队不得不考虑安全因素，削减了8天时间里的调研量，使得调研的全面性降低。二是由于调研团队的成员均不是当地村民，在调研进展中，村民难免会对陌生对象的询问有所顾虑，因此对调查信息的真实性、可靠性造成一定的负面影响。三是调查期间，正为当地马铃薯成熟收获时节，村民大多下田地、忙于农务，影响调查数据采集的进度。

2. 主观因素导致的研究深度、广度不足

本次组建的实地调查团队均为全日制本科大二学生，调查团队成员的社会调查和实践能力有限，在走访调查中，很可能因调查技巧掌握不足导致调查数据的失真；另外，团队对养老各方面的专业研究程度还很有限，数据的处理和分析能力不足，通过现象看本质的能力欠佳，导致研究的深度和广度有限。

（二）未来研究展望

1. 增强调研准备的充分性

进一步强化对调查地点的自然、人文风俗等方面的了解，后续调研将在全面考虑客观因素的前提下，努力减少对调查有碍的客观因素，以进一步保证调查数据和信息的可靠性、真实性。

2. 调研过程的规划更加全面

更加深入地观察当地养老与养老政策实施的情况，扩展调查面，分阶段定时对当地的新型农村社会养老保险实施效果进行追踪调查，在时间和空间两个方面，更加全面地掌握当地养老保险政策实施情况。

3. 加强社会实践调查团队自身的内部建设

加强小分队队员对相关专业知识及社会实践调查方法的学习，以提高调查过程中的效率性，拓展研究的深度和广度。

参考文献：

[1] 邓大松．新农村社会保障体系研究．北京：人民出版社，2007.

［2］张洪涛．社会保险案例分析．北京：中国人民大学出版社，2008.

［3］邓大松，谢圣远．社会保障理论与实践发展研究．北京：人民出版社，2007.

［4］杨复兴．新型农村养老保险制度研究．昆明：云南人民出版社，2009.

［5］［英］尼古拉斯·巴尔．福利国家经济学．郑秉文，穆怀中译．北京：中国劳动社会保障出版社，2003.

［6］培勇．公共经济学．北京：中国人民大学出版社，2004.

［7］丁开杰．社会保障体制改革．北京：社会科学文献出版社，2004.

［8］［法］孟德拉斯．农民的终结．李培林译．北京：社会科学文献出版社，2010.

［9］梁树发．社会与社会建设．北京：人民出版社，2007.

［10］［加］米什拉．社会政策与福利政策：全球化的视角．郑秉文译．北京：中国劳动社会保障出版社，2007.

［11］张文彤，董伟．SPSS 统计分析高级教程．北京：高等教育出版社，2004.

［12］谭静，江涛．农村社会养老保险心理因素实证研究——以南充市 230 户低收入农户为例．人口与经济，2007（2）．

附件：入户调查提纲

1. 民族、老人性别、老人年龄、老人身体状况（健康状况）、子女和老人的受教育程度（小学以下、初中、高中、中专、技校、大专以上）、老人的婚姻状况（是否是孤寡老人）。

2. 老人还会干活吗？干哪些活？

3. 家中子女的数量，老人的数量。

4. 子女有没有成家？都是做什么的？老人和子女的居住距离远近？

5. 家庭收入情况（一年各方面收入情况）。

6. 非独孤老人的居住形式是以下哪一种？（与子女同住、子女家轮流居住、老人单独分住）

7. 如果是子女与老人分居，那么什么时候开始分家的？分家原因？（是传统，还是关系不融洽，还是老人自己想分家？）

8. 如果是先分居后面因为某些原因又和子女在一起住的老人，这样的原因

是什么？和子女一起住生活有没有更方便、更安逸？（针对特殊老人）

9. 关于分家产生的家庭财产矛盾，保险金的负面影响。

10. 老人有没有交养老保险？谁交的钱？养老保险缴纳人（老人或子女）对养老保险政策的了解程度。（比如缴纳的初衷是什么？知不知道自己老了能不能领到钱？能领到多少钱？）可以领养老金的老人，钱谁领？领了在谁手上？

11. 参加养老保险的档次（每年交多少钱？）为什么交这个档次？

12. 家中参保情况：子女、老人哪些人参加了养老保险？

13. 拿到养老钱后您是怎样处理的？（自己买日常所需物品、子女管理、存着给子女、存着以后用……）

14. 养老保险缴费者觉得参保了对自己有什么用处？对自己以后有没有什么影响？（比如领养老金的解除一部分养老的后顾之忧，生活上更宽裕了）

15. 除了养老保险，对于老人，当地还有没有其他针对老人的扶助政策？

16. 老人担心自己的养老问题么？如果担心，担心的是什么？（生活费不够、无人照料、没钱治病、孤独空虚、住房困难……）

17. 老人觉得如果自己老了，做不动了，谁来照顾？

18. 老人的子女平时会给老人钱花吗？如果给，什么时候给？

19. 老人生活费用最主要的来源。（自己劳动收入、子女提供、退休金、最低生活保障……）

20. 老人会不会有收成不好，钱不够用的情况？那这时候谁来帮助？

21. 老人的衣服、米菜谁买？（如果还有劳动能力的老人不需要问这个问题）

22. 老人经常找谁聊天？多久找他（或她）聊天一次？

23. 老人闲着的时候都做什么？（看电视、串门、打牌、赶集……）

24. 老人的子女会经常来看老人，陪老人聊聊天，说说话吗？

针对家庭依赖比较强的老人子女的提问：

25. 子女是否在赡养老人方面有压力？

26. 赡养老人的压力来源是什么？（老人医疗费用、老人生活起居费用、照料老人生活起居……）

第二部分

文化传承与发展

旅游业发展背景下大理白族民居的演变

——以喜洲古镇、大理古城为例

云南民族大学国际学院　杨　晶

摘　要：白族民居，原本是寻常百姓家的普通住房，由于具有独特的民族特色，是对白族传统文化的传承，承载着白族各个时期的历史和文化，已经成为一种非常重要的文化资源和旅游资源，白族具有的独特文化，均能在这里得到凝聚和展示。

关键词：旅游；白族民居；演变；发展

一、实践地基本情况

大理白族自治州地处云南省中部偏西，海拔2090米，东邻楚雄州，南靠普洱市、临沧市，西与保山市、怒江州相连，北接丽江市。

大理地处东经98°52′—101°03′，北纬24°41′—26°42′之间，东邻洱海，西及点苍山脉，辖大理市和祥云、弥渡、宾川、永平、云龙、洱源、鹤庆、剑川8个县以及漾濞、巍山、南涧3个少数民族自治县，是中国西南边疆开发较早的地区之一。大理地处低纬高原，四季温差不大，干湿季分明，以低纬高原季风气候为主。州境内以蝴蝶泉、苍山、洱海、大理古城、崇圣寺三塔等景点最具代表性。

白族民居一向外观整齐、庄重，白墙青瓦，古朴大方。房屋由大量石料建成，墙基、门头、窗头、横梁皆用石头砌成，屋顶以板瓦为沟，筒瓦为顶。民居内部庭院多有讲究，往往依据住家的富裕程度而有所不同，大体上有四种形式：一为“两坊一耳”，即两幢楼房互相垂直，交叉处有一耳房；二为“三坊一照壁”，即三幢楼房，主房对面为照壁；三为“四合五天井”，即有四幢楼房，每一处交叉点都有一天井；四为“六合同春”，即有两个大院，每院三幢楼房，各房的楼廊彼此相连，通行无阻，称为“走马转角楼”。白族民居尤为讲求门楼，通常门楼的一种形式为“一滴水”，即为普通的坡屋，朴素大方；而另一种形式“三滴水”则显现了一种华丽感，其建筑十分精美，飞檐翘角，宏伟壮观。白族民居中的照壁也显现了民居的特色。照壁是装饰性的建筑，象征了吉祥、福禄与安康。各种各样的照壁也体现了主人的意愿与企盼，堪称白族民居建筑的精美艺术品。

二、实践主要内容

（一）实践时间

2017 年 8 月 24 日至 28 日。

（二）实践地点

云南省大理白族自治州大理市。

（三）调研对象

客栈老板、饭店老板、旅游行业工作者、游客、当地居民。

（四）调研方法

问卷调查，走访客栈、饭店等，采访客栈、饭店经营者、游客。

（五）实践目标

一是我们通过走访调研，并结合大理经济发展、旅游发展以及白族文化变迁来了解对白族民居的影响；

二是我们能够以现代的眼光对白族民居进行科学分析，发现问题，提出解决建议；

三是我们能够在民族聚居地区感受人文关怀，真正地走进民族、了解民族；

四是我们通过论文形式对课题进行详细分析，提高自我的实践能力。

（六）实践意义

此次社会实践，可以让志愿者亲身体会到民族地区的风土人情，更亲身投入采访、调查之中。在民族团结的大背景下，各民族相互了解，相互融入，促进了文化交流。小组全程依靠自己的力量，寻找采访对象，并且发放问卷，从中锻炼了小组成员与人沟通的能力，提升自我。通过调查研究，小组深入了解在大理旅游迅速发展的背景下，白族民居在不同角度发生的变化，从我们的视角看一个城市传统文化的变化。

三、实践情况调查概述

（一）走访喜洲古镇，了解传统白族民居特点以及发展

2017 年 8 月 25 日，“三下乡”实践调查小组来到喜洲古镇。

喜洲位于大理古城以北 18 千米处，东临洱海，西枕苍山。喜洲是重要的白族聚居的城镇，这里保存着最多、最好的白族民居建筑群。从布局上看，这些建筑群是典型的“三坊一照壁”及“四合五天井”的白族庭院格局。这些民居雕梁画栋、斗拱重叠、翘角飞檐，门楼、照壁、山墙的彩画装饰艺术绚丽多姿，充分体现了白族人民的建筑才华和艺术创造力。比较著名的杨品相宅、严家大院、侯家大院等，既保持了白族传统民居特点，又结合了中西建筑风格。

（a）　　（b）

图 1　严家大院

我们来到了严家大院，走进大门，是标准的白族民居“三坊一照壁”的院落，有照壁字画，进了过厅是“四合五天井”的大院，有漏角、天井，四通八达。最深的后院里是一栋西式风格的别墅洋房，完全采用现代建筑形式，内设地下室、阳台、走廊、落地玻璃窗，四周是花木盆景，环境幽雅别致。大院里有一

个演出的小礼堂，大概有200个座位，主要是进行三道茶表演，当然还有其他的一些习俗表演。白族是一个知礼好客的民族，以三道茶敬客，这是一种高尚的传统礼仪。

严家大院作为最有代表性的白族民居，我们可以看到，传统的白族民居格局是“三坊一照壁，四合五天井”“一正两耳”“两坊一耳”“六合同春”和“走马转角楼”等。而如今，在旅游和经济的发展推动下，现代元素也逐渐融入了传统的白族民居。

图2　喜洲古镇

（二）采访客栈老板，了解白族民居功能性变化

2017年8月25日，小组到达喜洲古镇后，走访了隐溪客栈。

客栈老板告诉我们，他是喜洲本地人，年轻时在外打工，现在年纪大了，同时也正因为喜洲经济有了机会发展，他想回家乡做生意。投资和回报是有时间差的，现在在喜洲，这样的白族民居客栈比较少，生意相对要好一点，但是在投资客栈的时候也花费了很多。近年大理市政府对客栈或饭店的污水处理做了严格的要求，对喜洲客栈的经营没有太大影响，因为喜洲古镇本来就有自己的污水处理厂，可以自己处理污水，在这一方面，比双廊等地方要好一些。

走访了隐溪客栈后，我们走访了本色厨房饭店，这里是《我们相爱吧》明星真人秀的拍摄地。

老板告诉我们，他是喜洲本地人，他想外地的游客来到大理，来到喜洲，一定想要看看本地的民族特色，而饭店不仅能在外观上体现白族特色，也能从食物上体现一个民族的特色，所以在喜洲开了一个这样的饭店。在《我们相爱吧》

这个节目播出后，节目效应、明星效应为这个饭店带来了很多客源，客流量也在增多。我们到达饭店的时间大概是下午两点，饭店里依旧坐满了客人。

图3　隐溪客栈

图4　本色厨房

图5　小组成员与本色厨房老板合影

（三）走访大理古城，了解旅游发展中白族民居的变化

2017 年 8 月 27 日，小组来到大理古城，走访了古城里的部分客栈。

大理古城位于云南省西部，又名叶榆城、紫城。古城历史可追溯至唐天宝年间，南诏王阁罗凤筑羊苴咩城作为其新都。古城始建于明洪武十五年（1382年），占地面积 3 平方千米，为 1982 年 2 月 8 日国务院公布的中国首批 24 个历史文化名城之一。大理古城在唐、宋 500 多年的历史间是云南的政治、经济、文化的中心，在古城内分布了 14 处市级以上的重点文物保护单位，承载着大理历史文化、宗教文化、民族文化，是大理旅游核心区。

我们走访了一家名叫阳光故事的客栈，老板是个山东人，因为喜欢大理这个城市，所以来到了这里。我们看到整个客栈的外观保留了白族民居的特色，当我们走进客栈后，发现客栈内部充满了现代元素。

后来我们又来到一家外观带有北欧特色的客栈，老板告诉我们，自己是本地人，所以有想法自己经营客栈，并在大理古城、双廊都开了客栈。客栈是租了房东的房子，每年的租金也不低，因为客栈在古城外，位置比较偏，而且周围都是这样的客栈，所以经营起来也比较困难。除了外观加入了北欧特色，客栈内包括客房都是地道的传统白族民居特色。

图 6　阳光故事客栈

图 7　有北欧特色的客栈

图 8　小组成员合影

（四）制作调查问卷，了解游客以及旅游行业工作者对白族民居演变的看法

2017 年 8 月 27 日，“三下乡”实践调查小组来到大理古城，将制作好的调查问卷分发给路人以及客栈经营者。

调查问卷内容如下：

大理旅游经济发展下白族民居的演变调查问卷

1. 您的性别是 ( )

A. 男　B. 女

2. 您的年龄为 ( )

A. 15—24 岁　B. 25—34 岁　C. 35—44 岁　D. 45 岁及以上

3. 您的职业是 ( )

A. 农民　B. 学生　C. 商人　D. 其他

4. 您觉得白族民居的演变与大理近年来的旅游经济发展是否有关系 ( )

A. 有　B. 没有　C. 有但关系不大　D. 不确定

5. 您觉得近年来白族民居的演变朝哪一方面发展 ( )

A. 装修　B. 结构　C. 外观　D. 其他

6. 您认为白族民居在演变中有否继承了白族传统建筑风格 ( )

A. 有　B. 没有　C. 不确定

7. 您认为现如今白族传统民居的保护状况如何 ( )

A. 保护完好　B. 保护较好　C. 保护一般　D. 保护较差

8. 您认为应如何利用白族传统民居 ( )

A. 闲置废弃　B. 照常居住

C. 发展旅游业　D. 以博物馆方式进行保护

9. 您认为演变后的白族传统民居对大理的经济发展有何作用 ( )

A. 有很大影响　B. 有一定影响　C. 没有影响

10. 您觉得对传统民居应加以保护的方面是 ( )

A. 加大政府资金、人力投入　B. 加强对其保护的宣传力度

C. 提高当地公民素质　D. 出台相关法律法规　E. 其他

以下是通过问卷调查之后统计得出的数据。该问卷的发放只在云南省大理州大理古城内进行。该问卷为开放式问卷，其中第一题有两个选项，第二至第五题、第七题、第八题分别有四个选项，第六题、第九题有三个选项，第十题有五个选项。问卷共设 10 题，采用汉语。通过求出每个被选选项分别占总人数、男性人数、女性人数之中所占的比例之后进行比较。

本次共发放和回收了 20 张问卷，其中男性 8 人，女性 12 人。男性占总人数

的40%，女性占总人数的60%。百分比如图9—11。

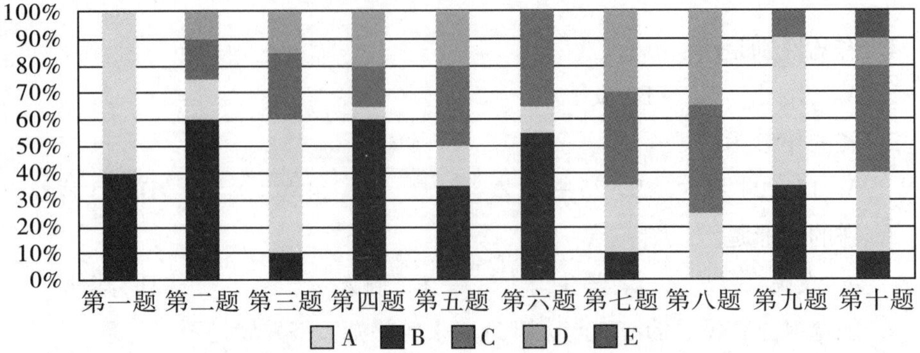

图9　每个被选选项占总人数百分比

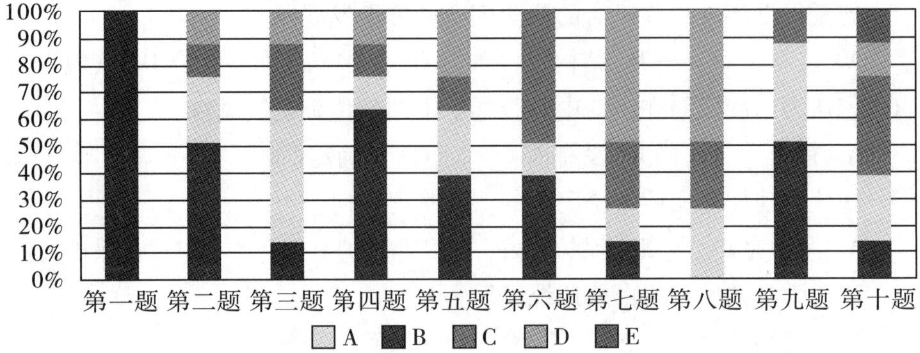

图10　每个被选选项占男生人数百分比

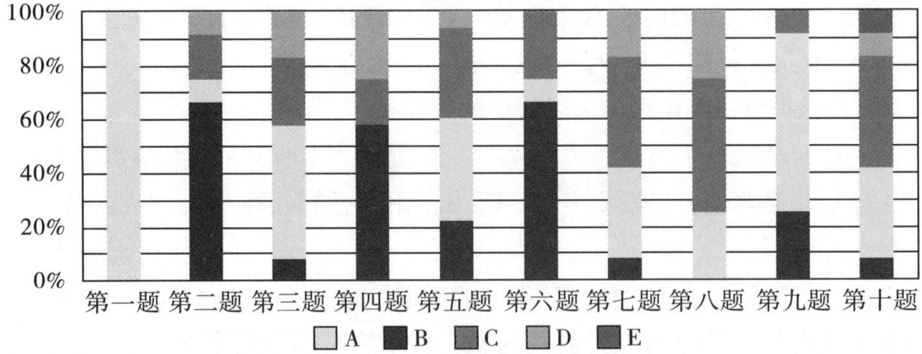

图11　每个被选选项占女生人数百分比

由以上百分比图我们可以清晰地看出：

认为白族民居的演变与大理近年来的旅游经济发展有关系的人数占总人数的60%。认为白族民居在演变中继承了白族传统建筑风格的人数占总人数的55%。

认为演变后的白族传统民居对大理的经济发展有一定影响的人数占总人数的55%。

图12 小组成员进行调查

有10%的人认为现如今白族传统民居的保护状况完好，有25%的人认为现如今白族传统民居的保护状况较好，有35%的人认为现如今白族传统民居的保护状况一般，有30%的人认为现如今白族传统民居的保护状况较差。

有25%的人认为白族民居应照常居住，有40%的人认为白族民居应用于发展旅游业，有35%的人认为白族民居应以博物馆方式进行保护。

由数据分析得出：首先，大部分人认为白族民居的演变与大理近年来的旅游经济发展是有关系的，两者密不可分；其次，有一大半的人觉得大理的经济发展带动了白族民居的演变，并在演变过程中白族民居得到了较好的继承；最后，我们能够发现，较多人认为白族民居的发展状况并不理想，需要在现有基础上加大对白族民居的保护力度，使其得到合理、科学的利用。

（五）社会调查组组员的感悟

1. 刘功成，2016级汉语国际教育专业本科生

大理作为云南省的主要旅游城市之一，一直以来都以其独特的人文风情和优美的景色吸引着国内外的旅行者和背包客，被称为背包客的天堂。因此每年吸引了大量的游客，其中独具特色的白族民居也是吸引游客的重要原因之一。

此次的社会实践我还特意选择了大理白族民居和旅游都同样具有特色的地区，主要原因是想考察一下2017年以来的大理旅游经济的发展。在考察喜洲古镇的时候发现，喜洲古镇吸引游客的原因除了自然环境，还有一重要的人文条件就是喜洲那古老而又独具特色的白族民居。喜洲自古以来便是大理重要的白族聚居城镇，这里保存着最多、最好的白族民居建筑群，从布局上看是典型的"三坊一照壁""四合五天井"的布局，其雕梁画栋充分展示了白族民居的独具特色之处。在喜洲古镇采访了一些客栈老板以及青旅创始人，他们除了是奔着大理得天

独厚的自然环境慕名而来之外还有一个主要的原因就是白族民居这种独具特色而又古色古香的建筑风格；历史上的喜洲镇是南诏的军事重镇，文化比较发达，曾为国家输出了许多社会各界的知名人士。过去喜洲的工商业也比较发达，曾是古云南的商贸中心之一。这也是我为什么喜欢大理这样一个天人和谐的地方的原因之一。

2. 张钰言，2016级汉语国际教育专业本科生

2017年8月28日，我们6个人一起相聚在大理。大理，这是一个美丽而又奇特的地方。在这里我们一起待了5天，这5天过得很有意义，同时也让我收获颇多。“三下乡”的目的是让我们进行社会实践，从而了解当地的情况。

在到达大理的第一天，我们一起逛超市，然后买菜，自己煮火锅，这个过程我感受到了大家庭的温暖和快乐，在吃饭的时候大家有说有笑，形成一幅很和谐的画面。吃完饭后大家围坐在一起，商讨在大理这5天的计划与行程。我们准备在这5天内围绕着大理的特色地区——喜洲古城进行“三下乡”社会实践活动。

第二天，我们一同前往喜洲，在那里，我们找寻了大理白族特色客栈、饭店进行采访。这一天感受到了团队协作的方便和快捷，很快便采访到一家客栈的老板，他很配合我们，采访也成功告一段落。之后又在一家有特色的饭店里采访到了饭店老板，他也很开心地回答了我们的问题。在所有工作都结束之后，我们又一起返回大理下关，第一天愉快地结束了。

第三天略。

第四天，这一天是感受最多的一天。我们一起去了大理古城，根据计划，我们分队对饭店和客栈进行采访和问卷调查，三人为一个小组，我和另外两个女生一组一起对饭店进行采访。在采访前我们都信心满满，觉得这个任务会很容易完成，但是当我们到第一家饭店进行询问采访时，饭店人员因为很忙不愿意回答我们的问题，我们只好离开找寻下一家饭店。很快又找到了第二家饭店，里面的人员也不愿意理我们，我们继续往前走，之后又接连找了几家饭店，里面的人因各自的原因回绝了我们，有的人说他不会回答，有的人说他很忙没时间，还有人说他不想回答这些问题。听到这些后，我们的内心都很受挫，发现这不是一件很容易做的事，而且自己又是第一次去尝试做，没有经验，也因为胆小，从而造成一连串的失败。被一次次拒绝后，我们心里很不是滋味，渐渐地也丧失了采访的热情，最后我们任务没有完成。

第五天，我们一起坐火车回到了昆明。在此次“三下乡”活动中，我体会到了快乐，也体会到了失落，由于我们在此次活动中出现了本末倒置的情况，任务完成得不是很顺利，同时自己在平时的生活和学习中从来没经历过这些事，当事情发生的时候，没有以一个良好的心态去接受，也没有应对的方法和经验，造成最终的后果。但这一次经历和体验，将会给我以后的生活和学习带去很多的帮助，让我以后再进行类似的活动有了经验去应对。

3. 肖思丹，2016 级汉语国际教育专业本科生

首先住的地方不错，舒服方便，距离市中心也近；其次自己做饭这个环节设置得很好，可以促进同学之间的合作，也可以增进感情。这算是自己第一次带着大包小包的东西赶火车并在火车上过夜。天气也不好，时常下着毛毛雨，可能自己在温室待惯了，觉得还挺狼狈，拿的东西也重，不过还好，睡了一觉就到达了目的地。

自己当着很多人的面讲话还不算紧张，只是语言还不够凝练，也没有训练过说话的艺术，这方面是需要提高的。总之这次的“三下乡”活动，让我更明白自己要往哪个方向去努力。自己经历的、需要历练的还远远不够，希望以后再有这样的机会，好好准备和做好计划，每天都完成计划，改掉做事懒散拖沓的毛病。我一直秉承不做就不做、要做就要做到最好的理念，接下来的学期中也会做好学弟学妹们的榜样，我们都要加油。

四、旅游发展背景下大理白族民居演变过程中面临的困境以及建议

（一）面临的困境

一是现代建筑文化对传统白族民居建筑文化冲击较大，传统白族民居走向“现代化”，传统白族建筑风格和地方特色在逐渐淡化，这对于传统白族民居的保护和发展是不利的。随着大理旅游业的急速发展，建筑方面不断吸收国内外建筑艺术，使大理白族民居特色多元化。外来旅游者的增多，给当地人带来了他们的文化和思想，影响了当地人的审美观。旅游发展促进了经济发展，农村逐渐富裕起来，农民建新房时采用新型的建筑材料，除外观上保持传统白族民居的特色外，内部设计大多采用现代风格。

二是随着经济发展，人们对舒适居住条件的追求愈加明显，现代年轻人对传

统住宅的思想发生转变。继承传统白族民居的思想在新一代年轻人中逐渐淡化，他们更愿意接受现代的建筑风格。随着旅游业和经济的发展，当地年轻人拥有更多接受其他文化的途径，从而与外部文化产生文化上的碰撞。在当地年轻人中，也有不少人乐于接受传统的民族特色，但是，在民族特色的传承上，更多地融入了现代元素，尤其体现在居住条件上。传统的白族民居没有现代的装修和设施，无法满足现代年轻人的生活，所以现代年轻人更愿意把现代元素融入传统民族特色中。

三是随着大理旅游业的不断发展，民宿旅游和乡村旅游备受青睐，许多传统白族民居在功能方面发生了转变，咖啡馆、饭店等都随处可见。大理是云南省旅游业开发较早的地区之一，目前旅游业逐渐成为大理的支柱产业，对大理的 GDP 增长有着很大的影响。大理旅游业经过二十多年发展，游客量持续上升，趋于饱和。而此时，逐渐完善的交通设施，更是将大批游客带到了大理。而靠近大理的丽江、香格里拉也是人们出游的重要选择，给大理带来了竞争压力，旅游市场带来的压力促使大理采取新的方式招徕游客，开辟更大的旅游市场。于是出现了很多白族民居式的咖啡馆、饭店、博物馆……改变了传统白族民居的居住功能。

（二）提出的建议

1. 保持传统白族文化，保护白族文化多样性

白族特色不仅体现在语言、美食上，还体现在建筑上。在现代文化的冲击下，白族民居与现代元素的碰撞越来越频繁，传统文化的特点也在逐渐消失。我们应该保护白族文化的多样性，这不仅需要语言和美食方面的传承，也需要对建筑文化的传承。

2. 保护优先，应该优先保护传统白族民居

白族民居是白族人民智慧的结晶，也是白族人民宝贵的财富。瑞士旅游局局长瓦尔特·勒先生说："破坏了名胜古迹，就失掉了旅游业赖以生存的属性和环境。"

3. 注重文物保存

如喜洲古镇的严家大院，应设专门的管理人员，保护传统白族民居的完整性。

参考文献：

［1］杨荣彬，车震宇，李汝恒．基于乡村旅游发展的白族民居空间演变研究——以大理市喜洲、双廊为例．华中建筑，2016，34（3）．

［2］李东红，杨利美，寸云激．白族民居的价值及保护开发对策研究．民族艺术研究，2004（1）．

［3］王思荀．大理白族民居的演变与更新研究．昆明理工大学，2011.

丘北县壮族民俗文化传承与保护的现状调查

云南民族大学政治与公共管理学院　尚　晶

摘　要：笔者在“三下乡”活动中做了有关丘北县壮族民俗文化传承与保护的现状调查，针对调查中发现的问题、困境，给出脱困建议。

关键词：民俗文化；传承；保护；调查

一、实地基本情况

丘北县位于云南省东南部，位于东经103°34′—104°45′、北纬23°45′—24°28′之间。东隔清水江与广南县毗邻，南与砚山县、开远市接壤，西隔南盘江同弥勒、泸西两县相望，北与师宗县、广西壮族自治区西林县衔接。丘北县东西宽100千米，南北长70.5千米，总面积4997平方千米。县城设在锦屏镇，海拔1452米，距省会昆明市280千米，距文山州府（文山县城）114千米。丘北县总人口45.9万人。境内居住着汉、壮、苗、彝、瑶、白、回7种民族，少数民族人口共28.7万人，占总人口的62.53%。

丘北县地处滇东南喀斯特山原丘陵地带，地势西南高、东北低，六诏山支系大总山纵横全境。丘北县主要河流有南盘江、六郎洞河、夸墨河、掩底河、官寨河、补挡河、清水江、南丘河、清水河、清平河、石葵河、盘龙河（马恒地段），分属珠江流域西江水系和红河流域泸江水系。普者黑湖为较大的天然湖泊，水面10.8平方千米，境内最高海拔（羊雄山顶峰）2501.8米，最低海拔（弄位村）782米。由于地处低纬度区域，气候总体上属亚热带季风气候，有南亚热带、中亚热带、北亚热带、南温带4个气候带，年平均气温13.2℃—19.7℃，年平均降雨量1000—1270毫米。

丘北境内普者黑（彝语意为鱼虾多的地方）是国家AAA级旅游区、国家重点风景名胜区和云南省旅游休闲度假基地，面积165平方千米，分布着54个湖泊，中心景区3个湖泊相连，旅游水面10.8平方千米，万亩荷花组成的40里荷路蔚为壮观，泛舟湖面令人心旷神怡。景区内256个景点各有千秋，312座孤峰星罗棋布，83个溶洞千姿百态，还有河流15条、地下暗河120千米，绿色长廊18千米。普者黑以喀斯特峰群、湖群、洞群等奇丽自然风光为主体，辅以古崖画、少数民族风情等人文景观，与县内冲头片区的暗河、古驿道（茶马古道）、索道和温浏片区的峡谷、野生动植物以及歹马瀑布、革雷瀑布等自然景观相结合，形成“三区二瀑”格局，具有秀、奇、古、纯、幽的特点，为国家级旅游热线和云南三大热线上的精品旅游区，是旅游观光、游憩、休闲、度假，进行攀岩、漂流、水上娱乐等的理想之地。

二、实践主要内容

（一）实践时间

2017年8月27日至28日。

（二）实践地点

云南省文山市丘北县。

（三）调研对象

客栈老板、饭店老板、旅游行业工作者、游客、当地居民。

（四）调研方法

访问调查：走访客栈、饭店等，采访客栈、饭店经营者、游客、当地居民。

（五）实践目标

一是通过走访调研，并结合丘北经济发展、旅游发展以及壮族文化等民族文化来了解对当地居民的影响；二是能够以现代的眼光对当地居民对待民族文化的态度、情况进行科学分析，发现问题，提出解决建议；三是能够在民族聚居地区感受人文关怀，真正地走进民族、了解民族；四是通过论文形式对课题进行详细分析，提高自我的实践能力。

（六）实践意义

此次社会实践，可以让调研团队亲身体会到民族地区的风土人情，能够真正做到对少数民族文化的亲身经历，加深了解，从而更乐意投入调查之中。通过亲身实践，我们能够更深层次地发现问题，提出更切合实际的解决建议，更好地在经济建设和城市建设中发扬我们民族文化的优势。

三、实践调查情况概述

（一）深入各家各户探寻民族特色文化（民族手工艺品、民族语言文字、民族风俗等）

首先，我们将对民族刺绣进行重点调研：云南边疆的文山壮族苗族自治州，壮族妇女缝制的包头、帽子、围裙、衣服、裙子、挎包、绣花鞋饰品等服饰，工艺独特，构图精美，寓意深刻，具有很强的实用价值、观赏价值和收藏价值。近年来，随着丘北旅游业的蒸蒸日上，丘北刺绣业发展迅速，花色品种不断增加，刺绣点发展壮大，既有效传承了民族文化，又为众多贫困山区群众增加了收入。

其次，我们还将对白马壮族村的民族服饰，民族传统手工艺壮锦、绣球、银饰、竹编织品进行调查研究；此外，我们还了解到壮族的铜鼓、山歌、壮戏等一系列的民族特色，这些都是需要不断保护、发扬和传承的。

最后，我们还会对壮族的特点：凿齿和文身进行走访调研。凿齿和文身是壮族先民在发展服饰与银饰之前就在自身躯体上表现美的方法，至今此俗在一些地区的壮族中仍然存在。产生于血缘婚末期和族外婚初期的神话《布伯》曾讲到凿齿（牙）的事，这则神话传达给人们两个信息，一是凿齿的风俗很古老，二是此俗和生男育女有关。在古代，壮族的祖先曾把凿齿当成成丁礼，认为凡凿齿的男女就表示自己已成熟，并且享有性生活的资格。久而久之，凿齿成了一种习俗，并以此为美。后来生活条件改善了，凿齿又和镶牙结合起来。至今还有部分地区的壮族男女青年，仍以镶牙为美，逢人一笑，露出一两颗金牙来，金黄黄的，甚为得意。我们通过此次活动，深入探索民族文化，同时将完成一份民族文化方面的研究报告。

（二）进行“保护民族文化”的普及教育和宣传

时代在不断地发展，应时代发展的需求，我们在接受新时代新事物的同时，也要积极开展传统民族文化的保护工作，民族文化是一个民族的瑰宝，作为一个多民族国家，每一个民族的民族文化都是我们国家的珍贵宝藏。

（a）　　（b）

图 1　小组进行问卷调查

由于传统的民族文化渐渐淡出人们的视野，我们根据丘北县当地的情况，进行“保护民族文化”的普及教育和宣传，教育村民保护传统民族文化，弘扬民族文化。

（三）播放以“保护民族文化”为主题的宣传片

我国是历史悠久的大国，我国上下 5000 年的历史不光给我们留下光荣的过去、深刻的教训，最重要的是留给了我们深厚的民族底蕴和丰富的民族文化，在全球化的当代，各国文化也成了国家间竞争的重要手段，因此我们作为新一代的年轻人更要懂得保护传统文化的重要性。中华民族想要复兴，那么民族文化发展是必不可少的，一个没有自身文化的民族是无法屹立于世界民族之林的。根据当地实际情况，云南民族大学政治与公共管理学院“三下乡”团队将在当地播放以“保护民族文化”为主题的宣传片，使当地的居民深刻了解保护民族文化的重要性，从而坚定大家保护、弘扬民族文化的信念，为中华民族之崛起贡献一份自己的力量。

（四）设置访谈问题，了解当地居民对本民族文化的保护意识

我们分别在丘北广场、八道哨壮村进行调查访问，分别对生活在县城、农村

的人（10—25 岁，30—80 岁）进行分层抽样问卷调查，县城、农村每个年龄段男女各选 10 人。

（a）　　　　　　　　　　（b）

图 2　小组成员合影

表 1　城市问卷调查情况

民族文化 / 年龄段（岁）	壮语（会）	壮族节日习俗（会）	刺绣（会）	手工艺品（会）
10—25（男性）	0	0	不涉及	不涉及
30—80（男性）	10	10	不涉及	不涉及
10—25（女性）	0	1	0	0
30—80（女性）	10	10	9	8

表 2　农村问卷调查情况

民族文化 / 年龄段（岁）	壮语（会）	壮族节日习俗（会）	刺绣（会）	手工艺品（会）
10—25（男性）	10	10	不涉及	不涉及
30—80（男性）	10	10	不涉及	不涉及
10—25（女性）	10	10	10	10
30—80（女性）	10	10	10	10

表3 问卷调查结果汇总

民族文化 / 性别	壮语（会）	壮族节日习俗（会）	刺绣（会）	手工艺品（会）
男性	30	30	不涉及	不涉及
女性	30	31	29	28

表4 女性问卷调查结果汇总

民族文化 / 地域	壮语（会）	壮族节日习俗（会）	刺绣（会）	手工艺品（会）
农村（女性）	20	20	20	20
城市（女性）	10	11	9	8

表5 男性问卷调查结果汇总

民族文化 / 地域	壮语（会）	壮族节日习俗（会）	刺绣（会）	手工艺品（会）
农村（男性）	20	20	不涉及	不涉及
城市（男性）	10	10	不涉及	不涉及

由以上表1—5得出以下结论：

由表1、2得，在城市居住的壮族人口对壮族文化的掌握程度远远不及农村人，从数据中可得城市中的壮族女性对于壮族文化的掌握程度高于男性，从年龄段中可看出30—80岁段的远远高于10—25岁段的，农村壮族人口则全部掌握本民族文化。

由表3得，只从性别来看女性掌握壮族语言、节日习俗的人数与男性不相上下；由表4得，农村女性对本民族文化的掌握情况远远高于城市；由表5得，农村男性对本民族文化的掌握情况远远高于城市。

（五）社会调查组员感悟

1. 陈婷婷，2015 级公共事业管理班

我同大多数女孩一样，希望做一回仙子，做一回自己的仙子。听说普者黑是“高原水乡”，有万亩荷田，坝美则是远离喧嚣的“世外桃源”，所以，我们决定到“普者黑—坝美”一行。从县城出发大约 20 分钟，就进入普者黑景区，映入眼帘的是万亩荷田，群山净水！不提有多美了，唯有亲自感受方能知晓。经过新景区后就到达普者黑景区大门啦。下了车，几个一同前往的女生蹦蹦跳跳地就往水边跑。“普者黑”这个名字来自彝语，意思是“鱼虾丰美的池塘”。每年春季，黄灿灿的油菜花在田间盛开；夏天七八月份，万亩荷花在这个时期开放，壮观无比！泛舟河中，荷花环绕，远处青山倒影，美不胜收！还可打水仗，登青龙山观日出、日落，俯瞰普者黑景区全貌，游天鹅湖，穿溶洞，走湿地。大型喀斯特地貌结合湖泊，蓝天白云，令人流连忘返。我们前往的时间正是八月末，荷花绽放得有些无力，却又有一丝柔美。虽然我们错过了最佳观赏时间，但也还是抓住了普者黑夏天的尾巴。

壮族是中国少数民族中人口最多的，也是中国第二大民族，人口 1700 万人以上。壮族主要分布于广西壮族自治区西部和北部、云南省东南部、广东省、贵州省和湖南省与广西壮族自治区的交界地区；现代部分壮族因发展、婚姻等迁移至中国各地。壮族拥有其独特、优秀的民族文化，从古代持续发展，延续至今，并融入汉族文化。但壮族在从古至今持续发展中有许多和其他民族不一样的风俗习惯，仍流传至今。

2. 王怀权，2015 级行政管理专业班

文山壮族苗族自治州地处祖国西南边陲的云南省东南部，东与广西百色市接界，南与越南社会主义共和国接壤，西与红河哈尼族彝族自治州毗邻，北与曲靖市相连。东西横距 255 千米，南北纵距 190 千米，土地面积 32239 平方千米。我们在文山体会到了自然资源的丰富，欣赏了绝美的景色。文山的山确实不怎么高，少了些山峰的峻峭多了些温雅。绵绵的山丘与大片的湿地相映衬，真有一番仙境的感觉。我们在进行民族文化宣传保护的过程中知道了壮族的居住特色，壮族喜欢依山傍水而居（因为我们的周围不是山就是水，所以不喜欢都难）。在青山绿水之间，点缀着一栋栋木楼，这就是壮族人的传统民居。其房屋多为砖木结

构，外墙粉刷白灰，屋檐绘有装饰图案。居住在山区的壮族，其村落房舍多数是土木结构的瓦房或草房，建筑式样一般有半干栏式和全地居式两种。干栏，也叫木楼、吊脚楼，壮、侗、瑶、苗等民族都有，多为两层，上层一般为 3 开间或 5 开间，住人，下层为木楼柱脚，多用竹片、木板镶拼为墙，可作畜厩，或堆放农具、柴火、杂物。有的还有阁楼及附属建筑。一般干栏都依山傍水，面向田野，一个寨子一个群落，既雄伟又壮观。有些村寨，家家相通，连成一体，就像一个大家庭。居室格局，各处自有特点。龙胜县龙脊乡壮族干栏，以神龛为中心，神龛后面，居中是家公住房，左角是家婆住房，有小门与家公房相通；主妇房在右角，丈夫房在厅堂右侧外。客房在前厅左角，姑娘房在右角楼梯旁，便于她们与小伙子们交往。这种布局的最大特点是夫妻异室，沿袭了古俗。干栏内部结构略有变化，但基本格局不变。这次丘北行我觉得很有趣，值得回味。

四、旅游发展下丘北民族文化传承面临的困境以及建议

（一）面临的困境

一是随着现代文化的发展，民族习俗在人们心里渐渐被淡化，很多少数民族都不太了解本民族的语言、习俗，没有从深度和广度上去探究民族习俗，导致民族文化没有很好地传承下去。

二是由于人们的文化程度普遍较低，特别是农村居民，民族的理论知识在他们心里只有很少的保留。教育水平落后，教育范围狭窄，应试教育太注重结果，而忽视人的全面发展，教学课堂几乎没有涉及民族文化的讲解，并且受到环境和经济发展的制约，很难做到文化的横向和纵向全面发展。

三是丘北的旅游业开发多以自然资源的开发为主，所以在一定程度上忽略了民族文化的传承，对民族文化的保护和传承力度不够。

四是随着外来文化影响的不断深入以及经济的不断发展，不断冲击着丘北本土民族文化，导致人们在一定程度上忽略了文化自身的传承与发展。

五是民族村也随着国家经济发展和社会改革不断减少，导致很多本土文化消失。

（二）提出建议

一是加强对少数民族文化习俗的保护力度，加强人们对民族文化的宣传教

育，有关部门要及时组织举办民族文化节日活动。

二是加强教育，巩固社会主义核心价值观，培育居民保护民族文化的思想，一代一代传承下去。

三是有计划地学习有关本民族文化的知识、语言文字、风俗习惯，并且在礼节中运用民族风俗与他人社交，不断学习进步，改善人们滞后的观念和思维定式。

四是提高生产力的发展，发展旅游业，保护自然资源，保护本地资源使其不流失、不丢弃，在保留本地文化的基础上不断学习、交流，保持“走出去，引进来”的理念，并不断发扬光大。

参考文献：

[1] 贾青波，孟立军．我国少数民族杂散区地区教育状况考察．社会主义研究，1998（3）．

[2] 滕星，苏红．多元文化社会与多元一体化教育．民族教育研究，1997（1）．

[3] 云南省民族研究所民族艺术研究室编．云南少数民族织绣纹样．北京：文物出版社，1987.

[4] 孙琦．云南物质文化——少数民族服饰工艺卷．昆明：云南教育出版社，2004.

[5] 刘晓蓉．云南特色文化产业丛书·刺绣卷．昆明：云南人民出版社，2015.

[6] 李昆声，周文林主编．云南少数民族服饰．昆明：云南美术出版社，2002.

赴云南省文山市丘北县关于开发和弘扬民族优秀传统文化调研访谈记录

问卷情况一

一、访谈时间

2017 年 8 月 27 日。

二、访谈对象

丘北县城广场上的人。

三、访谈背景

广场上汇聚着当地大量的人群，这可以使我们了解居住在城里的壮族女性（10—25 岁，30—80 岁）、男性（10—25 岁，30—80 岁），了解这批居住在城里的女性壮族人群对语言文化、手工艺品、刺绣的继承情况，男性对语言文化、本民族习俗的继承情况，对我们此次的调研活动极为重要。

（一）丘北县城广场上的杨阿姨（女，壮族，43 岁）

1. 问：阿姨，您好！您平时关注过民族优秀传统文化的传承与发展吗?

答：这个当然，毕竟这里少数民族很多，生活上都用民族语言交流，就带动了后代人也这么做。

2. 问：那阿姨您能说出多少个关于本民族的节日?

答：三月三、歌圩节。歌圩，壮语叫“窝埠坡”。“双龙垌”、密枝节、跳歌节，还有些一下子没想起。

3. 问：阿姨您了解这些节日的渠道是什么?

答：一般是父母等上一辈介绍的，也有从电视上看到的。

（二）丘北县城广场上的王大婶（女，壮族，55 岁）

1. 问：阿姨，您好！您是壮族，那您会说壮语吗?

答：这个当然，毕竟这里壮族很多，生活上都用民族语言交流。

2. 问：那阿姨您能说出壮族过三月三前都要准备些什么吗?

答：三月三是我们壮族最大的节日，这天我们的活动很隆重，会杀牛祭祀、对山歌。

3. 问：阿姨您会壮族刺绣吗？

答：会的。

（三）丘北县城广场上的李大伯（男，壮族，41 岁）

1. 问：大伯，您好！您会说壮语吗？

答：会，小时候在农村长大，壮语我说得滚瓜烂熟，忘不了。

2. 问：那大伯您能说出当地过哪些民族节日吗？

答：三月三，主要就这个。

3. 问：那大伯您能说出过三月三前要做哪些准备？

答：杀牛祭祀、对山歌、包粑粑。

（四）丘北县城广场上的刘大爷（男，壮族，66 岁）

1. 问：大伯，您好！您会说壮语吗？

答：会，以前小时在农村长大，只是这几年来城里跟儿子住。

2. 问：那大伯您能说出当地过哪些民族节日吗？

答：三月三，这是我们丘北壮族最大和最主要的节日。

3. 问：那大伯您能说出过三月三前要做哪些准备？

答：杀猪（根据地方习惯）、杀牛祭祀、对山歌、包粑粑和粽子。

（五）丘北县城广场上的李姐（女，壮族，25 岁）

1. 问：李姐，您好！您会说壮语吗？

答：一点点，因为从小就在丘北长大。

2. 问：那李姐您能说出当地过哪些民族节日吗？

答：三月三，好像是，不太清楚。

3. 问：那李姐您能说出过三月三前要做哪些准备吗？

答：对山歌，电视上是这样的（哈哈哈）。

（六）丘北县城广场上的张某某（女，壮族，16 岁）

1. 问：张某某，你好！你会说壮语吗？
答：不会。
2. 问：那张某某你能说出当地过哪些民族节日吗？
答：不太清楚。
3. 问：那张某某你能说出过三月三前要做哪些准备吗？
答：不好意思啊，我都很不清楚。

（七）丘北县城广场上的刘某某（男，壮族，12 岁）

1. 问：刘某某，你好！你会说壮语吗？
答：不会，我爸没教。
2. 问：你是怎么知道自己是壮族的？
答：我爸说的。
3. 问：你觉得作为一个壮族学本民族语言有必要吗？
答：会不会都无所谓。

（八）丘北县城广场上的杨某某（男，壮族，20 岁）

1. 问：杨某某，你好！你会说壮语吗？
答：一点点，也可以说不会。
2. 问：你是怎么知道自己是壮族的？
答：家人在家都会说壮语，只是我不爱学。
3. 问：你觉得作为一个壮族学本民族语言有必要吗？
答：没必要。

问卷情况二

一、访谈时间

2017 年 8 月 27 日。

二、访谈对象

八道哨周边壮族村落。

三、访谈背景

丘北是一个少数民族集聚的地方，壮族居多，尤其八道哨，我们选择访谈八道哨周边村庄的女性（10—25岁，30—80岁）、男性（10—25岁，30—80岁），这可以很好地使我们了解当代壮族农村人群对本民族语言文化、手工饰品、刺绣的继承情况，对我们此次的调研活动极为重要。

（一）壮村杨阿姨（女，壮族，40岁）

1. 问：阿姨，您好！您是壮族，那您会说壮语吗？

答：会。

2. 问：那阿姨您能说出壮族过三月三前都要准备些什么吗？

答：这天我们的活动很隆重，会杀牛祭祀、对山歌。

3. 问：阿姨您会壮族刺绣吗？

答：会。

（二）壮村李大娘（女，壮族，55岁）

1. 问：大娘，您好！您是壮族，那您会说壮语吗？

答：这个当然，生活上都用民族语言交流。

2. 问：那阿姨您能说出壮族过三月三前都要准备些什么吗？

答：三月三是我们壮族最大的节日，这天我们的活动很隆重，会杀牛祭祀、对山歌。

3. 问：阿姨您会壮族刺绣吗？

答：会。

（三）壮村杨大爷（男，壮族，66岁）

1. 问：大伯，您好！您会说壮语吗？

答：会，永远忘不了。

2. 问：那大伯您能说出当地过哪些民族节日吗？

答：三月三，主要就是这个。

3. 问：那大伯您能说出过三月三前要做哪些准备吗？

答：杀牛祭祀、对山歌、包粑粑。

（四）壮村李大伯（男，壮族，46 岁）

1. 问：大伯，您好！您会说壮语吗？

答：会。

2. 问：那大伯您能说出当地过哪些民族节日吗？

答：三月三，这是我们丘北壮族最大最主要的节日。

3. 问：那大伯您能说出过三月三前要做哪些准备吗？

答：对山歌，包粑粑、粽子。

（五）壮村李姐（女，壮族，25 岁）

1. 问：李姐，您好！您会说壮语吗？

答：会。

2. 问：那李姐您能说出当地过哪些民族节日吗？

答：当然要数三月三。

3. 问：那李姐您能说出过三月三前要做哪些准备吗？

答：包粑粑、粽子。

（六）壮村刘某某（女，壮族，16 岁）

1. 问：刘某某，你好！你会说壮语吗？

答：会。

2. 问：那刘某某你能说出当地过哪些民族节日吗？

答：三月三。

3. 问：那刘某某你能说出过三月三前要做哪些准备吗？

答：对山歌、包粑粑、粽子。

（七）壮村潘某某（男，壮族，12 岁）

1. 问：潘某某，你好！你会说壮语吗？

答：会。

2. 问：你是怎么知道自己是壮族的？

答：我就在壮村长大。

3. 问：你觉得作为一个壮族学本民族语言有必要吗？

答：非常有必要，这样人家才知道我是壮族。

（八）壮村张某某（男，壮族，20 岁）

1. 问：张某某，你好！你会说壮语吗？

答：会，精通。

2. 问：张某某你能说出当地过哪些民族节日吗？

答：当然要数三月三。

3. 问：那你能说出过三月三前要做哪些准备吗？

答：包粑粑、粽子。

迪庆藏族火塘文化在历史进程和社会变革中的变与不变分析

云南民族大学职业技术学院赴香格里拉县小分队

孟琰峰　金玉燕　曾　帅　陈荣轩　张保昌　孙　超　和　艳　支玛拉木

摘　要： 本文以迪庆藏族自治州为田野点，调查分析迪庆藏族火塘文化在历史进程和社会变革中的发展和嬗变。同时着重从生态文明建设的角度切入，解析火塘从原始面貌到现代面貌转变的部分原因，以此为契机深入阐释生态文明建设的重要意义。

关键词： 迪庆藏族自治州；火塘；嬗变

一、实践地基本情况

迪庆地处青藏高原东南缘，为云贵高原与青藏高原的过渡带。它平均海拔约3300米，立体气候特点显著，由于高原上空气层透明度高，太阳辐射比同纬度低海拔地区强，白天增温迅速，夜间降温迅速，气温日较差大。干季，气温日较差达到30℃，可谓“一年无四季，一天有四季”，高原气候特点十分明显。因此，火塘是藏民照明以及抵抗寒冷、潮湿、蚊虫的重要工具，这些物质性因素是传统火塘产生的决定性因素。由于昼夜温差大，而且旧时人们家中缺少被褥，因而人们连睡觉都在火塘边，借助于火的温暖度过寒冷的夜晚。

一般夜晚睡前迪庆藏族还会将火炭聚拢，埋好火种，待次日早起生起火，使满室温暖。在迪庆藏族传统民居室内空间中，火塘已成为人们日常生活中必不可少的生活伴侣。

二、实践主要内容

（一）实践时间

2017 年 8 月 10 日至 18 日。

（二）实践地点

云南省迪庆藏族自治州香格里拉县尼西乡。

（三）调研对象

该地区党政机关工作人员、驻村小学学生、普通村民、个体户、游客及外来务工人员。

（四）调研方法

访谈法。

（五）实践意义

生态文明建设，是关系人民福祉、关乎民族未来的长远大计。面对资源约束趋紧、环境污染严重、生态系统退化的严峻形势，必须树立尊重自然、顺应自然、保护自然的生态文明理念。同时文化是一个民族存在和发展的基本标志，也是民族兴旺与发达的动力源泉，可以说，民族文化的消亡意味着该民族的消亡。现代文化的冲击使得传统家庭空间结构逐渐被瓦解，迪庆藏族火塘文化必然要迎合生态文明建设的时代潮流进行更替和发展，火塘文化在潜移默化中悄然发生着改变。迪庆藏族火塘文化的精神内涵是否有所缺失或异化，是值得进一步进行纵向深入研究的。通过对生态文明建设背景下火塘文化嬗变的研究和对生态文明建设内涵及意义的阐释，对迪庆藏族火塘文化和传统民族文化进行保护，这对其保存、流传、革新与延续有着重要的现实意义，同时为努力建设美丽中国，实现中华民族永续发展，走向社会主义生态文明新时代，指明了前进方向和实现路径。

三、实践情况调查概述

“大学之道，在明明德，在亲民，在止于至善。”云南民大“格致明德，弘道至善”的校训便由此而来。“在亲民”常被读作“在新民”，从词源上来说，“新”是“薪”的本字；就意义而言，“亲”读作“新”，引申意也可为“薪”。云南民大校训便可以从大学之道，以薪火照亮民众，来重新解读其深意。家庭生活中的精神结构，最早是在围绕火而展开的人类生活中逐渐建构起来的。因此对家庭精神结构设计的讨论要由火开始。在人类尚未掌握生火方法的日子里，火是整个群体守护的对象，自出现之日起就占据着人们生活物质空间中重要的位置；而掌握了控制火的方法后，人类便开始了漫长的以火为中心的生活。从燃起的第一堆火算起，火已经在人类生活中静静燃烧了上万年。① 相对于抽象的火而言，火塘便是火的具体表现形式。各民众因围绕火塘，故而彼此相见，彼此亲近，大学之道，犹如往火塘之中添加薪火，让民众亲近光和热，同时让民众亲近彼此。职业技术学院“三下乡”的各位队员们，怀着火热的情怀远赴香格里拉县展开了对这团火的探寻。

通过对驻村干部的访谈和深入乡村的藏民家中进行实地调研，队员们了解到该地区主要经济来源为务农与运输业。由于地处高寒、水资源较为匮乏、耕地面积较小（约为2000亩），该地主要种植马铃薯、青稞等，并且一年只有一季作物，基本属于靠天吃饭。虽然产业结构组成中有养殖业，主要是养殖土鸡和牦牛，但由于藏族地区特有的问题，导致养殖业不具规模、不发达。种种原因导致该地各项产业发展态势都不太好。该地各级干部通过对精准扶贫政策的全面贯彻落实，优化了产业结构并开始着手发展中草药行业，部分村民进山捡松茸，这些都能使村民获得十分可观的收入。经过短短两年的时间，该地区就摘掉“全国贫困村”的帽子。

经济基础决定上层建筑，在原来经济较为落后、物质较为匮乏的时期，村民们就已经形成了一定的生态保护意识，加之乡政府也有一定的规定和要求，该地生态保护工作是做得较为到位的。就拿火塘燃烧所需的柴火来说，只有每年冬季11月才允许村民进山捡柴，同时对捡柴的数量也有相应的限制。我们在对驻村干部的访谈结束后，就深入藏族村落与藏民家中了解藏区建筑特点与原始火塘的外观特征和构造特点。

---

① 路倩．从“火塘”到“厅堂”．中央美术学院，2016.

图1　与驻村干部交谈时认真记录的队员

图2　与村支书在村落进行实地考察

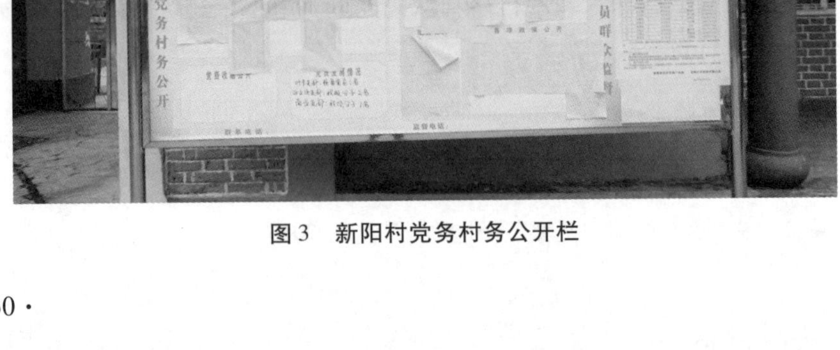

图3　新阳村党务村务公开栏

古老的藏族家庭经济较为落后，房屋建筑面积较小，一般只有一间四四方方的屋子，全家人日常起居都在这一间小小的屋子里。屋内地面是土地，墙面是土墙，房屋正中心用一根很大的圆形柱子来支撑屋顶，当地人称之为顶梁柱（见图4），代表撑起整个家庭的精神支柱。屋顶部分区域有开口，位置处于火塘的正上方，平时火塘燃烧的烟尘能从此很方便地排到室外。如若下雨，因室内的地面为土地，加之火塘燃烧产生的热量，落下的雨水能很好地被地面吸收，不会对屋内居民的正常起居生活造成影响。此种房屋设计还有冬暖夏凉的效果。

图4　位于房屋正中心的顶梁柱

屋顶开口下面正对的是原始样貌的火塘。整个火塘及器具包括底部的长方体木质底座及其上部一侧梯形的炉体，另一侧下放燃烧物的铁架和放于铁架上的三口铜锅，以及两条通过屋顶开口的烟囱。说是铜锅，但看起来更像是三个铜质的桶。从屋顶俯视，房屋的门是开在长方形短边的墙上，火塘处于整个房屋进门左手边的角落里，有铜锅的一侧正对着有门这侧的墙面，墙面上供奉着的是当地的活佛像。长方体底座上有藏区特有的条形纹路，人们可以席地盘腿坐于火塘周围。少数民族社会在发展过程中，有的实现了“跳跃式”发展，从而使依附于其社会形态的火塘也随之发生根本性的变革。随着民族社会的解体、家族制度的弱化、扩大家庭向核心家庭的转化，景颇、基诺等民族中曾普遍存在的“长房子”现象逐渐消失。曾经集中在一个“长房子”里的总火塘与各小家庭的火塘现绝大部分已分成若干小火塘。[①] 然而迪庆藏族自治州独有的火塘只是在形式和结构上发生了变化，并没有影响其文化特征的传承。

① 姚昆兰．火塘在嬗变中的民族文化．云南消防，2000（3）：46—47.

图5　迪庆藏族自治州火塘原貌

图6　藏族民居内部构造

由于藏区特有的文化，落座的座次也是十分讲究的，德高望重、年长的老人是坐在供奉活佛像短边的这面墙和与另一侧墙面相交的角落里，此为上座。值得一提的是，女主人的位置是比较特殊的，位于供奉活佛像的那面较短边的第二位。女主人在家庭中具有独特的地位，因为女主人是负责管理整个家庭日常起居的，火塘和酥油茶的茶桶都是家庭中仅次于男主人绝对权力的女主人权力的象征。直到女主人年纪大到不能正常管理火塘和打酥油茶时，才会将火塘和茶桶的管理权移交给下一代，如女儿、儿媳等。移交火塘管理权及茶桶，就意味着权力的移交以及家庭地位的传承，这也是火塘文化中反映出的特殊的藏文化。在女主人的座次后，其余人从年长到年幼依次从两面墙向后排列落座。坐下后要注意的是，脚不能放到火塘底座的台子上，因为四周的台子是用来吃饭放置碗筷、烤马铃薯及酥油茶等食品的，类似于我们现在餐桌的功能。火塘燃烧的木柴是从山上捡来的，烧火时很有讲究，千万不能将尾部先放进去，这意味着好光景会被败光，而是要将木柴的头先放进去，随着燃烧的进行从尾部慢慢推入炉膛之中，寓意日子将会越来越红火。而且燃烧的燃料只能是木柴不能是其他燃料，因为燃烧后的灰烬在火熄灭前是要倒入香炉中，再将香树树枝砍下来放入香炉中供奉活佛的。火的燃烧是为了屋内的照明、取暖同时也是为了加热铁架上的三口铜锅。三口铜锅相互挨着，从对着供奉活佛像那一侧到对面由高到低依次围起来。锅里装的都是水，加水的顺序也是从高到低。从摆放的位置和加水的顺序就能看出，靠近活佛像的铜锅自然是用来供奉活佛像的，同时也是该家庭的饮用水，第二口锅是洗漱用水，第三口锅是牲口饮用水。

图7　舀水铜瓢

平时做饭是用第一口铜锅。以前条件艰苦，饮食也比较简单，一般都是玉米粑粑、青稞之类的，偶尔才吃一次肉，还是很小的一块，就连抽烟的烟丝都是马铃薯叶子晒干后做成的。虽然条件艰苦，但是每日的酥油茶和青稞是必不可少的。倒酥油茶的时候只能从内向外倒，从外向内是给已故的人倒的，同时喝酥油茶之前要用中指点三下敬神，吃饭时围着火塘不能将碗端离火塘的底座等诸多的讲究都是由于火塘满足了居民精神和物质上双重需求，成为生活的中心和精神支柱，是宗教、社会观念诸多人文因素的浓缩体，闪烁着人类文明的光芒。这也就是火塘文化的精髓所在，是火塘经久不衰的重要支撑。①

随着社会和经济的发展，藏民的物质生活水平得到了极大的提升，民居已经不是单纯的一间，而是变成了复式结构的小楼房（见图8），原本吃住一间的格局被打破，现代化的冲击使火塘的功能逐渐弱化、火塘的文化发生变迁。火塘烹饪食物的功能逐渐向炉灶转移，地点设置也逐渐从厅堂向厨房转移；火塘的照明功能，逐渐被电灯代替；火塘交流传播的功能逐渐被学校、大众传媒所分解；火塘边载歌载舞的娱乐方式，被多元化的现代娱乐方式侵蚀。火塘的诸多功能逐渐被现代文化的生活设施所替代，传统家庭空间结构逐渐被瓦解，就连火塘本身的形态也逐渐地被升级产品所替代。通过对当地销售火塘的商铺进行走访了解到，由于甘南也是藏区，与迪庆有着较为相似的环境和文化特点，最早的一批现代火塘大约在二十多年前由甘肃流传过来。其外观类似于现在的火炉，在原始火塘的基础上将下面的木质底座与三口锅去掉，只保留炉体和烟囱，同时该时期的火塘燃料是牛粪，传到当地之后才演变为柴薪。材料也由原来的铁皮改为现在的钢板。

图8　新修缮的藏族民居

燃烧室的开口也加了可闭合的小门，有铁皮的，有玻璃的，玻璃门利于更好地观察炉内燃烧情况，闭合度也越来越高，不漏烟尘，从结构的整体性上来看，火塘的质量越来越好。但是从实际的使用角度来说，更多的还是被现代化的文明所替代。虽然部分家庭买了新式火塘，仍然保留着原始的火塘，但绝大多数

① 徐慧敏，翟辉．火塘的“时空”演变——以云南迪庆藏居为例．华中建筑，2013(2)：139—142.

家庭换成了新式火塘。

图 9　现代形式的火塘（一）

图 10　现代形式的火塘（二）

从文化的角度来看，随着房屋结构的变化，以及现代化的外来火塘文化的冲击，火塘的文化意义也被逐步削弱。年青一代已经没有那么多讲究了，综合各种原因形成的现代化的火塘文化是多种文化相互交融、叠加形成的既有独特性又有包容性的和而不同的一种新的火塘文化，在追求现代生活的舒适和便捷的同时也蕴藏着深厚的审美情趣和文化逻辑。老一辈的人在重大节日或者家庭中有重要之事时依然会燃起火塘，延续早前传承下来的文化。迪庆藏族自治州火塘文化的变迁足以证明其对外来文化与现代化文明的冲击具有选择性地重构，是在创新中传承和发扬藏族特有民族文化，不是违背历史发展的突变，而是民族文化自信的表现，这足以使迪庆藏族自治州火塘文化绵延不断，历久弥新。

剑川县白族传统木雕工艺继承与发展现状调研

云南民族大学应用技术学院　杨　钒

摘　要：本文运用对比法和归纳法，从各个角度对剑川木雕的现状与发展进行深入研究，对于重新理解保护剑川木雕乃至我国的木雕艺术装饰文化具有重要的意义。同时，针对剑川木雕工艺在现代社会如何传承与发展以及剑川木雕的现状进行了多方面的研究，提出了一些具有可行性的建议。

关键词：木雕；传承；发展；现状

2017 年 8 月底，木雕工艺调研小分队一行人到剑川县甸南镇的狮河村进行了为期三天的木雕工艺专题调查。这次调查主要以深度访谈、问卷调查和参与观察的方法，收集了狮河木雕在产品制作、类别、功用以及工艺传统等方面的资料。此外，小分队还较为系统地查阅了当地从事木雕生产人员的户籍档案，收集了一些相关的文献资料。本文以这些材料为基础撰写。

一、剑川县地理位置

剑川县位于大理白族自治州北部，跨北纬 26°12′—26°42′，东经 99°33′—100°33′，东连鹤庆县，南邻洱源县，西与云龙县和怒江州的兰坪县毗连，北和丽江县接壤。县城所在金华镇，为全县政治、经济、文化中心。全县面积 2250 平方千米，县城所在地海拔 2200 米，年平均气温 12. 3℃，辖六镇两乡，2010 年年末总人口 17. 65 万人，有白族、汉族、彝族、回族、纳西族等 6 个世居民族，白族占总人口的 91. 6%，是全国白族人口比例最高的县份，是电影《五朵金花》中阿鹏的故乡。

剑川是南方丝绸之路与茶马古道的要冲，商贾、文人、工匠、官吏、僧侣往来不绝，中原文化、巴蜀文化、藏文化在这里交融，给剑川带来了多元的文化元素与建筑技巧。

剑川县甸南镇狮河村是远近闻名的“木雕之乡”，连邻县的乡民都常慕名前来订购格子门。格子门，也称格扇，日本唤作格子户，一般由格眼、腰串与障水板三部分构成，是古代庙宇、会馆、宫殿、民居中经常采用的一种木门。格子门如今在都市中已不多见，而剑川的白族人家，房屋大多为“三坊一照壁”“四合五天井”“一正两耳”布局。所谓“三坊一照壁”，即正房两山都有“漏阁”，两侧建有耳房，迎面打一堵别具民族风格的一高两低的照壁。无论哪种布局，堂屋往往选用六扇格子门，一来采光充分，二来也美观大方，这个古老的传统一直延续至今。

狮河村地处剑川县东麓，村民沿剑湖东面居住，靠山沿湖，以白族聚居为主。村子北接金华镇青瓦厂自然村，南接甸南回龙村，离214国道线2千米，剑湖环湖公路横穿村子中心。狮河村是全镇的第三大村，全村共有三个自然村，十个村民小组，总户数690户，总人口2888人，有1495个劳动力。从事木雕传统工艺生产的有549户，约占总户数的80%，有1153人从事木雕生产，约占总人口的40%，约占总劳动力的77%，木雕产业收入约占全村经济总收入的47.3%，全村人均纯收入达3700元。

本村生产的格子门、美女窗、挂屏、龙床、贵妃床、九龙壁，琴、棋、书、画，十八学仕、西游记、八仙图案的木雕件，旅游小件、屏风等销往国内四川、贵州、上海、北京、广州、西藏、台湾、香港及本省的丽江、大理、西双版纳，同时还销往新加坡、泰国、美国、缅甸、日本等国家。特别值得一提的是，北京天坛的龙椅和昆明世博会台湾展馆内参展的龙舟即出自该村工匠之手。因此，狮河村素称“木雕之村”。村内有风景秀丽的白塔山景点和剑湖风景区，这里山影倒映、天水一色、绿树成荫，是集旅游和民间传统木雕工艺为一体的专业村。

随着大理、丽江和剑川石宝山旅游风景区的发展和大理飞机场通航，广大铁路、楚大公路、大丽公路、剑兰公路的通车以及大兰坪的开发，依托剑川县一湖水（剑湖）、一座山（石宝山）、一套家具（木雕木器）的开发，狮河村已逐步形成了集旅游、木雕工艺为一体的民间工艺区。目前，县政府加大投入力度，把狮河村列为民间工艺木雕村，鼓励木雕工艺向市场化和集团化发展。全村基本实现了“一村一品”，对全县培植木雕工艺支柱产业起到一定的推动作用。

二、剑川木雕简介

剑川木雕历史源远流长，做工精细，造型美观大方、高雅别致，极具白族木雕艺术传统风格。《滇南新语》中写道：“滇之七十余州县及邻滇之川、黔等省，善规矩斧凿者，随地皆剑民也。”早在唐宋时期，剑川雕刻艺术家就创造了与敦煌莫高窟相媲美的剑川石宝山石窟。元明清时期剑川木雕已闻名省内外，北京明清故宫和清代承德避暑山庄的木雕装饰，以及昆明金马碧鸡坊、建水孔庙、大理杜文秀帅府、保山飞来寺、中甸归化寺等著名建筑中的木雕部分都出自剑川工匠之手。

1996 年文化部命名剑川为“木雕之乡”，2009 年 12 月中国家具协会授予剑川“中国民族木雕家具产业基地”，木雕产品远销日本、美国、英国、加拿大等 100 多个国家和地区，剑川木雕已成为推动全县经济发展和增加群众收入的一个重要特色产业。目前，全县木雕工艺人才已达 7000 多人，木雕生产企业 11 家，个体经营户 1500 户，经营大户 40 多家，专业人员 4000 多人。现有从业人员中，经州级以上评聘并颁发专业技术证书的各类技术人员有 68 人，其中，助理工艺美术师 8 人，技术员 60 人。剑川木雕主要分建筑木雕、家具木雕和木雕工艺品三大类。剑川木雕生产模式包括企业经营、家庭作坊和个体雕工三种。

剑川木雕虽然名声在外，但目前的发展现状与其名气极不相符，木雕产品市场占有的份额小，企业规模小，劳动生产率偏低，生产成本高，极大地影响了剑川木雕产业的发展。眼下转变生产方式，培植龙头企业，打造有特色的加工基地，已成为当务之急。随着大丽高速公路的通车，云南省“两强一堡”的建设，剑川的交通区位优势更加凸显，按照《剑川工业园区总体规划》“一园二片区三组团”的发展格局，依托狮河村区位优势、生态环境和传统的木器木雕工艺，规划建设一个集民俗旅游，传统木器木雕产品生产、销售为一体特色产业园区的条件日趋成熟。2010 年，根据《云南省人民政府关于加快工业园区标准厂房建设的意见》等文件精神，剑川县抓住省州对工业园区标准厂房建设扶持的机遇，以标准厂房项目建设作为启动狮河片区发展的突破口，加快推进狮河木雕片区的开发建设，努力将该园区建成全省特色鲜明、利用两种资源、拓展两个市场作用明显、富民强县的全国民族木雕家具产业发展基地。

三、云南剑川木雕的价值分析

（一）艺术价值

剑川木雕作为云南特色工艺，其形态、风格多样，有着较高的艺术价值，其艺术价值主要体现在材质、艺术形式和制作工艺等方面。

一是天然的材质美。剑川木雕材料种类丰富，自然纹理富于天趣，这些木材赋予了剑川木雕天然材质的美感。在剑川木雕中，有一类木雕作品是不进行上漆或上色的，直接表露出木材固有的纹理和本质色泽。木雕艺人们在创作过程中，往往会根据木材本身的性质、形态进行创作，雕刻出来的作品除了具有工艺品的艺术形态之外，还保留了木材本身的自然形态特征，作品质朴、生动，在使用过程中给人一种温馨感。

二是独特的艺术形式。从品种上来看，剑川木雕品种多样，既包括了建筑、家具、摆设等三维空间艺术作品，也包括了门窗、雀替、枋额、壁画等浮雕艺术作品，它没有中规中矩的固定形式，不讲求庄严、稳重、对称的格局，力求摆脱呆板模式的束缚。从色彩上来看，剑川木雕的装饰色彩非常丰富，除了木材的固有色之外，还有漆的色彩、镶嵌物的色彩以及金属物件的色彩，众多色彩中，又以民族彩绘最为突出。从题材上来看，剑川木雕的题材多选用和当地地理环境、生活习惯相关的事物，也有的题材来源于佛教、道教和民俗。与中原地区相比，剑川木雕的题材较为复杂多样，各题材间还有特定的搭配，蕴含着一定的寓意，如牡丹配凤凰代表高贵，白鹤配飞松代表长寿，牡丹花、荷花、菊花、梅花分别代表春、夏、秋、冬等，这些题材不仅体现了剑川白族的审美意识，更体现了独特的民族习俗和地域文化。

（二）文化价值

文化是一个发展的概念，它具有相对的稳定性和持久性，但又会随环境的变迁而变迁，作为文化生产方式的手工艺术自然也应该不断被激活，成为永葆生命活力并与时俱进的一种活态文化。剑川木雕的文化价值主要体现在历史文化、民族文化和地域文化三个方面。

剑川木雕工艺是白族传统的手工艺，木雕中的许多题材大部分来自于白族的日常生活或信仰习俗，白族的民族文化特色在剑川木雕中得到了充分的体现。现还传世的许多白族木雕艺术品为我们研究白族历史提供了众多的参考资料。今天在民间，还保留着祭祀鲁班祖师等民俗活动、木匠行业禁忌等，这些与木雕相关的民俗活动，构成了木雕文化的丰富内涵，是白族传统文化的组成部分。同时，剑川木雕的艺术风格不仅深深地根植于白族文化之中，汉族及藏族、纳西族、彝族和其他少数民族思想对其的影响也较为深刻，故而在白族木雕中，我们也可以看到一些汉族和彝族、傈僳族、回族、纳西族等少数民族文化的缩影。

（三）商业价值

随着云南旅游大省、民族文化大省以及国际大通道的建设，云南将会成为旅游观光的热点，而具有云南特色的纪念品也将成为热销产品之一。

剑川木雕是云南传统的民族手工艺，它民族特色浓郁，文化内涵深厚，继承了传统民族民间工艺实用与审美相结合的特色。同时，精湛的雕刻技艺及珍贵的木材又赋予了其较高的收藏价值，完全可成为云南标志性的旅游纪念品之一，吸引广大的消费者。

四、剑川木雕存在的意义

剑川木雕不仅体现了我国西南地区悠久的历史文化，同时也是云南民族文化的形象载体。它的存在有着以下几方面的意义：

（一）有助于我国悠久历史文化的传承

云南剑川木雕不仅继承了一千多年的南诏大理国文化，同时也继承和发扬了中国古老的雕刻工艺，成为具有深刻内涵和特定审美意义的载体，对其文化价值进行研究，有助于我们更好地认识数千年来中国古老的历史文化，不同时期的社会文化、民俗文化等，同时也有助于加深我们对传统手工艺的认识与了解。

（二）有助于云南民族文化的交流

剑川木雕无论在形态还是题材上都展现了云南各少数民族文化和汉族文化的丰富内涵，多元民族文化内涵的体现使剑川木雕具有传承云南少数民族文化的魅力。

在非物质文化遗产的视角下，少数民族传统工艺是特定生活空间中的一种传承性生活文化，工艺主体代代相承的技艺知识、审美意识和观念信仰，以及在其指引下的制作行为是确保传统手工艺能在少数民族生活中继续存留的关键性要素。少数民族传统工艺的应用开发应当以保持或重构该地区民众的可持续性工艺生活为首要目标，确实重视传承人工艺知识、工艺审美观念和信仰意识的保护和培育。①

（三）有利于云南经济的发展及旅游业的开发

剑川木雕走入全国市场甚至国际市场，能够提高本省民族文化的知名度。同时，剑川木雕产业的发展从一定程度上还可缓解本省人才就业的压力，带动地方经济的发展。在一个贫困的边远民族地区，形成自己独有的民族手工艺术产业，这与那里的自然地理状况、民族经济发展、历史文化渊源有着相当紧密而又直接的联系。剑川木雕的兴起并走向世界缘于一个偶然的机会，这印证了一个道理：偶然中包含着必然的因素，这种因素将导致某些偶然一定会结出必然之果。对于剑川木雕的独自崛起并成为一大产业来说，可谓是偶然中的必然了。②

五、云南剑川木雕的发展现状分析

目前，剑川木雕存在及发展的方式主要有以下两种：一是民间的自我发展，二是产业化的发展。

（一）民间的自我发展

民间的自我发展是剑川木雕发展的一大特色。剑川木雕成为了一种穿越时空的时尚。传说，木匠的祖师爷鲁班授艺路过剑川，遗落了工具，勤劳的剑川人学到了他的技艺，流传千年，有了后来绝世的石钟山石窟和名扬四海的剑川木雕。神奇的东西需要神话的解释，而现实中在气候冷凉的剑川，仅靠田地的收成是不够生活需要的，天资聪慧的剑川白族工匠在文化的交融中寻到了自己事业与灵魂的归属。关于起源，也没有确切的时间，只是史料记载唐朝天宝年间，剑川木匠就承担了南诏五华楼木雕的制作，宋代曾有剑川木雕艺人进京献艺，引起轰动……经过一千多年的锤炼，如今它已成为具有浓郁民族特色的传统木雕文化艺

① 黄静华．剑川狮河村木雕调查．民族艺术研究，2002（1）．

② 张笑．走进香格里拉的大门——剑川．昆明：云南大学出版社，2006.

术。[①] 与云南其他工艺美术不同，剑川木雕虽为传统的手工艺，但在现代机械化生产的冲击下，它并未像其他传统手工艺那样被机器化生产所取代，导致传承出现危机。相反地，在民间，剑川木雕的发展越来越快，不仅学习这一技能的人逐渐增多，出现了许多个体雕工和具备自行生产、经营、销售能力的家庭作坊，同时还涌现出了一批以狮河村为典型的木器木雕“专业村”。[②] 这一发展现状与木雕在当地的重要性及其传承方式的改变是分不开的。

1. 剑川木雕在当地的重要性

在剑川，当地人的住房主要是以木质结构为主，许多村子里现在还延续着民居建筑开工和竣工时的“祭木神”和“送木神”等民俗活动。同时，剑川民居建筑中木雕的装饰性很强，常被用来装饰门、窗、照壁、梁拱及檐下墙面等房屋结构。可见，木雕与当地人们的居住息息相关。另外，剑川木雕的使用范围极广，从大的范围来看，可分为建筑木雕、家具木雕和工艺品木雕三类，这三种木雕形式在当地人们的生活中都较为常见。也许是受长久生活习惯的影响，当地人们总是喜好用木雕制品来营造自己的居住环境、装点自己的生活，故而木雕工艺在民间就这样一代代发展传承开来。

2. 木雕的市场需求量逐渐增大

随着木雕知名度的提高，市场的需求量逐渐增大，许多民间家庭作坊和雕刻艺人以木雕作为其赖以生存的主要生产方式之一。木雕供不应求的局面使得彼此之间竞争压力较小，因而在某种程度上能够共存共荣，为剑川当地百姓带来了经济效益，也促进了剑川木雕的发展。

（二）剑川木雕的产业化发展

由于具有精湛的民族工艺技术、广泛的从业基础和良好的市场开发前景，剑川木雕历经千年，出现了产业化的发展。

剑川县狮河村木雕工艺协会自 2004 年 8 月 1 日成立以来，制定了章程并选举产生理事会，理事 5 人，会长 1 人，副会长 8 人，财务 1 名，会计 1 名。协会

① 范建华，胡莹．穿越时空的剑川木雕．云南画报，2008（3）．

② 吴化雨，黄毅．论云南剑川木雕的艺术特征．现代装饰（理论），2015（11）：219—220.

会员从成立时的108人发展壮大到如今的2275人，产品也由原来的50多种发展到现在的250多种，辐射带动全县22750多人从事木雕生产。协会成立之前，木雕从业人员人均年收入只有5500元，全县木雕总产值只有1.1亿元；协会成立以后，制定了以“协会+公司+基地+合作社+农户”的经营管理模式，实行统一发放图纸、统一商标、统一订货、统一产品验收、统一价格的“五个统一”模式，消除了恶性竞争实现了良性循环，使产业人员收入比以前有了大幅度增长，协会成立的第二年，2005年产品价格上涨30%左右，从业人员的工资增长了51.5%，大大增加了群众的收入。到2012年，木雕总产值达3.5亿元，人均年收入达1.9万元，到2016年年底全县目标总产值达5.7亿元，木雕从业人员人均年收入突破2.3万元。

（三）关于木雕的问卷调查统计

表1　生产者篇

<table>
<tr><td rowspan="2">制作木雕产品的方式</td><td>手工</td><td>机器</td><td colspan="2">两者混合</td></tr>
<tr><td>60%</td><td>20%</td><td colspan="2">20%</td></tr>
<tr><td rowspan="2">获取木雕技艺的方式</td><td>自学</td><td>家族传承</td><td colspan="2">拜师学艺</td></tr>
<tr><td>20%</td><td>46.7%</td><td colspan="2">33.3%</td></tr>
<tr><td rowspan="2">木雕产品的主要类型</td><td>家具</td><td>工艺品</td><td>装饰品</td><td>生活用具</td></tr>
<tr><td>20%</td><td>53.3%</td><td>13.4%</td><td>13.3%</td></tr>
<tr><td rowspan="2">销售渠道</td><td>实体店</td><td>网络</td><td colspan="2">其他途径</td></tr>
<tr><td>73.3%</td><td>6.7%</td><td colspan="2">20%</td></tr>
<tr><td rowspan="2">销售对象</td><td>游客</td><td>本地人</td><td>批发商</td><td>个体定做</td></tr>
<tr><td>33.3%</td><td>20%</td><td>20%</td><td>26.7%</td></tr>
<tr><td rowspan="2">手工产品与机器产品市场受欢迎情况</td><td>传统手工</td><td>机器</td><td colspan="2">二者混合</td></tr>
<tr><td>73.3%</td><td>13.3%</td><td colspan="2">13.4%</td></tr>
<tr><td rowspan="2">影响木雕销售的因素</td><td>造型款式</td><td>市场价格</td><td>宣传力度</td><td>购买渠道</td></tr>
<tr><td>26.7%</td><td>20%</td><td>46.7%</td><td>6.6%</td></tr>
</table>

续 表

传统手工木雕与机器生产的关系	机器完全取代手工	手工更具传承价值	二者应相互结合	二者没有可比性
	0	53.3%	33.3%	13.4%
对剑川木雕发展前景的预期	非常好	一般	不太理想	
	60%	40%	0	

表1是运用问卷调查所得的资料与数据，以木雕制造商为调查对象，以手工木雕、机器木雕、两者混合等作为自变量，以制作木雕产品的方式、获取木雕技艺的方式、木雕产品的主要类型、销售渠道、销售对象、手工产品与机器产品市场受欢迎情况、影响木雕销售的因素、传统手工木雕与机器生产的关系、对剑川木雕发展前景的预期等作为因变量，对大理白族自治州剑川县传统木雕工艺继承与发展现状调研情况进行分析。调查结果表明当前剑川木雕制作虽有机雕、手工雕混合情况，且机雕产品充斥着市场，但由家族传承的手工木雕制作方式以及产品仍是剑川木雕市场的主力军，实体销售与私人订制相结合的方式引导着剑川木雕的生产，同时生产者也对剑川木雕的发展前景表示看好，对其寄予很高的期望。

表2是通过整理问卷调查所得的资料与数据，以对木雕的了解情况、了解木雕工艺的途径、购买木雕产品的频率、购买木雕产品的类型、购买木雕产品的用途、影响木雕产品市场需求的因素、购买木雕产品的方式、对于木雕生产方式的选择情况、购买木雕产品时的风格选择等作为自变量，以非常了解、了解一点、完全不清楚等作为因变量，对大理白族自治州剑川县传统木雕工艺品消费情况进行简单的统计和分析。调查结果表明大理白族自治州本地居民对当前剑川传统木雕工艺品制作主要通过日常交流有一定的了解，对木雕产品的购买也以实体店家居摆设用品为主，而购买意愿也以木雕传统手工制品为主。由此可见，剑川木雕作为中华文化的结晶艺术品，在历史的长河中熠熠生辉，在现代文明得到高度发展的今天我们更应该了解其历史渊源，将木雕传统文化发扬光大。

六、剑川木雕发展中的困难、问题和对其的建议

以下是我们在调研过程中发现的一些问题及建议。

表2 消费者篇

对木雕的了解情况	非常了解	了解一点	完全不清楚	
	6.7%	86.7%	6.6%	
了解木雕工艺的途径	网络	报纸杂志	日常交流	其他途径
	26.7%	6.7%	53.3%	13.3%
购买木雕产品的频率	经常购买	偶尔购买	没有购买意愿	
	13.3%	46.7%	40%	
购买木雕产品的类型	家具	装饰品	工艺品	生活用品
	33.3%	20%	26.7%	20%
购买木雕产品的用途	旅游纪念	摆设装饰	作为礼物	投资收藏
	26.7%	53.3%	13.3%	6.7%
影响木雕产品市场需求的因素	造型款式	工艺水平	市场价格	购买渠道
	33.3%	26.7%	33.3%	6.7%
购买木雕产品的方式	实体店	网络购买	直接通过制作商购买	
	46.7%	13.3%	40%	
对于木雕生产方式的选择情况	更倾向纯手工制作	更倾向机器制作	两者结合	
	53.3%	20%	26.7%	
购买木雕产品时的风格选择	天然形态、原始型	古朴的传统型	现代创新型	消费者需求的创新型
	26.7%	60%	6.7%	6.6%

（一）困难和问题

原材料的紧缺。剑川当地的木材分布不集中且成熟时间较长，许多木材还是国家禁伐的珍贵品种，故而剑川木材种类虽多，却不能满足木雕对原材料的需求；由于木雕艺术的服务面广，木材的需求量大，故而即使从其他地方取材，木雕材料仍非常紧缺，同时还增加了木雕产品的成本，进而导致了木雕材料供不应求、手工人员闲置、产品价格偏高而利润较低的局面。

（二）建　议

要解决原材料的稀缺问题，首先就要促进剑川林业的发展。剑川山多树多，可以考虑建立自己的原料林基地，在全县规划开发树苗生产地，栽种生长周期较短、适应当地环境的树木。同时，加强木材的可持续利用，包括木屑的再利用。如一些建筑木雕的边角废料可以用来制作小型的工艺品，而木屑、木渣可收集作为木材脱水时的燃料，这样既不会破坏当地的自然环境，又能很好地缓解木雕材料紧缺的问题。

在此次调研期间，小组成员以“每日一总结，每人一心得”的形式，相互交流每日所得，用心交流每人所感；通过在狮河村、沙溪镇的实地调研，了解到木雕工艺的传承与发展现状；对比私人个体生产与大规模工厂生产的木雕产品和不同消费人群对木雕的喜好，总结得到了木雕生产的主要类型、消费渠道及消费的人群；在调研期间，通过走访和问卷搜寻得到大量关于木雕从生产到销售的资料，了解到剑川木雕生产销售一线总体概况，知道了木雕技艺的传承方法和剑川木雕的发展现状及发展前景。此外，通过讲解各地对传统文化的帮扶政策，学习习近平同志的系列重要讲话精神，让当地居民增强对本地文化的认同感和归属感，拥有更强的文化自信，更好地践行“一带一路”倡议。

剑川木雕虽已成为一项富民强县的支柱产业，效益明显，但若要立住脚跟，并不断发展，尚需及早谋划，解决好存在的问题。除了投入不足，科技含量小、基础设施不完善、民族文化旅游特色不明显等因素外，还有如下急需解决的问题：一是实施“天保林工程”后，木雕原料紧缺。二是绝大多数木雕生产经营户还处于零星生产、散乱经营、没有长期打算、规模偏小的状态中。三是营销体系不健全，市场信息来源单一，木雕产品销量受限。四是创新能力弱，品牌意识差等。只有解决存在的问题，剑川木雕才能更快更好地发展！

德宏景颇族传统染织工艺调研

云南民族大学艺术学院　李仙柳

摘　要：本文对德宏景颇族传统染织工艺进行了调研，力图使民族民间传统手工艺文化能够受到保护和传承。

关键词：云南德宏；景颇族；传统工艺；染织

一、绪　论

（一）调研背景

我国民族民间手工艺有着悠久的历史和繁多的种类，一直都是中华民族文化遗产的重要组成部分。随着社会的发展，人们的物质生活水平得到了提高，民族民间传统手工艺发展的前景却不容乐观，它们中的许多都面临着失传的危险。大部分民间传统手工艺在现代化、机械化制品的冲击下渐渐消失在人们的视野里。作为云南特色手工艺专业的学生，我们有责任和义务继承和保护云南民族民间文化。

景颇族的民族服饰是景颇族最具代表的物质文化遗产。景颇族的民族服饰发展至今，已经具备了本民族独特的风格。从妇女的服饰上看，它既有南方民族服饰色彩鲜艳的特征，又保留有其先民御寒隔热的一些特征。景颇族妇女服饰的基本图案以菱形为多，使其在云南各民族服饰中有着极其鲜明的特色。

2015 年，中央提出要把云南建成我国面向南亚、东南亚的辐射中心。从区位上来说，德宏地处边境，北、西、南三面与缅甸接壤，处于面向南亚、东南亚辐射中心的门户位置。景颇族是一个跨国界的民族，我国景颇族主要分布在云南省德宏州境内，国外分布在缅甸等国家。

（二）调研目的与意义

景颇族的染织，主要体现在服饰上。妇女的服饰随着时代的发展及经济的繁荣有了很大的发展和变化，从传统的经济耐用向华丽、美观、典雅发展。色彩上已经不只是单调的乌黑大红，各种各样的颜色都有。景颇族染织图案属于传统的元素图案，若将其运用创新，它更多的魅力将会展现在人们面前，让更多的人欣赏到少数民族的文化魅力，使少数民族的优秀文化得以发展。

景颇族作为云南特有的少数民族，染织手工艺有悠久的历史文化的积淀，用我们所学的染织专业知识对景颇族传统染织工艺进行实际调查，整理分析，能为相关研究及新产品的设计运用提供基础性的资料，为民族民间传统手工艺文化的保护传承尽绵薄之力。

（三）调研工作计划与论文创新点

1. 工作安排

（1）对田野调查的方法、项目开展的相关问题进行培训。

（2）查阅相关文献资料。

（3）制订田野调查访谈提纲。

（4）田野调查。选择调查地（主要是芒市、陇川、盈江等地），对村民和民间艺人（石玛丁、郑罗兰、荣娜等，她们是景颇族织锦传承人）进行访谈，学习记录传统染织技艺；对单位（德宏傣族景颇族自治州文物管理所、德宏民族出版社、德宏团结报社载瓦文编辑部、陇川县图书馆以及陇川县文化馆等）走访调查。

（5）整理分析调查资料。

（6）根据文献资料和田野调查资料，撰写论文。

2. 调研创新点

（1）在于景颇族染织图案的再创新，从专业的角度对染织图案的造型、构成形式、色彩、图案内涵进行调查整理。

（2）对染织材料的获取、加工、工具、工艺流程等内容进行调查整理。

（3）对民族民间工艺保护和传承起到推动作用。

二、田野点概况

（一）调查地点的概况

本次调研的主要地点是芒市轩岗乡的南赛村、芒市拱允村、芒市五岔路乡的石板村，陇川县景罕镇的坝边移民村，陇川县城子镇撒定村、帮瓦岑村，陇川县坝遍村，盈江县的快乐新农村等景颇族村寨。景颇族大多分散居住在山上，村里天空湛蓝，蓝天之上云卷云舒，远处群山郁郁葱葱，山寨绿树鲜花层层围绕。静谧的村庄仿佛诉说着景颇族千百年来的历史，见证着大山的儿女们自强不息，用自己勤劳的双手创造着属于自己的幸福生活。

风格各异又相互交融的芒市少数民族织锦：芒市有悠久的历史和丰富的文化资源。各民族在语言、文字、习俗、绘画、歌舞、宗教、民居、服饰、饮食、生产方式等方面形成了丰富多彩的民族传统文化。各民族大杂居、小聚居的分布格局，形成了一个既保持各民族文化特色，又使多民族文化凝于一体的文化景观。

（二）调查对象介绍

1. 陇川县景罕镇的坝边移民村村民小组石玛丁，手工染织人

石玛丁是村里的景颇族妇女，立志传承少数民族历史文化，多次在手工织锦比赛中获奖。性格开朗、热情好客的石玛丁招呼我们一行到她家喝水。

石阿姨觉得我们对景颇织锦感兴趣，就滔滔不绝地给我们介绍景颇织品的特点：织一件毯子，经线一般为黑色，纬线要用各种颜色的毛线、色线，还要以黑、红为基本色，以黄、蓝、绿、白等颜色作点缀图纹，织出的毯子丰富而统一，达到五彩绚烂、浑厚庄重、艳而不俗、艳中含素的效果。“阿姨，织一个。”在我的请求下，石阿姨坐到“工”字形木织架的一头，手中挥动着长短不一、粗细不等的木棒和拳头大小的木梭子，有时拽起一缕彩色丝线，梭子穿梭在密密麻麻又整齐排列的各色线之间，有时细心数着线，牵起一缕环绕回旋，最后用油光滑亮的木楔子压紧、咬合。她技艺精湛，动作娴熟，犹如一个将军指挥着千军万马完成一次战役，犹如一名音乐指挥在指挥一部大型音乐表演……

功夫不负有心人，石玛丁阿姨付出的心血和劳动结成了累累硕果：2002 年 5 月 26 日，云南省文化厅和云南省民族事务委员会，“鉴于石玛丁同志在传承民族

民间文化艺术方面的贡献，特命名为云南省民族民间美术艺人。”2014 年 2 月 14 日，55 岁的石玛丁参加 2014 中国·德宏州景颇族国际目瑙纵歌节在芒市广场举行的第二届景颇织锦大赛，获织锦大赛三等奖。早些年，石玛丁的事迹被收录在《指尖上的故事——云南民族民间工艺大师访谈录》中。

离开坝边移民村村民小组，告别了石玛丁阿姨。石玛丁阿姨用一生的时间去做一件自己喜欢的事，推动了民族传统文化的传承。

2. 芒市风情街丹摩锛景颇族织锦服饰店的店主荣娜

爱逛街的我有幸在这家景颇族服装店认识了这位景颇族织锦传承人，我对她进行了采访。荣娜，80 后，芒市丹摩锛景颇族服饰店店主，景颇族传统织锦传承人之一，新式景颇族织锦编织法实践者，曾代表中国到法国进行少数民族织锦展示，现专攻少数民族舞台服饰设计，多次为“世界景颇族小姐选美比赛”参赛者制作展示服装，她将创新的理念融汇到景颇族服饰创作中，为现代景颇族织锦开辟了一条新道路。

荣娜大学毕业后，本可以留在大城市工作，但是为了把景颇族织锦文化更好地发扬光大，她毅然决然地回到芒市，来到风情街开了一家名为“丹摩锛”的景颇族织锦服饰店，在这里她开始运用学习到的服饰设计专业知识加上景颇族织锦技艺开创了一条弘扬景颇族织锦文化的道路。为了让景颇族织锦的销路更好，荣娜用现代的理念编织鞋子、珠宝、钱袋、耳环等。为了让更多的人喜爱上这些小东西，让景颇族织锦走向市场，荣娜一改传统的景颇族服饰造型，加上走秀的元素，让夸张但又不失民族特色的景颇族服饰新造型成了现代景颇族服装的宠儿，开辟了一条景颇族服饰销售成功之路。

3. 织锦传承人郑罗兰

郑罗兰从 15 岁开始学习织锦，在奶奶的传授下边看边想边学，后来在织锦技艺方面有独特的造诣。她曾多次参加德宏州组织的多场织锦比赛和相关国际性展演活动，为州委州政府组织的重大庆典和迎来送往活动，做出过无私奉献。

小组成员：“你有没有想过把你的这个手艺传下去?”

郑罗兰：“我也是想的，只要想学的人我都把我的手艺传给她们，让她们像我一样会织会看，只要会看就会织了。”

一个民族的织锦文化，就像河流一样，总是在默默地变化，无声无息地展示着这个民族的历史和民族的思想性格。对于山地民族——景颇族来说，更是如此。也许在这个严酷的生存环境里，只有如此执着而奔放、热情的民族，才能创造出如此奔放而热情的织锦吧！

三、德宏景颇族传统染织工艺概貌

（一）制作方法

传统织锦完全依靠手工制作，纺线、织布、靛染、缝制都要人工完成。景颇族织物所染的颜料来源于自然环境，比如用紫梗、龙卡（一种草根）染成红色，用称为木塔兰的植物染成蓝色，用“教灰”染成黄色，等等。织物材料用原生自然纤维，质感厚实、耐用，色彩和谐。传统织锦比现代织锦厚重，花纹图案更稚拙古朴、怪诞神秘、古色古香，闪耀着景颇族妇女善于思索的智慧之光。

景颇族织锦多以自捻的棉线、麻线、羊毛线，并经自然印染（深青色、深红色）初步加工后作为织锦材料。机杼由“工”字形主线支架、皮制腰带、数对梭子、两根相同的竹竿、梭镖（形似古代青铜剑，用于压线）、线轴、底杠组成，所有部件均为竹质或木质。制作织锦时，将线纵向排布于主线支架上，并固定于两棵平立的木桩上，另一头系在纺织者的腰间即成经线，纺织者坐于席上，较小的梭子完成横线布线及挑花等工作，最后用大木梭镖压紧、咬合。在织锦过程中以 4 线成股及 8 线成股这两种压线技法最为常用，根据织锦种类大小排列组合，用以制得各式图案，在必要时还可结合手工挑线成花，使图案更为精密、丰富。而单线压线法则用于制作背带等简单部分。

景颇族先民逐渐掌握了较高的手工纺织技术，从纺棉、绩麻、染色、架线到纺织，是一整套复杂而烦琐的工艺。传统织锦是用非常古老简陋的木、竹质土机进行数线、捡线、插线、穿梭、排列编织而成的，不仅费工费时，对纺织者的眼力也是十分严峻的考验。一般情况下，制作一条筒裙需要一个月时间。

（二）制作习俗

自古以来，每个景颇族妇女都要学会纺线织布，景颇族织锦编织技术由此代代相传。姑娘从小就被要求掌握纺织编织技术，女孩一般七八岁起就在母亲的指导下学习织布，一般从简单到复杂，先从织挂包学起，织了四五件挂包以后，就可以学习织更为复杂的织锦了。景颇族谚语里说：“不煮过大锅饭，不织过大筒裙的女人成不了家庭主妇。”“小姑娘不会织筒裙不能嫁人，小伙子不会要长刀不能出远门。”确实，景颇族小伙子不会耍长刀的不多，小姑娘不会织筒裙的也几乎没有。一个小姑娘如果连一种织锦也不会织的话，不但被人讥笑、看不起，而且小伙子一般都看不上。

因此，景颇姑娘就必须从小勤学苦练，她们一有空就学习织布。这样，景颇妇女人人都成了心灵手巧、独具匠心的纺织能手和艺人。此外，织品还是景颇人家中的重要财物，一件制作精美、用料上乘的筒裙的价值相当于一头水牛，是婚礼中最珍贵最重要的嫁妆。拥有织品的数量往往与富有程度成正比，华丽的织锦作品是财力、地位、身份的象征。

景颇族传统织锦出自地道的农家女子之手，朴实无华，她们根据织物经纬结构的规律和本民族的审美观，凭借对大自然物象的直观感受和丰富的想象力，在对图案进行高度的提炼概括后，创作出独特、古朴、优美的纹样，制图讲究对称、平衡，纹样图案造型具有极强的可视性和艺术性。

景颇族织锦是景颇姑娘智慧的结晶，是她们借以显示手艺、寻偶择配和憧憬未来的珍贵织物，我们从中可以了解景颇族妇女的人生经历和生活追求。从某种程度上讲，我们可以通过这些织锦了解景颇族的生活环境、习俗和历史文化。

四、德宏景颇族染织图案的概述

（一）景颇族的概述

景颇族是一个勤劳勇敢，有着悠久历史和灿烂民族文化传统的跨境民族。景颇既是支系又是民族的总名称，主要分布于中国、缅甸、印度，少数散居于泰国、菲律宾、马来西亚等国家。缅甸的景颇族称为克钦。景颇族在中国历史上被称为“寻传峦”“峨昌”“羯些”等，现各支系统称为景颇族。印度的阿萨姆邦的景颇族称为新福。在缅甸，景颇族主要分布于亲敦江和伊洛瓦底江上游的克钦，少数散居于南北掸邦及缅中、缅印边境山区。印度的景颇族主要分布于阿萨姆邦、阿鲁拉察尔邦和西孟加拉邦境内。在中国，景颇族主要分布在云南省德宏傣族景颇族自治州，少数散居在怒江州的片马、古浪、岗房以及临沧的耿马县，普洱的澜沧县，保山的古永，以及贵州省凯里市等地。德宏州景颇族主要分布在芒市、瑞丽、陇川、盈江、梁河等地。

景颇族属于山区民族，山川河流曾将其与外界阻隔，因而使其独特的民族风俗、民族文化、社会组织与大自然保持和谐关系的传统得以保存和延伸，形成了它独特的民族文化、社会特点和审美情趣。

景颇人民在劳动生活中，创造了丰富的民间口头文学，主要的形式有歌谣、谚语、传说、创世史诗等。景颇民族在其长期的历史发展过程中与其他民族相互交流、相互影响。从景颇族的民族风情、民族服饰、节日庆典、民俗礼仪、民间乐舞、神话传说及宗教信仰中可以看出其开放兼容的个性。

景颇族文化与其他少数民族文化及汉族文化和谐共存，景颇族文化有充分自信，与其他各民族能彼此尊重。

（二）景颇族染织的种类

1. 含义和产生

景颇族在特殊的历史长河中，创造了特殊的文化。据说景颇妇女织锦上的图案是一种古老的景颇族象形表意文字，属于图画记事，是一种文字符号，具有浓厚的图画色彩，每个字都是一幅图画，每幅织锦图案都可能含有某种寓意。景颇族织锦花纹图案是景颇族古代社会生活的灿烂画卷，记载着景颇人的思想情感、人生追求，是景颇族日常生产生活、居住环境等的一种再现，凝结着景颇族古代社会的历史、自然知识、美学艺术、意识观念、习俗礼仪、伦理信仰、宗教哲学、思维方式、行为心理等古老精神文化，它以丰富多彩的内容，多姿多彩的形式，多方位、多角度地展示了景颇族古代社会的灿烂文明。

景颇族织锦图案用红、黑、白等色彩勾勒，具有特殊的含义。“红”“黑”“白”贯穿在整个祭祀柱上，红色象征血，代表勇敢顽强，另象征凶兆，以畜生动物血代替牺牲做祭品；黑色代表驱邪除恶；白色代表吉祥、平安，用在祭祀活动上表示行礼、崇敬并祈求神灵保佑。

织锦的产生和发展与景颇民族的发展历程息息相关。景颇族是一个古老的民族，有从原始狩猎游牧部落发展到原始农业民族、到农耕定居民族等发展历程。在历史上曾进行过大的迁徙，在许多地方留下了先民生活的痕迹。景颇先民为了御寒、装扮身体，逐步学会了取麻、种棉、纺棉、纺麻直至织布一整套的技能，这个过程是很漫长的。

在景颇族民间流传着关于织锦来历的动人传说。传说故事生动形象，既反映了历史的进程，也记录了人们在社会生产生活中不断积累起来的知识和经验。每年举行目瑙盛会时，妇女们穿着自己亲手织做的鸟羽筒裙去参加目瑙盛会。编织的图纹日益丰富、工艺日益成熟。正如此，景颇族妇女用自己的聪明才智创造出了技艺精湛的织锦，发展出了灿烂纷繁的服饰，不断丰富自己的穿着世界。

景颇族织锦历经岁月变迁、文化积淀，集实用、装饰、艺术三位于一体，是景颇文化发展的见证，是风俗习性的一面铜镜，折射出景颇民族的审美、价值取向，反映出景颇妇女憧憬美好生活的愿望。

2. 发展和种类

文化总是随着社会的发展而不断进行着传承与变异，作为表象文化的织锦更容易变异。景颇族的织锦经历了麻线手工织锦—棉花线手工织锦—羊毛线染色织锦—现代毛线棉线手工纺织和机器纺织织锦四个发展历程。在这漫长的岁月里，景颇族文化织锦积淀了博大而精深的内涵。随着社会的不断发展进步，景颇族织锦在保持原有特色、风格的基础上不断丰富和发展，花纹、图案在原有基础上更加灵活多样，内容更加丰富多彩，款式、材质逐步向轻薄、简便、美观、大方发展、变化。无论何时，人类对美好服饰的追求始终如一。织锦正在实现商品化，然而这种演变并非蜕变，它在保持原有艺术性、厚重的民族特性的基础上吸收工业化的生产模式，必将朝着健康、进步的方向发展。在全球化、现代化、社会一体化的今天，我们重新翻阅中国各民族的织锦美学，体会织锦中蕴藏着的文化内涵，也许从这些多姿多彩的民族织锦之中可以发展创造出富有民族意味的织锦文化，吐故纳新，为新时代服务。也许不久的将来，比这更漂亮的风景——多姿多彩的民族织锦，就会出现在边陲德宏。

传统织锦按纺织工艺方法可以分为素锦和彩锦两大类，素锦多以黑或深青色、白色为基调，属通经通纬织造；彩锦则多以红色为主色调，通经断纬，其织造较素锦要复杂得多。按织图法又可以分为手工挑花织锦和机排自序图案织锦两种。手工挑花织锦图案又分为栅栏式织锦和非栅栏式织锦，内容十分丰富，样式繁多；机排自序图案织锦内容相对较少，织锦成品存量也十分稀少，所以显得更珍贵。

传统的景颇族织锦是用景颇族妇女自己平时争分夺秒捻出的麻线、棉线、羊毛线，染色后用腰机一行一行、一图一式编织而成。制品有毯子、筒帕、筒裙、护腿、包头、腰带、背腰、护孩围巾、祭祀垫毯等。筒帕、包头、筒裙、护腿、腰带等制品经线由深青色或黑色线构成，纬线为手工自捻自染的红色羊毛线，且多为红底。

传统筒裙：在琳琅满目的景颇族织锦种类中，工艺最复杂、用料最讲究、图案内容最丰富多彩的要数景颇族妇女的筒裙，属于织锦中的极品。筒裙，按织法可以分为机排自序图案筒裙和手工挑花筒裙两大类；按图案内容、形式、色彩和用途可以分为彩裙、素裙。机排自序图案筒裙，图案内容固定，种类较少；手工挑花筒裙的图案是由手工挑花制作而成，工艺相对复杂，花纹图案灵活多变，它又分为图案分散摆布式筒裙和栅栏式格条图案筒裙两种，前者图案摆布稀而散，图案数量较少，形状较大，后者图案摆布较密集，图案较多，形状较小而零碎，属于景颇族传统织锦中图案最丰富最精致，也更加古朴、神秘和传统的织锦。彩裙，相对于素裙而言，可谓“盛装”，相当于“礼服”，只有在出嫁或盛大的节日、走亲串戚、赶集时穿；素裙属于日常穿着的便装筒裙，多用作老年人服装，图案简单而少。

筒裙有中老年裙、青年裙、儿童裙之分，成年人的裙子一般由三块横幅拼成，儿童裙由两块横幅拼成。中老年裙为素裙，左右两头约一尺五寸长，呈红色；上面有左右相互对称的花纹图案；中间部分是深青色或黑色，没有花纹及图案；不分上下，可以倒转过来围，颜色较深，显得成熟、稳重。青年人穿的彩裙腰部区域（头一块）为纯深青色或黑色，没有花纹图案；左右两端一尺五寸长的部分呈红色，上面有左右两端相互对称的图案，下面两幅全是红底；织有各种各样的图案，有上下之分，不能倒过来围。在一条筒裙上一般有 100 到 400 多个图案，造型美观、色彩浓烈。展开的筒裙呈长方形，长 1.5 米，宽 1 米。儿童裙的款式和青年裙相似，图案相对简单，色彩更加鲜艳、明快，图案醒目。

织锦包：织锦包是景颇族人民日常生产、生活中的必备品，分为生产劳动用包（素包）和装饰性包（彩包）两种。生产劳动包为白色，由麻线、自捻棉线和成品白线通经通纬纺织而成，中间穿插两根黑色或红色经线，将包带和包身隔成一道黑色或红色长条，无其他花纹图案，简单素雅，多用于劳动生产当中。装饰性包织制工艺则比生产劳动用包复杂得多，通经断纬、挑线起花和机排图纹织就，花纹内容固定，图案相对丰富，一般于上街、集会、做客和节日时佩挂。据统计，织锦包共有图案 27—30 种，不同支系、不同地域的彩锦包有一定区别。

包头：除景颇支系的妇女包头与众不同外，其他支系的妇女包头图案内容和款式大同小异，没有明显的支系和地域之别，花纹图案内容简单，式样比较固定，有手工挑花图案和机排自序图案两种，色彩比较鲜艳，边角绣有彩色饰品。景颇支系的包头在图案上有明显界限，在边缘有彩色饰品与缀线。一般在包头中出现的图案共有25—30种。

护腿：护腿是景颇族妇女欢度佳节、参加礼仪性社会活动时穿戴的，与织锦筒裙配成一套，图案内容和款式相对固定。景颇支系的护腿下节部分为黑底彩纹，上节部分为红底彩纹，属于挑花图案，花纹图案比较多、密集而细小，式样单一。护腿有手工挑花图案和机排自序图案之分，在护腿中出现的图案一般有23—30种。

腰带：腰带为条状，男式、女式腰带差异较大。男式腰带较宽较长，红色底布上有重复图案，两侧点缀彩色绒球。女式腰带有红布腰带与织锦腰带两大类，织锦腰带有多种色彩图案，坠有各色彩线，显得飘逸轻盈。目前，织锦腰带共发现手工挑花图案8种。

毯子：毯子和生产劳动筒帕均为白色，用自捻的麻线和棉线织成，织品结实厚重。毯子长约2米、宽约1.3米，由三幅横拼而成，四根黑色或四根红色分两组线束从毯子的一头贯穿到另一头构成一个色带，并把毯子分隔成三股长条。一般情况下，织一条毯子需要一个月左右的时间。

刀背带：与男式腰带一般宽，图案也与男式腰带相仿。

3. 现代织锦

日常穿着使用的现代织锦，是在传统织锦的基础上发展而来的，是原始织锦的继承和发展，充分体现了现代景颇人的审美观。现代织锦在继承传统织锦文化的同时，根据现代审美观念汲取传统图案花纹中的精华，重新剪切、编排，或对原形图案加以分解、组合，创造别出心裁的织锦图案。

全手工制作并非唯一方法，大多数图案通过工业化制作也能得以实现。两者所使用的工具不尽相同，现代织锦的织机更为先进。现代织锦采取手工织法与机械织法两种制作方法，有别于传统织锦。现代织锦质地柔软，款式新颖，色彩鲜艳，品种多样，花纹图案千姿百态而不失传统织锦的理念、精髓。随着时代的发展，还出现了款式新颖的衣物、裤裙、披巾、提袋、钱包等织锦产品，争奇斗艳、风格各异。

织锦图案是织锦作品的主要元素之一。现代织锦图案属于挑花图案，没有机排自序图案，主要分为两类：一类在传统花纹图案的基础上适当放大或缩小，并在此基础上将多种图案进行拼凑、组合；另外一类则是突破原有风格，遵循基本线条、大致形状，探索性地大胆创新与实践，织出新图案。但无论是什么时代的织锦作品，其所承载的每一种花纹始终继承并保持着景颇族传统织锦图案的特点、风格。

总而言之，景颇族织锦作为体现景颇族传统文化的实物，织锦图案花纹散发着景颇民族厚重的文化气息。琳琅满目的景颇族织锦作品，清晰地显示出传统织锦的脉络。

（三）景颇族染织图案的分析

1. 图案种类

景颇族织锦花纹图案内容广泛，内涵丰富，主要取材于人们熟悉的飞禽走兽、奇花异草、昆虫鱼蟹和自然现象，以及生产生活用具、几何图形等图案，现在又增加了旅游文化等新内容。以动物为题材的有老虎脚印、毛虫爬行痕迹、老鹰爪印、牛角、螃蟹、蝴蝶、蚯蚓、鱼、蝉等，形态各异，惟妙惟肖；以植物为题材的有桃花、蕨、莫兰花、南瓜子、藤蔓等，千姿百态，栩栩如生。

此外，也有不少十分抽象的原始造型的变形图案，形状千奇百怪，具有强烈的民族风格。由于景颇族织锦是大众文化，织锦制作者不同的审美、工艺水平，使得刻画同一事物的图案运用的表现手法不同，使织锦图案五花八门，种类繁多，并由此产生了所谓的“大图案”“小图案”。

2. 图案色彩

景颇族织锦底色一般为红色、深青色和黑色、白色。红色代表勇敢顽强；黑色代表驱邪除恶；白色代表吉祥、平安。具有浓烈、古朴、和谐、粗犷的色调感。

织品中，经线一般为黑色或深青色，纬线用各种颜色的毛线、棉线，其中大多以黑色、深青色、红色为基色，以黄、蓝、绿、紫、白等颜色图纹作点缀，用色不受自然的制约，色调对比强烈、鲜艳夺目，表现出丰富而协调、绚丽而细致的色彩效果，有绚烂、庄重、艳而不俗的艺术效果。

3. 图案特点

织锦图案绝大多数是由点、面、线组成，线居多，点和面极少。织锦图案上的点可以是各种形状的点；线也可以是粗、细、直、曲、折、弧等多种多样的线，曲折线居多，弯弧线极少；一般有方形、三角形、折形、菱形、圆弧（很少见）、扇形，等等。几何图案编排十分巧妙，比例尺寸协调，有的讲究对应关系，有的相互连贯、连接成体。基本上是抽象图案，具体的象形图案尚未发现，少数图案形象生动，多数图案则很抽象，难以看出图案所表达的内容和含义。值得一提的是，菱形、菱角图案几乎是所有传统织锦作品的底纹图案，这样的菱形、菱角图案用于织锦装饰的很多。

景颇族传统的织锦花纹图案可谓奇特精细，这些图案仅出现在本民族原创织锦作品上。而现代织锦图案则多由传统织锦图案嵌套、拼拆、组合而成，图案多样，线条简洁。

五、德宏景颇族染织对当地的生活影响

（一）景颇族染织现状及存在问题

现在大多数的传统手工艺在悄然流逝，纯手工的东西越来越少，大多都是机械化批量生产的。现在的年轻人不喜欢学织锦，更不可能去创新。在这个讲究速度，花样不断翻新的时代，年轻人特别是农村的年轻人更愿意去灯红酒绿的大城市寻找刺激和生存之路。对于生长在大山里的景颇族来说，越来越少的人愿意规规矩矩地待在家里，安安静静地用一个月的时间织出一条筒裙或者毯子。要传承景颇族织锦文化，就必须从小开始，但是有多少人从小就喜欢织锦呢？学习的人越来越少，而传统织锦方法消失得越来越快。

我们作为传统手工艺专业的学生，就应该用自己的所学，记录渐渐消失的织锦方法，发挥才能并跟随时代创新织锦的新方法，让更多的人认识和学习织锦，使织锦文化得以传承和发扬。

（二）景颇族染织图案的运用前景和展望

1. 经济效益

世界上各民族的宗教信仰、文化传统、艺术语言等各不相同，各具特色。民族传统的染织工艺和图案都能展现出异域风情。景颇族传统的染织工艺图案非常有特点，而且图案有着悠久的历史文化和底蕴，经过世世代代的传承，有研究的价值和意义。

景颇族图案现在已经非常罕见了，在当今的机械化时代，我们可以把它运用得更加广泛，将传统的图案与设计进行融合。例如，把它们应用于设计作品、文

创产品、家用纺织品等一系列的产品中，不但有观赏性还有艺术性，让更多的人知道它们的存在，对民族文化也是一种继承与发展。

2. 文化效益

少数民族有着丰富的民族文化资源，是人们长期积累下来的宝贵资源。发扬景颇族传统文化，深耕本土民族的优秀文化，这对其的促进和传承能够起到积极作用。我们要把传统的本土的文化与现代化发展紧密联系，与我们的生活紧密联系起来，生活少不了艺术设计，衣、食、住、行等都充满了设计。因此让传统文化融进现代化社会的生产生活中，才能使少数民族文化与时俱进，在社会中持续发展。

景颇族的服饰文化历史悠久，其服饰图案是先民们一点点继承和发展来的。我们应该让更多的人看到。

随着各民族的文化相互交流、吸纳，各族文化逐渐融合，景颇族自身文化将在汲取外来文化精华基础上得以优化。

参考文献：

[1] 李缵绪，杨亮才．云南民俗．兰州：甘肃人民出版社，2004.

[2] 云南省民族研究所民族艺术研究室编．云南少数民族织绣纹样．北京：文物出版社，1987.

[3] 云南省编辑组．景颇族社会历史调查（一）．昆明：云南人民出版社，1985.

[4] 胡文兰．石头寨布依族妇女的蜡染人生．中央民族大学，2011.

[5] 宋兆麟．图说中国传统手工艺．西安：世界图书出版公司，2008.

[6] 罗钰，钟秋．云南物质文化：纺织卷．昆明：云南教育出版社，2005.

[7] 杨雪果．传扬生活妙韵的巧技——云南民族工艺．昆明：云南教育出版社，2000.

[8] 杨德鋆．云南少数民族的织绣纹样．云南民族学院学报，1985（2）.

第三部分

人才培养

大学生返乡创业的现状及对策研究
——基于德宏州梁河县的调查分析

云南民族大学马克思主义学院　邵爱容

摘　要：本文通过问卷法、访谈法、观察法和数据分析的方法，对德宏州梁河县的大学生返乡创业进行调研，深入分析梁河县的大学生返乡创业的现状与问题，并提出相应的对策和建议，以期能够对大学生返乡创业提供帮助。

关键词：大学生；返乡创业；现状；对策

2015 年，李克强同志在《政府工作报告》中提出了“大众创业、万众创新”的发展战略。同时，国务院办公厅出台了《关于支持农民工等人员返乡创业的意见》，提出支持农民工、大学生和退役士兵等人员返乡创业，通过大众创业、万众创新，广袤乡镇百业兴旺，打开了新型工业化和农业现代化、城镇化和新农村建设协同发展新局面。返乡创业是新观念回乡、新技术回乡、新理念建设家乡的开始。大学生返乡创业，在第二劳动力市场中具有较强的竞争优势，同样能够拥有出彩的事业和人生。近几年来，大学生的毕业人数一直在持续增长，就业形势非常严峻。2014 年全国高校毕业生的数量达到 727 万人，2015 年人数达 749 万人，2016 年人数达到 756 万人，2017 年更是逼近 800 万人。竞争环境日益激烈，大学生毕业后返乡创业在他们的就业意向选择中所占比例也有所增加，尤其对于“农二代”大学生来说，他们也希望能将自己的才华发挥到那些需要发展的家乡建设中，大学生返乡创业能够帮助他们实现自我价值，发挥自我最大效能。

大学生返乡创业，一方面能够解决大学生就业难的问题，另一方面也能为农村地区输送高素质人才。更重要的是，大学生返乡创业，能够带动更多的人就业，能促进家乡经济快速发展，为脱贫攻坚工作贡献自己的力量。创业是一项具有较大不确定性的活动，大学生返乡创业不仅需要创业者自身找准创业方向，不懈努力，还需要解决遇到的各类困难和问题。德宏州梁河县是国家级贫困县，且位于云南省西部，交通不便。近几年来，梁河县大学生返乡创业的数量在不断增加，还取得了一些相应的成绩。本文以德宏州梁河县为调查对象，进行深入访谈和调查，通过全面、客观地了解大学生返乡创业的实际情况，厘清大学生返乡创业过程中存在的问题和困难，进而从政策、技术、观念、创业教育、创业服务、创业孵化等方面提出相应的对策和建议。

一、大学生返乡创业现状分析

（一）调研点概述

1. 地理位置

梁河县地处云南省西部横断山脉西南端、高黎贡山西麓坡阶地中的峡谷地带，位于德宏傣族景颇族自治州东北部，介于东经 98°06′—98°31′、北纬 24°31′—24°58′之间。[①] 东北与腾冲县接壤，东南与龙陵县交界，南与芒市、陇川县毗连，西与盈江县为邻。县城遮岛镇距省会昆明 690 千米；距州府芒市，经潞盈公路 114 千米（经腾龙线 160 千米）。梁河县是一个典型的农业县，是中国葫芦丝的故乡。2006 年，云南省梁河县申报的“遮帕麻和遮咪麻”，入选第一批国家级非物质文化遗产名录。[②]

2. 人口、民族

据 2010 年第六次中国人口普查，梁河县总人口为 154175 人。境内生活着汉族、傣族、景颇族、傈僳族、阿昌族、德昂族等民族。其中汉族人口为 103190 人，占总人口的 66.93%；少数民族人口为 50985 人，占总人口的 33.07 %。少数民族中，傣族人口为 31884 人，占总人口的 20.68%；景颇族人口为 2227 人，占总人口的 1.44%；傈僳族人口为 1406 人，占总人口的 0.91%；阿昌族人口 12639 人，占总人口的 8.20%；德昂族人口为 787 人，占总人口的 0.51%，等等。[③]

① 梁河县人民政府网站，www.dhlh.gov.cn. 检索日期：2017 年 9 月 1 日。

② 梁河县志编纂委员会. 梁河县志. 昆明：云南人民出版社，1993.

③ 梁河县志编纂委员会. 梁河县志. 昆明：云南人民出版社，2011.

（二）大学生返乡创业调查现状分析

1. 调查对象及方法

本次调查采用了问卷法、访谈法、观察法等多种调查方法，调查对象为梁河县的大学生返乡创业者。本次调查共发放60份纸质问卷，最终回收58份，其中有效问卷有52份，回收率达到了96.67%，有效率达到了86.67%。

2. 调查现状分析

通过对调查问卷的整理和数据分析发现，大学生返乡创业的男女比例相差较大，男生创业的百分比高出女生26.93%；城镇户口创业者的百分比高于农村户口的19.24%。虽然梁河县分布着大量德宏州的五种世居民族，但在返乡创业的大学生中，汉族所占百分比还是高出少数民族7.7%。在调查对象中，返乡创业的大学生多数为群众，所占百分比高达67.30%，而中共党员和共青团员分别占3.85%和28.85%；学历一半以上为专科，本科及以上的返乡创业者仅仅占5.77%（见表1）

表1　调查对象个人信息

调查对象信息	调查类别	调查数量（人）	所占百分比
性别	男	38	73.08%
	女	14	26.92%
户口	城镇	31	59.62%
	农村	21	40.38%
民族	汉族	28	53.85%
	少数民族	24	46.15%
政治面貌	中共党员	2	3.85%
	共青团员	15	28.85%
	群众	35	67.30%
学历	本科及以上	3	5.77%
	专科	29	55.77%
	中专	20	38.46%

梁河县是一个典型的农业县，加上自然条件优越，很多返乡大学生选择种植业和养殖业进行创业，在调查对象中所占的比例分别为 21.15% 和 17.31%。在“大众创业、万众创新”的良好氛围下，随着“互联网 +”的发展，大学生返乡创业的数量在不断增加，创业的行业也在不断地丰富。大学生在学校接受过高等教育，思想观念先进且开放，能够把“互联网 +”运用到自己的创业项目中。通过微商、“德宏通”（电子商务 APP）、淘宝等手段来进行宣传与销售，并取得了不错的效果。但是，刚毕业的返乡大学生创业的启动资金相对较少，加之梁河县的经济发展水平相对较低，消费观念落后，很多大学生返乡创业选择的是成本相对较小的行业和方式。在调查对象中，大学生返乡创业的资金投入在 10 万元及以下的占 76.92%，创业资金在 50 万元以上的仅占 1.92%（见表 2）。可见，梁河县的返乡创业者大多选择投入相对较少的行业和方式创业。在本次调查中有 36.54% 的返乡创业者选择做微商或者用“互联网 +”的模式创业，这既符合刚毕业大学生的现实情况，也符合当代大学生敢于尝试新事物的特点。另外，大学生返乡创业者在餐饮业和服务业中的占比分别为 15.38% 和 9.62%（见表 3）。

表 2　调查对象创业的资金投入

创业资金投入	调查数量（人）	所占百分比
5 万元（含）以下	23	44.23%
5 万—10 万元（含）	17	32.69%
10 万—20 万元（含）	9	17.31%
20 万—50 万元（含）	2	3.85%
50 万元以上	1	1.92%
合计	52	100%

表 3　调查对象创业的行业分布

创业行业	调查数量（人）	所占百分比
种植业	11	21.15%
养殖业	9	17.31%
服务业	5	9.62%
餐饮业（包括农家乐）	8	15.38%
电子商务（包括微商、“互联网 +”）	19	36.54%
合计	52	100%

调查表明，梁河县大学生返乡创业的数量在近几年不断增加，2015—2017年占40.38%，比2012年以前增加了13.46%。大学生返乡创业的规模一般都较小，接近一半在20人及以下，占46.15%；而50人以上的仅占17.31%；带动就业的人数主要集中在30人及以下，占48.08%。梁河县大学生返乡创业的有39家企业已经实现盈利，占75%；有11家企业达到了收支平衡，占21.15%；目前还有2家企业目前刚刚运营，还处于亏损状态，占调查总数的3.85%（见表4）。

表4　调查对象创业基本情况

创业信息	创业类别	调查数量	所占百分比
创业时间	2012年以前	14	26.92%
	2012—2014年（含）	17	32.69%
	2015—2017年（含）	21	40.38%
创业规模	20人及以下	24	46.15%
	20—50人	19	36.54%
	50人以上	9	17.31%
盈利状况	盈利	39	75.00%
	收支平衡	11	21.15%
	亏损	2	3.85%
带动就业	30人及以下	25	48.08%
	30—50人（含）	13	25.00%
	50—100人（含）	9	17.31%
	100人及以上	5	9.62%

二、大学生返乡创业面临的困难

（一）创业资金和技术缺乏

大学生刚从学校毕业，自身基本没有什么积蓄，且大多数返乡创业的大学生家庭经济普遍不宽裕，人脉关系简单。但是创业的启动和运营都需要大量的资金，创业所面临的成本和风险都较高，因而大部分返乡大学生选择投入相对较小的行业进行创业。由于返乡大学生创业的投资收益较小，大部分金融机构都不愿意贷款给这种初创企业，他们只能采用自筹或者众筹的方式来获取启动资金。在李克强同志提出“大众创业、万众创新”的发展战略后，国家和政府对大学生返乡创业出台了一系列的优惠政策。但是申请和办理这些优惠政策的成本较高，门槛限制太多，申请程序复杂且烦琐。大部分返乡创业大学生不能及时或合理地申请到相应的优惠政策。除此之外，对于大学生返乡创业的小型企业，很多银行的贷款手续复杂，条件繁多，致使企业错过进入市场或者占领市场的有利时机。部分返乡大学生采取“互联网＋”的创业模式，但是由于大学期间的专业条件限制以及没有统一的、系统的培训，导致很多电商在技术操作上遇到瓶颈，限制了企业的生存和发展。

（二）交通不够便利

梁河县的交通设施主要是公路，截至2013年10月，无水路、铁路、航空。梁河县是腾冲、芒市、陇川、盈江等地区交通运输的重要通道，各级公路覆盖全境。梁河县共有公路里程775.53千米，其中省道98千米，县乡公路150千米，乡村公路474.73千米，专用公路52.8千米；按路面等级分，有三级公路98千米，四级公路484.04千米，等外公路193.49千米。在“十五”期间，梁河县实现了“县乡公路弹石化”和“村村通公路”目标，63个村民委员会都修通了公路，但乡村公路主要由群众投工投劳集资修建，因投资少，大多数公路还是等外公路，有69%的乡村公路晴通雨阻现象严重。① 可见梁河县的交通相对还比较落后，大学生返乡创业的硬件设施还不健全。这就导致大学生在创业过程中的创业成本增加，销售渠道和市场有限。因而，很多返乡创业大学生只能根据当地的消费观念和习惯来进行创业规划，很难把企业规模做大做强。

（三）创业教育缺乏

创业教育对于增强创业者的创业意识、提升创业素质、提高创业成功率具有

① 梁河县人民政府网站，www.dhlh.gov.cn. 检索日期：2017年9月1日。

重要的作用。关于返乡大学生接受的创业教育情况，可以从其在大学期间接受的创业教育和锻炼、返乡后受到的创业培训两个方面进行分析。从返乡大学生大学期间接受的创业教育和锻炼来看，学校的创业教育对返乡大学生的帮助效果不是很大。因为学校里面的培训更多的是看重理论，而在校期间的大学生也不是很重视创业教育的相关课程和活动。在调研中发现，85%以上的返乡创业大学生在校期间没有参加过创业培训。少部分参加过创业培训的返乡大学生也不能与实际紧密结合起来，他们的创业仅仅停留在梦想阶段，而且大学生心理发育还不是很完全，在学校的“保护伞”下，他们社会适应能力不高，身体和心理上的耐受能力低，抗压能力差，由于缺乏实践经验，他们的社交能力和逻辑判断能力都比较弱。

（四）政策落地和督察落实缺位

创业政策难落地是大学生返乡创业中最突出的问题。在扶持大学毕业生返乡创业方面，政府已经出台了不少优惠政策，但政策流于形式、落地困难等问题仍普遍存在。返乡创业大学生是创业大军中一支特殊的队伍，很多优惠政策不能普遍适用，与他们创业相关的政策支持还比较散乱，政出多门，没有形成有效的政策体系，覆盖面较窄，许多方面需要进一步补充跟进。已经出台的政策中有些过于笼统，缺少政策可操作性，有些则在贯彻执行中走形变样，落实不力，需要地方政府加强督察督办工作。特别是在经营领域，大学生返乡创业的融资渠道和税收优惠等方面的政策严重缺乏。此外，有些政府部门工作人员在服务过程中存在态度恶劣、部门之间相互推诿现象，大学生的诉求不能得到有效解决，严重打击了他们的积极性。

三、促进大学生返乡创业的对策及建议

（一）完善创业融资渠道，加强技术培训

国家应加大金融扶持力度，解决大学生创业资金不足和技术缺乏的问题。国家财政、金融、银行、银监等职能部门要建立高效统一的协调沟通、调度、督查机制。财政部门建立大学生返乡创业资金和风险补偿机制。金融机构针对大学生返乡创业项目创新设置信贷产品，为了降低银行风险。银行可将大学生创业贷款情况纳入银行征信系统，提高银行开展大学生返乡创业信贷业务的积极性。地方

政府可以通过财政渠道积极筹集资金，设立大学生返乡创业基金或者通过入股的形式为大学生返乡创业提供帮助，如“创业信贷通”等。加大金融政策宣传，“加强创业创新金融政策信息整合，建立创业金融政策集中发布平台，完善专业化、网络化信息服务体系”。[①] 编印政策解读资料手册，不断提升政策信息覆盖面和透明度。同时，地方政府应该开展相关的技术培训，结合“大众创新、万众创业”的发展理念，分析当地大学生返乡创业的行业分布和困难，有针对性地开展电商、养殖和种植的相关技能培训。

（二）加强基础建设，优化创业环境

基础设施是创业的硬性条件之一，国家和政府应该出台相关政策帮扶西部地区和农村地区，加强农村的交通硬件设施建设，可以铺设柏油路改善交通，改善通信设施和水电设施。地方政府应该建立全民参与农村基础设施建设的激励机制，充分发挥他们的积极性和主动性，为大学生返乡创业提供优质的创业环境。只有基础设施完善，交通便利，才有利于大学生返乡创业的发展。梁河县具有优越的自然环境，适合一些独特的中药材和农产品的生长，但是由于交通相对闭塞，运输成本和保鲜成本较高，导致很多产品无法外销。当地市场的容纳量相对较小，加之消费水平、消费习惯的制约，导致大多数大学生返乡创业不敢选择此类行业作为创业项目。另外，政府应该充分发挥宏观调控作用，改善农村市场经济环境，加大对农村的资金投入力度，加强市场监管，健全市场运行机制，让更多的人受惠。

（三）加强创业教育，提升创业能力

创业教育是试图影响人的创业行为的教育，它的全部影响可归结为“是否创业”和“如何创业”两个方面。创业教育的首要任务就是唤醒潜在创业者的创业意识，使他们在自我意识的觉醒中积极而自觉地去认识和体验，充分发挥个体的创造力。[②] 近年来，我国的创业教育得到了快速发展，但从本次调研的情况来看，大学生返乡创业教育受到时滞效应以及绩效理念不科学等因素的影响，并没

---

① 中华人民共和国国务院公报．国务院关于大力推进大众创业　万众创新若干政策措施的意见，2015－06－30.

② 陈森青，等．大学生村官创业的影响因素研究．中国成人教育，2014（20）：134.

有取得预期的效果。因此，我国的创业教育必须要转变教育理念，不断完善创新创业教育工作。政府部门应该根据当地的企业，分析创业的行业分布和现实情况，针对不同返乡创业群体开展多层次的创业教育。一般情况下，多层次的创业教育包括以下四个层级：针对创业者开展普及化的创业知识教授；针对有创业潜能和意愿的人开展创业实践训练；针对实际创业的人给予创业帮扶；针对有可能创业的人或者已经在创业的人给予跟踪关怀。调查中，返乡创业者的学历中专科和中专所占的比例为94.23%，很多人没有接受过系统化和专门化的创业教育。因此，地方政府和有关部门更应该加强重视，采取“互联网+”等多种方式开展创业教育和技能培训，提高大学生返乡创业的能力和技能水平。

（四）加强统筹协调，健全政策和监督落实机制

“大学生返乡就业创业工作是一项集地方政府、各地高校、用人单位和大学生等主体行为为一体的社会系统工程，其中地方政府在政策引导、措施实行和就业服务等方面的举措对促进大学生返乡就业创业工作起到至关重要的作用。”① 地方政府应建立和完善促进大学生到农村创业的政策，完善地方创业政策体系，结合当地特色建立特色的扶持政策，各级政府不能简单地按规定办事，应该针对区域特性，提供具体有效的扶持政策，为大学生返乡创业提供舒适的政策环境。此外，还要增强政府部门服务意识。提高执行力是落实创业政策的关键，政府是全心全意为人民服务的，这就要求政府部门从最广大人民的根本利益出发，深入落实各项政策，倡导全社会形成对大学生返乡创业理解和支持的良好风气，并且要主动降低优惠政策准入门槛，简化审批手续和办事手续，提高政府部门办事效率。对各职能部门的人员进行培训，进一步增强他们的业务水平和工作能力。同时，要完善制度顶层设计和落实督察机制。加强创新、创业、就业等各类政策统筹，建立各级政府之间的政策联动机制，打通制约政策落实的“最后一千米”，形成部门工作合力。系统梳理已发布的有关支持农村创业的政策、制度，增强政策普惠性、连贯性和协同性，确保创业扶持政策可操作、能落地。政府层面要更加重视和支持返乡大学生创业，注意现有创业政策的系统化和规范化，努力减少创新创业障碍。

① 中共泰兴市委党校课题组．关于促进泰兴籍大学生返乡就业创业情况的调查报告，2014-11-05.

参考文献：

［1］高红星，朱启鑫，董文领．大学生返乡创业的现状与思考——基于浙江省泰顺县的调查．浙江青年专修学院学报，2013（4）：47—50.

［2］矫兴艳，张海．阜新市大学生返乡创业调研及对策研究．前沿，2013（22）：104—105.

［3］张岭，段彩丽，焦伟伟．高等农业院校大学生返乡创业障碍性因素分析及对策研究．现代经济信息，2016（5）：448—450.

［4］田桂芬．“农二代”大学生返乡创业的障碍及对策研究．农业经济，2013（3）：87—89.

浅谈大学生“三下乡”支教对山区留守儿童教育的影响

——以红河州屏边县姑租碑村郑格如希望小学为例

云南民族大学化学与环境学院赴红河屏边支教小分队

李　虹　杨　静　陶锦彭　鲁佳佳　刘在琮

李靓琦　曹洪涛　韦有无　张建成　王荣贵

摘　要：“三下乡”支教活动是大学生参与社会实践的重要形式，也是素质教育的有效载体。本文通过调查分析山区未成年学生学习、思想和接受教育以及其中留守儿童的思想、教育等方面的问题，从加强主题教育，开展丰富的第二课堂活动和构建长效机制角度，探究大学生“三下乡”支教活动给孩子们带去的影响。

关键词：支教；留守儿童；教育问题；社会实践

随着教育的改革以及扶贫政策的实施，山区小学生的数量日益增多，但是他们所处的教育环境却并未因他们数量的增加而得到多大的改善，导致城乡学生之间的差距越来越大。城乡学生之间的差别已经不只是身体素质方面的差别，在思维方式、行为意识、智力发育等方面都存在相当大的差异。现在，党和国家改革开放的春风吹遍农村每个角落，山区学生的健康成长以及他们所处的教育环境良好与否逐渐引起社会和学者的重视，同时也引起了每个高校学生和老师的重视。

为深入学习贯彻落实习近平同志关于青年成长成才的一系列重要论述，在社会实践中受教育、长才干、做贡献，把远大抱负落实到实际行动中，关爱留守儿童，关心偏远山区的教育情况，以青春建功的实际行动，为全面建成小康社会贡献青春力量，以优异成绩喜迎党的十九大胜利召开，化学与环境学院赴屏边支教小分队本着“以人为本”的思想，秉承“基础教育是关键”的理念，带着“爱心传递”的情怀，于2017年7月8日出发，在姑租碑村郑格如希望小学进行为期一周的义务支教，同时进行了以该小学为中心向周边辐射的调研活动。本次调研主要是了解当地教育环境现状与当地小学生的学习状况和成长问题，以及走访慰问留守儿童，关爱留守儿童，用以引起社会对山区小学生的教育状况以及留守儿童的心理健康问题的关注。

一、调研小学简介

郑格如希望小学前称姑租碑小学，位于玉屏镇南部约16千米处的姑租碑村委会，紧傍326国道，招生覆盖姑租碑村委会5个村民小组（160户764人）。

2000年11月，在玉屏镇党委、政府的高度重视下，把上平寨、下平寨、刺竹林三所小学撤并于姑租碑小学，并将并成的姑租碑小学迁至326国道八班处暂住教学。2002年3月4日，由香港郑格如基金会捐资24万元，云南省教育厅、玉屏镇党委、镇政府等单位筹集资金60余万元建成，从此更名为“郑格如希望小学”。现开办3个教学班，共有在校生56人（其中一年级18人，二年级21人，三年级17人），女生23人，占在校生人数的41.07%；少数民族生52人，占在校生人数的92.86%。另外，还开设一个学前班，共有26人。现有教职工9人（其中公办教师7人，临时人员2人）。公办教师中具有大学本科学历的有3人，专科学历1人，中师学历3人；有小学高级教师6人，小学一级教师1人。学校占地3369平方米，校舍面积924平方米，硬件设施配套较为齐全，校园内有菜地500余平方米，绿化面积约200平方米。

在素质教育的大背景之下，升学考试对于这些山区的孩子更是一种挑战，这里的学生和老师经不断努力和改进，取得了可喜的成绩。但由于受条件的限制，尽管学生勤奋吃苦、认真学习，仍然存在很多的困难。另外，山区学生的德智体美教育的全面发展无法真正落到实处，学生个人的兴趣和能力的培养也存在巨大空间。从学校的整体现状看，在校学生的考试成绩也呈现出严重的“优差”两极分化现象，学生的人数也由低年级向高年级逐渐减少，呈现出“金字塔”式结构。这些问题令人担忧，同样是接受义务教育的学生，山区和城镇所表现出的是截然不同的状况，这种教育失衡的现象应该引起重视。

二、调研过程

（一）与校长对接工作（7月8日晚）

图1　小组与校长沟通

在调研前期准备阶段，我们就已经和当地的校长沟通好。郑格如希望小学的校长和老师们很支持此次调研工作，他们积极动员孩子们参加本次公益支教活动，鼓励他们在学习之余拓展自己的能力。校方愿意为我们开放教室办公，有几位老师与我们的支教队伍一同参与教学管理，他们还介绍了很多当地的民俗风情、生活习惯等，加深了我们对当地的了解。我们到达屏边县的当天做的第一件事就是与校长对接，校长热情地接待了我们，并联系当地小学所在村的村长为我们安排了住处，同时我们汇报了接下来几天的工作安排，并得到了校长的大力支持，与校长的对接工作圆满完成。

（二）走访、慰问留守儿童（7月9日）

说到支教，少不了的就是走访。在与校长沟通交流之后我们这次选择走访的对象是留守儿童家庭。由于父母长期外出，缺少成长过程中必要的关爱，留守儿童成了某种意义上的“孤儿”。这种感情的欠缺影响到他们对外界的认识，缺少了起码的与父母交流的机会，对他们的心理健康极为不利，常引发种种心理病症。留守儿童正处于成长发育的关键时期，他们无法得到父母在思想认识及价值观念上的引导和帮助，成长中缺少了父母情感上的关注和呵护，极易产生认识、价值上的偏离和个性、心理发展上的异常。我们走访的第一个孩子是古永逸，由于父母常年在外打工，他和姐姐住在一起。他姐姐对我们说，他们的父母在古永逸三岁的时候就离开家去外面打工了，古永逸听到了姐姐和我们说的话，可能是想父母了，他的眼眶就湿润起来。古永逸每天帮着姐姐做家务，关心着家里大大小小的事情，他真的很懂事。尽管家庭条件特殊，在学校里，他并没有因此而沉默不语，相反，他活泼开朗，上课积极回答问题，课后跟老师们相处得也很愉快。我们团队的成员很热情地和他沟通交流，并给他带去了礼物，礼物虽然不贵重但却饱含了我们满满的关爱与温暖，孩子可能是感受到了我们的这份温暖，脸上洋溢着天真可爱的笑容。村里的乡亲们都很热情，看到我们到来，热情地用他们自己种出的果子招待我们，有些甚至特意为我们做了饭，让我们一定要留下来吃。村民们的朴实与热情深深地感动着我们，我们带给他们温暖的同时他们也给了我们充满爱的回报。

图2　小组与孩子合影

（三）支教课程具体内容（7月9日至7月13日）

1. 语文

我们给同学们读一些与党史有关的优秀作文与精品诗歌，以及一些杂志上富有启发性的文章、诗句，并讲了一些作文技巧。在课堂上教学生读经典诗歌、课文，并开展情景教学，活跃教学气氛，实现教与学的完美结合。

2. 数学

我们讲授基本数学知识，并将数学和生活联系起来，做一些趣味数学题，寓教于乐。

3. 英语

我们教学生们英文单词、课文、儿歌、动物名称、简短的对话、小故事等。

4. 科普

我们讲授生活中的科普小常识，鼓励学生留心观察生活。

5. 安全常识

由于地理位置比较偏远，也没有人从小给他们普及安全意识，导致他们安全意识很薄弱，我们给孩子们带去了一些地震常识、火灾逃生常识以及讲解了一些救助方法，以此增强他们的安全意识，提高自我保护意识。

图 3　小组成员给孩子上课

6. 音乐舞蹈

除了充满趣味的语数外之外，我们还教给他们一些音乐知识以及简单的舞蹈。虽然刚开始他们的动作不那么协调，有点害羞，但是后来他们就完全放开，展示了孩子天真的天性，每次舞蹈课总是不亦乐乎，根本不想下课。

7. 运动休闲

我们开设了一些简单的篮球、乒乓球、羽毛球课。

图 4　小组成员点评孩子作品

8. 公共自习

每次到公共自习的时候，我们给他们辅导作业，这个时候孩子们总是很积极、很活跃，好学好问，缠着我们问他们所不理解的题目。

9. 支教调研联欢晚会

支教最后一天，我们和孩子们举行联欢晚会，晚会中我们通过知识竞赛的方式让他们回顾之前学过的知识。这时候之前教给他们的舞蹈以及音乐也都派上了用场。同时我们还举行了一个图片分享活动，给同学们展示了这几天支教以来的点点滴滴。这时大家早已褪去了刚开始见面时的羞涩以及腼腆，拉着我们载歌载舞。在这个晚上我们看到了这几天以来所有付出努力的成果，与其说孩子们学习能力强，不如说是孩子们的学习态度极其认真。

图 5　孩子在做作业

图 6　联欢晚会

三、该地区小学生的现状

郑格如希望小学的学生活泼开朗、质朴、能吃苦，乐于与人交往，同学之间互帮互助，生活自理能力和动手能力较强，但因生活环境和当地特殊的状况，该地区的学生存在以下问题：

（一）孩子上学年龄较大，辍学问题严重

由于当地处于山区，好多家庭没有足够的经济来源支撑孩子上学，有部分孩

子到了该上学的年龄还没有上学，十三岁还在上一年级的学生都有。在农村未成年人教育中，明显存在着升学比例低、辍学比例高的情况。在农村学生中，初中、高中等阶段，辍学现象尤为突出。

（二）父母不重视教育，孩子也没有相应的安全意识

在家长对待子女教育态度调研中，家长对男孩的重视程度高于女孩。由于当地经济不发展，父母们对孩子上学这个问题也不是太关注，大多数父母认为现在工作那么难找，读书浪费时间和金钱，家里的农活也需要大量的劳动力，与其供孩子上学，不如让孩子直接在家干活或出外打工。孩子们的父母大多文化较低，也不会教给孩子们相应的安全意识，导致孩子的安全意识较为薄弱。

（三）接触新鲜事物机会较少，相关教育跟不上

农村师资力量有限，同时封闭的环境使学生接受新事物的机会少。相关教育缺失，教育活动的开展重智育而轻德育。对学生未来可持续发展有重要作用的陶冶情操的课程教授不规范，如音乐、体育等；对于有助于提高学生素质方面，学校可供参与的硬件设施有限；同时法律教育缺失，学校法律咨询没有很好地开展，导致未成年学生犯罪行为增加，维权意识不强。

四、开展“三下乡”支教活动的途径

在支教活动中，大学生要充分了解当地学生思想状况，探索教育的新途径，有针对性地开展丰富多彩的课外活动。

（一）加强思想教育的政策宣讲和主题活动

1. 加强节约能源资源、保护环境的教育

提高广大农村青年的节约意识，树立节约观念。农村拥有丰富的林业资源和水资源，同时很多地区拥有矿山，应引导学生从小就树立爱护家乡的观念，如开展保护家乡水源不受污染的“保护母亲河行动”。

2. 远离不科学和不良行为教育

农村中存在着诸多不科学和不良的行为习惯，如迷信、赌博、重男轻女等。这些对农村年青一代的身心健康、生活、学习习惯和可持续发展造成了不利的影

响。针对此状况，在“三下乡”支教所在学校，我们以图片和表演短剧等易于为学生所接受的形式，开展远离不科学和不良行为的教育，正确引导他们树立科学认识世界的观念，培养健康的人格，倡导男女互相帮助、机会均等的风气。这些都有利于农村良好风气的形成并减少不利因素对未成年人的危害。

3. 当地学生的乡情教育

热爱祖国和热爱家乡是统一的，因此，结合当地实际，在“三下乡”社会实践活动中大学生应利用系统思维和团体优势，加强对所服务地全面调研，对未成年学生进行具体的乡情教育。例如开展乡土地理教育，邀请当地工作人员开展“家乡的变化”座谈，通过网络、书刊等收集历史、文化、经济、旅游、特产、风俗等各个方面的资料，通过筛选、整理，制作出乡情教育宣传专栏等，同时从小处着手，从身边做起，鼓励学生将来成才后回乡建设。这些都有利于培养农村未成年学生热爱家乡、热爱祖国的情感。

4. 开展“谁是我们的榜样”的主题教育

心理学的研究表明，模仿是少年儿童精神或心理发展的特点。榜样，往往被青少年当作他们人生发展的楷模、参照系以及寄托心灵。因此，提供什么榜样或展示什么样的榜样对未成年人成长十分重要。在“三下乡”实践活动中，开展榜样主题教育活动，如通过征文和图片宣传等形式为未成年学生设计一条由先进榜样连接成的正确道路：总目标——为人类做出贡献的伟人；远目标——著名的英雄人物；近目标——同时代同经历甚至同龄的先进榜样。这些人可以是为当地地区或学校发展做出重要贡献的先进人物和典型学生代表，也可以把支教大学生个体“现身说法”作为当地学生学习的典型，激发学生奋发学习的动力。

（二）结合当地实际开展丰富的第二课堂活动

“三下乡”社会实践义务支教活动通常在大学生的假期里开展，因此集中支教时间较短，大部分为7—10天。在赴服务地支教的过程中，大学生虽然理论知识丰富，但较农村教师缺乏系统的培训和针对不同学习阶段学生群体的授课经验。因此，在开展“三下乡”志愿支教活动中，在短期内通过集中授课提高当地学生成绩难度较大。在思想教育开展的同时，针对农村未成年学生思想处于未成熟阶段，较易受影响，同时接触新鲜事物机会较少的特点，增加在支教过程中的“第二课堂”比重，寓教于乐，激发未成年学生参与大学生支教活动的积极性。这样做能够促进未成年学生朝着更加积极的方向发展，同时有利于激发学生的学习热情，使他们掌握良好的学习方法。可针对服务学校自身条件和学生特点，集中开展军训、篮球赛、朗诵比赛、诗歌讲堂、舞蹈乐园、计算机技能培训等丰富的第二课堂活动，以磨炼学生的意志，使广大学生产生对外面世界和大学美好生活的热望，更好地学习，丰富见闻、陶冶情操。

（三）构建沟通与扶助的长效平台

“三下乡”是全党全社会支援农村的重要举措，是一项长期的任务。在支教活动中，准确把握未成年学生的现实需求，把集中活动与经常性工作结合起来，把服务未成年学生、服务农村与培养人才结合起来，把送温暖、献爱心与建阵地结合起来，这就需要构建起大学生群体针对未成年学生与所服务地沟通与扶助的长效平台，实现“三下乡”支教工作的经常化。在工作开展中，可采取以下措施：第一，建立支教基地，开展回访活动。大学生“三下乡”支教赴服务地不仅要“今年来”，而且要“年年来”，寒暑期来，集中支教与单个调研同时进行，同时邀请所服务地学校或部门组织优秀学生代表参加访问大学生就读学校的活动，让未成年学生通过对大学校园的参观、对大学生活动的参与，达到“空气养人”的效果，自主激励，奋发学习。第二，依托大学智力支持和人才优势建立服务站，发挥咨询作用，打造服务名片。如经管专业学生可通过开展调研等活动为服务地经济发展和企业建设奉献力量，法律专业学生可为未成年学生等不同群体开展法律咨询与援助。第三，针对未成年学生中的特殊群体开展专项活动，针对未成年学生中学习较好的群体和有某方面特长的学生集中开办特色班与辅导班，义务培训，形成示范效应。针对个别家庭困难学生开展个体扶贫帮困和加强沟通的“一帮一”活动，同时重点加强心理高危学生的长期教育。第四，与服务地教师开展互帮互建活动。为教师邮寄有助于提高理论和专业水平的书籍，组织人员开展师德师风培训等，有利于提高服务地教师的教学水平。

五、“三下乡”支教活动的成效

对农村未成年学生开展各式各样的课内外活动，能使他们的思想认识发生转变，并收到良好的效果。同时，对于参加支教活动的大学生来说，这既是一次历练，也是一次教育。

（一）对支教当地学生的影响

1. 养成良好的行为习惯

大学生参加“三下乡”支教活动，可对当地学生开展养成教育，对教育环境较差的当地学校的学生进行引导、教育、启发、锻炼、纠正。通过鼓励学生大胆探索，勇于质疑，如举行各种内容、各种形式的专题辩论会、主题宣讲，培养学生独立思考、分析问题的习惯；学生通过节约能源资源、保护环境的教育，养成节约资源的习惯等。“播种一种行为，收获一种习惯，播种一种习惯，收获一种性格，播种一种性格，收获一种命运。”好习惯的养成，有利于农村未成年学生的健康成长和人格的健全。

2. 有效激发崇拜心理

对学生崇拜心理的有效激发、正确运用，有利于把思想与道德品质教育具体化、形象化、人格化，有利于增强教育的效果。在“三下乡”支教活动中通过开展“谁是我的榜样”主题教育活动，对农村未成年学生开展榜样教育，正确引导他们的崇拜心理，让其对大学生和对社会发展主流的崇拜成为其实现自我期待和社会期待的动力，把理想教育和成才教育落到实处。鼓励模仿一切好的行为，使农村未成年学生树立正确的世界观、价值观。

3. 兴趣爱好增加，学习动力增强

心理研究表明，拉大智力差距的主要原因并不是智力本身，而是包括学习欲望、毅力、自信心等在内的非智力因素。“三下乡”支教活动以其灵活多样的形式，丰富的内涵，特别是第二课堂活动的开展，培养了农村未成年学生的学习意志和毅力，使其把学习中所遇到的困难，当作锻炼和考验自己意志和毅力的机会；通过各种类型的学科竞赛和体育比赛的开展，激发农村未成年学生学习兴趣和竞争心理，关注其非智力因素的培养。作为农村缺失教育的补充，支教活动培养了农村未成年学生的兴趣爱好，激发了他们的潜能，使其心理障碍得以解除，有助于消除他们的厌学心理。

（二）对参加支教活动大学生的影响

1. 使大学生的思想得到升华

真正有效的学习是一种心智活动，即去感受、关注、欣赏、评价某一事件、

人物、事实、思想。经过体验，把一个陌生的、外在的、与己无关的对象变为熟悉的、可以交流的，甚至是融于心智的存在。大学生通过参加“三下乡”支教活动，从自己备课、授课的不易，深刻体验到学校教师讲课的不易，能够更加尊重教师的劳动成果，努力成才。在向未成年学生开展加强节约能源资源、保护环境的教育中，大学生通过对农村的调研和体验，能够自觉地保护环境，进一步领会了开展形势政策教育和党中央政策的精神，有利于大学生牢固树立正确的世界观、人生观、价值观，坚定共产主义信念。

2. 让大学生知道了如何正确对待挫折

“三下乡”支教活动中难免会遇到很多不顺利的事情。孟子曰：“故天将降大任于斯人也，必先苦其心志，劳其筋骨，饿其体肤，空乏其身，行拂乱其所为，所以动心忍性，曾益其所不能。”经过实习，大学生进一步明白遇到挫折时应进行冷静分析，从客观、主观、目标、环境、条件等方面，找出受挫折的原因，采取有效的补救措施，并树立辩证的挫折观，保持自信和乐观的态度。让学生认识到正是挫折和教训才使自己变得聪明、成熟，正是失败本身才最终造就了成功。

3. 有利于吸引大学生到基层和农村就业，施展才华与建功立业

国家实行教育产业化、毕业生面向市场双向选择以来，大学毕业生就业的市场结构性矛盾突出，有的大学生并未实现有效就业，在一定程度上存在着人才闲置现象。中共中央办公厅、国务院办公厅《关于引导和鼓励高校毕业生面向基层就业的意见》指出，引导和鼓励高校毕业生面向基层就业，有利于青年人才的健康成长和改善基层人才队伍的结构，有利于促进城乡和区域经济的协调发展，有利于构建和谐社会和巩固党的执政地位。青春只有在为祖国和人民的真诚奉献中才能更加绚丽多彩，人生只有融入国家和民族的伟大事业中才能闪闪发光。农村、基层交通不便，条件艰苦，但拥有大量的发展机会，是建功立业的好地方。“三下乡”社会实践是大学生在校期间参与的，但基层广阔的发展平台和利于增长才干的特点给参加支教的大学生留下深刻的印象，这有利于有志青年毕业后选择基层，实现有效就业，建功立业。

大学生参与“三下乡”活动，是当年五四青年开创的“走向社会 ，深入民众”光荣传统的延续，是知识分子同工农群众相结合、教育同生产实践相结合的一贯方针在新时期的集中体现，是青年学生健康成长、将自身价值与祖国命运紧密相连的必由之路。大学生通过大学学习后，要想尽快地成为现代化建设的有用

人才，适应社会的需要，就要在学习期间，积极参加社会实践活动，认识社会，认识自己的社会位置，明确自己的历史使命，激发自己的学习热情，调整和完善自己的知识结构，战胜各种困难和挫折，锻炼意志和毅力，为适应以后的工作做一定准备。大学生“三下乡”活动的开展，一方面磨炼了大学生的意志，奉献了爱心；另一方面提高了同学们的组织协调能力、独立思考能力和分析解决问题的能力，从而提高了自身的综合素质，为将来走上工作岗位打下良好的基础。除此之外，通过“三下乡”支教活动，大学生们为原本教育不发达的山区小学生们带去了自己储备的知识，以丰富多彩的教学方式，让孩子们在开阔了视野的同时更加了解外面世界的精彩。对于走访慰问的留守儿童，虽然我们改变不了现实，但是却可以尽自己最大的努力为他们送去温暖。

山区的孩子由于和外界接触较少，大多数的孩子甚至可以说和外界毫无联系，这就决定了他们对外面世界的了解近乎为零，他们在学校所接受的教育也是极其有限的。此次支教活动，能够给支教学校的学生成长带来帮助，让当地学生通过大学生了解到更多的信息，打开他们的眼界和开启心灵的窗户。支教活动过程中的教育是相互的，当我们面对孩子们天真的笑脸，面对他们收获知识的快乐，其实受教育的也是我们自己，对于我们也是一次心灵的净化、自我价值的实现。对参与支教的大学生来说，这是一次充实、难忘的人生经历，大学生在支教的过程中强化自身的社会责任感，将爱传承，是一种心灵的陶冶。

参考文献：

[1] 张彦．论大学生暑期“三下乡”社会实践的育人功能．西华大学学报（哲学社会科学版），2005（S1）．

[2] 董雨，常杰，胡赛莹．“三下乡”活动对大学生的教育意义．教育与现代化，1999（2）．

[3] 闫丽羽，刘琳，孟雷．大学生“三下乡”对当地农民影响的调查与思考．党史博采（理论），2008（3）．

[4] 张卓玉．体验与探究：一种有效的学习方式．光明日报，2001－03－23（4）．

[5] 郭晓霞．农村留守儿童家庭教育缺失的社会学思考．教育探索，2012（2）．

公民对电信诈骗的认知、防范意识的现状调查

云南民族大学电气信息工程学院　罗　杰
（电气信息工程学院赴昆明市东川区调查部分少数民族居民对电信诈骗的认知、防范意识及普及防诈骗知识调研服务团）

摘　要：本文通过对公民对电信诈骗的认知、防范意识的现状调查，旨在了解电信诈骗现状和公民对电信诈骗的认知、防范意识，收集居民对电信诈骗的建议，进而更好地防范电信诈骗。

关键词：电信诈骗；防范

一、基本情况简介

（一）概述[①]

从2000年以来，随着中国金融、通信业的快速发展，虚假信息诈骗日趋猖獗，借助于手机、固定电话、网络等通信工具和现代网银技术实施的非接触式的诈骗犯罪可以说是迅速地蔓延，给人民群众造成了很大的损失。仅2008年，北京、上海、广东、福建这四个省市因电信诈骗，市民损失近6亿元。电信诈骗的范围从沿海逐渐向内地发展，已经成为一种社会公害。

电信诈骗起初是台湾不法分子跑到大陆针对台湾群众进行诈骗。随着犯罪手法的不断传播，大陆越来越多的不法分子也仿效其手段进行诈骗。除了福建以外，湖南、湖北、广东、海南、河北个别市县的一些不法分子也加入了诈骗队伍。

---

① 本标题以下文字摘自搜狗百科“电信诈骗”下的内容，略有改动。

2009年以来，中国一些地区电信诈骗案件持续高发。此类犯罪在原有作案手法的基础上手段翻新，作案者冒充电信局、公安局等单位工作人员，使用任意显号软件、VOIP电话等工具，以受害人电话欠费、被他人盗用身份涉嫌经济犯罪、以没收受害人所有银行存款进行恫吓威胁，骗取受害人汇转资金。

据全国人大代表陈伟才介绍，2013年，中国电信诈骗案件发案30余万起，群众损失100多亿元，这当中除了犯罪分子获得了利益，有的银行和电信运营商都在其中“分得了一杯羹”。电信运营商在电信诈骗这件事上存在严重不履行管理职责的问题。“所以我今年就要建议，有效治理电信诈骗，必须追究电信运营商的法律责任。”

（二）数据统计①

2016年8月4日，公安部与腾讯联合发布了《腾讯2016年第二季度反电信网络诈骗大数据报告》。该报告指出，2016年第二季度，全国共接用户标记诈骗电话超4.6亿条，诈骗者一个季度拨出诈骗电话18.8亿次，环比上季度增加了1.8亿条，诈骗热度指数为89。

2015年全国公安机关共立案电信诈骗59万起，同比上升32.5%，造成经济损失222亿元。2016年1月至7月，全国有电信诈骗案件35.5万起，同比上升36.4%，造成损失114.2亿元。

2016年11月，最高检、公安部联合挂牌督办的21起电信网络诈骗犯罪案件取得明显办案成效，除1起处于侦查阶段外，其余20起案件已批准逮捕7件481人，移送审查起诉9件564人，判决4件53人。

2017年3月，最高人民检察院为加大对电信网络诈骗犯罪的打击力度。全国检察机关全年共批准逮捕电信诈骗罪犯19345人。2017年4月，最高人民法院信息中心和最高人民法院司法案例研究院联合发布司法大数据专题报告。报告显示，2015年至2016年，全国电信网络诈骗案件量呈上升趋势，2016年较2015年同比上升51.47%，电信网络诈骗案件被告人多为无业人员。

2017年5月4日，腾讯安全发布《2017年第一季度反电信网络诈骗大数据报告》，该报告显示，2017年第一季度用户标记诈骗号码数量相比第四季度下滑

---

① 本标题以下文字摘自搜狗百科“电信诈骗”下的内容，略有改动。

46%、诈骗电话拨打次数比第四季度降低 50%、收到诈骗短信的人数也下降了 31%。其中，全国因电信网络诈骗损失金额为 33.4 亿元，相比 2016 年第四季度降低了 29.5%；从诈骗类型看，网络诈骗占比 75%，位居第一。

（三）实践意义

信息时代的到来，为人们提供了方便的同时，也为犯罪分子提供了可乘之机。电信诈骗犯作案手法不尽相同，但是尤其喜欢针对社会经验不足的高中毕业生。想到 2016 年的准大学生徐玉玉被骗身亡的事件，我的内心便久久不能平静。如今，受骗人数呈现出逐年上升趋势，电信诈骗问题已成为社会一尖锐问题。

我希望通过此次宣传教育活动的开展，群众能逐步提高识别、防范的意识，在遇到诈骗或疑似诈骗的事件时能及时与相关部门核实或报案，为维护社会的稳定与建设和谐社会做出新的贡献。

二、犯罪特点及目前状况

（一）犯罪特点[①]

特点一是犯罪活动的蔓延性强，发展很迅速。犯罪分子往往利用人们趋利避害的心理通过编造虚假电话、短信地毯式地给群众发布虚假信息，在极短的时间内发布范围很广，侵害面很大，所以造成的损失面也很广。

特点二是信息诈骗手段翻新速度很快，一开始只是用很少的钱买一个“土炮”弄一个短信，后面发展到因特网上的任意显号软件、显号电台等，成了一种高智慧型的诈骗。从诈骗借口来讲，从最原始的中奖诈骗、消费信息发展到绑架、勒索、电话欠费、汽车退税，等等。犯罪分子总是能想出五花八门的骗术。就像“你猜猜我是谁”，有的甚至直接汇款诈骗，大家可能都接到过这种诈骗信息，刚开始大家觉得很奇怪这种骗术能骗到钱吗？确实能骗到钱。因为中国人很多人在做生意，互相之间有钱款的来往，咱俩做生意说好了我给你打款过去，正好接到这个短信了，我就把钱打过去了。甚至还有冒充电信人员、公安人员说你涉及贩毒、洗钱等，通过这种办法说公安机关要追究你。骗术还在不断翻新，翻

① 本标题以下文字摘自搜狗百科“电信诈骗”下的内容，略有改动。

新的频率很高，甚至一两个月就产生新的骗术，令人防不胜防。

特点三是团伙作案，反侦查能力非常强。犯罪团伙一般采取远程的、非接触式的诈骗，犯罪团伙内部组织很严密，他们采取企业化的运作，分工很细，有专人负责购买手机，有的人专门负责开立银行账户，有的负责拨打电话，有的负责转账。分工很细，下一道工序不知道上一道工序的情况。这也给公安机关的侦破带来很大的困难。

特点四是跨国跨境犯罪比较突出。有的不法分子在境内发布虚假信息骗境外的人，也有的常在境外发布短信到国内骗中国老百姓，还有境内外勾结连锁作案的，隐蔽性很强，打击难度也很大。

（二）目前状况

1. 蔓延快

一是电信诈骗犯罪增多。我觉得这是由经济社会发展和刑事犯罪规律所决定的。由于我国正处于经济社会转型时期，存在大量诱发因素。因为经济的快速发展，法治跟不上经济发展的脚步，社会的各个环节存在不少漏洞和问题，如存在严重的信息泄露问题。

二是电信诈骗成本低、回报高、手法简单、易传播、易效仿。可以说这是一种投入很低、回报很高的犯罪形式，在这种情况下很多犯罪分子都想去干这个事。并且法律法规不够完善，处罚过轻，犯罪成本太低。

2. 难以打击[①]

令很多人都困惑的问题是：骗子都留了电话、留了账号，抓起来不就完了吗？其实远远不像一般善良的人们想象的这么简单。因为电信诈骗和传统犯罪有很大的区别，不像普通的盗窃、抢劫、杀人有犯罪现场，有痕迹、有物证，有刀、有枪，或者存在着蛛丝马迹和线索，电信诈骗是远程的、非接触式的，你被骗了都没见过骗子长什么模样。犯罪分子和受害人确实不需要打照面，运用现代很发达的通信技术还有网银的技术，在很短的时间内就可以完成他的作案。留给公安机关的确实有诈骗电话和涉案账户，但是这些电话和账户有一个共同特点就是全是假的，没一个真的。

---

① 本标题以下文字摘自搜狗百科“电信诈骗”下的内容，略有改动。

银行账号和银行卡也是不法分子花钱买他人的账号批量使用。有的犯罪分子甚至可以搜集几百个账号专门卖给诈骗集团，到时候花几十块钱买一个民工的身份证，办理一两百个银行卡。公安机关一追查是一个民工的身份证。另外，犯罪分子设立了多级账户，通过银行快速层层转账，最后再在分布在全国各地的ATM机上提现。

犯罪分子诈骗的两三百万元钱在几分钟的时间内就能被转移到各地，很快就被人取走了。因此，公安机关侦办一起这样的案件需要投入大量的警力、经费，要派出很多的专案组，满世界跑，到处拿着法律手续找银行、找通信部门查电话、查账号，哪个环节出了一点差错都会影响侦查工作。可以说，破这种案件远远不是一般的业余人士和不了解的人所想象的那么简单。实际上，工作非常烦琐，要投入很多的力量才能破获这样的案件。

三、调查结果，数据分析

在本次的问卷调查中，我们从有效问卷中抽出了60份作为调查样本进行数据分析，以下为调研数据分析情况。

我们对抽取的样本进行了以下数据分析：

1. 您的性别（　　）

A. 男　　B. 女

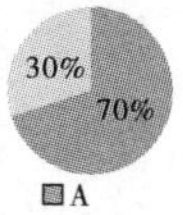

2. 您的年龄（　　）

A. 30岁以下　　B. 30—40岁

C. 40—50岁　　D. 50—60岁

E. 60岁以上

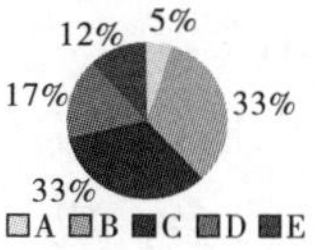

3. 您的文化程度（　　）

A. 小学　　B. 初中

C. 高中　　D. 高中以上

E. 没有上过学

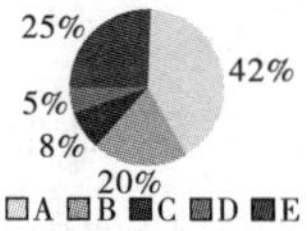

4. 您有没有遇到过电信诈骗（　　）

A. 有　　B. 没有

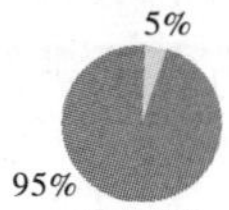

5. 您遇到过何种形式的诈骗（　　）［多选］

A. 网络诈骗　　B. 短信诈骗　　C. 电话诈骗

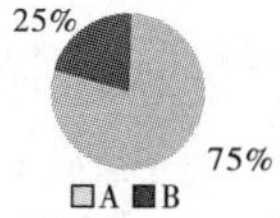

6. 您遇到过下列哪种形式的网络诈骗（　　）［多选］

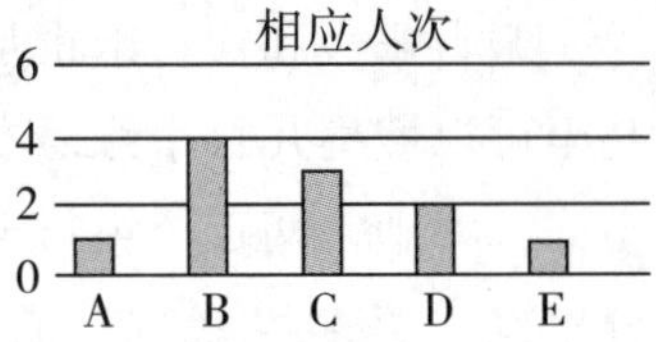

A. 以提供博彩、股票资讯进行诈骗

B. 发布虚假中奖消息

C. 利用网络购物诈骗

D. 利用网络找工作或借贷骗取保证金、手续费

E. 家人或朋友 QQ 被人冒用并骗钱

7. 您遇到过下列哪种形式的短信诈骗（　　）［多选］

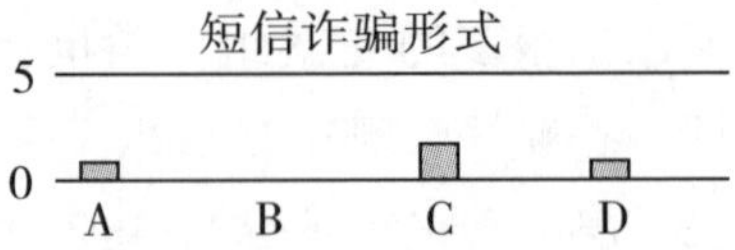

A. 利用银行卡消费实施诈骗

B. 无理由汇款诈骗

C. 冒充家人出事诈骗

D. 冒充中奖消息诈骗

8. 您遇到过下列哪种形式的电话诈骗（　　）［多选］

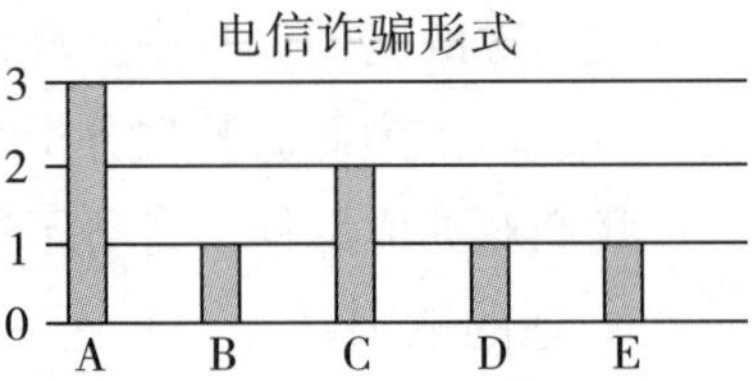

A. 虚构子女出事

B. 冒充熟人虚构诈骗事实

C. 冒充电信局、公、检、法等工作人员电话诈骗

D. 以购房、购车退税为名电话诈骗

E. 中奖诈骗

9. 您对电信诈骗有何看法（　　）

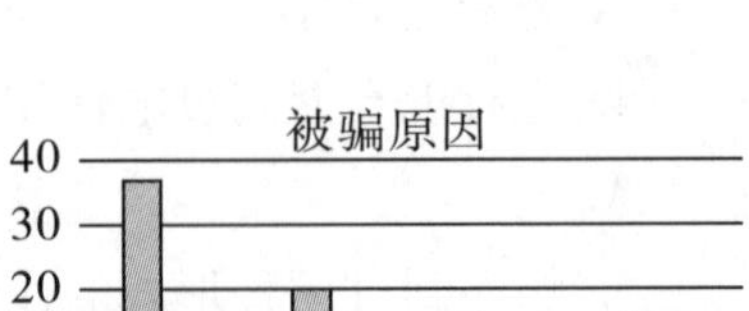

A. 危害社会，应当加强打击，坚决予以清除

B. 是个别现象，与个人的辨识能力有关，不会特别担心

C. 与我无关，自己不被骗就好

10. 您认为有人被骗的原因是什么（　　）［多选］

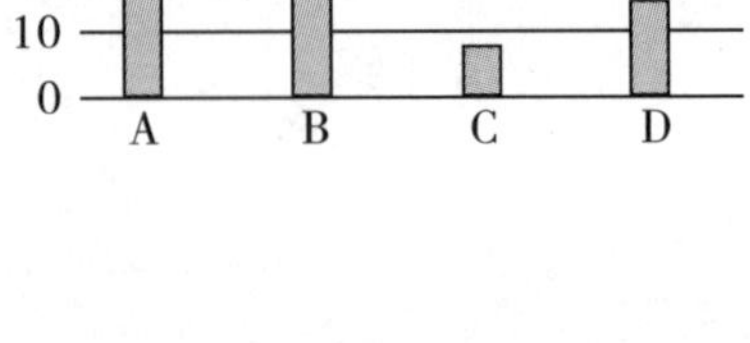

A. 利益诱惑

B. 轻信他人，行事草率

C. 诈骗迷惑性强，技巧高超

D. 自身缺乏对信息的了解，不能识别一些骗术

11. 遇到电信诈骗时您没有上当的原因是（　　）

A. 诈骗技巧拙劣

B. 一般不会轻信他人

C. 此类诈骗手法太常见

D. 听过相关宣传，知道类似的诈骗信息

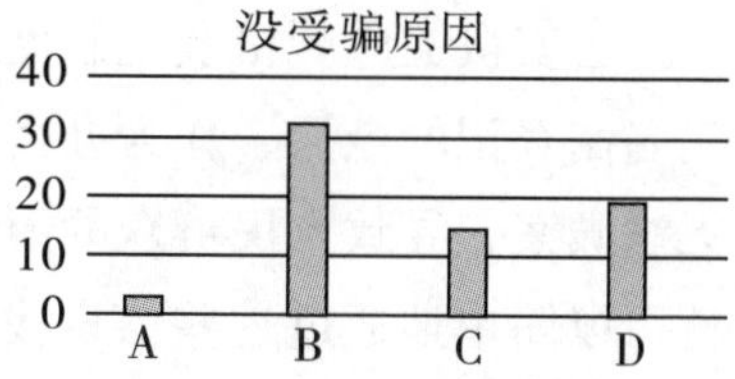

12. 如果被骗，您会怎么做（　　）

A. 立即报警

B. 看数额大小，数额小就自认倒霉了

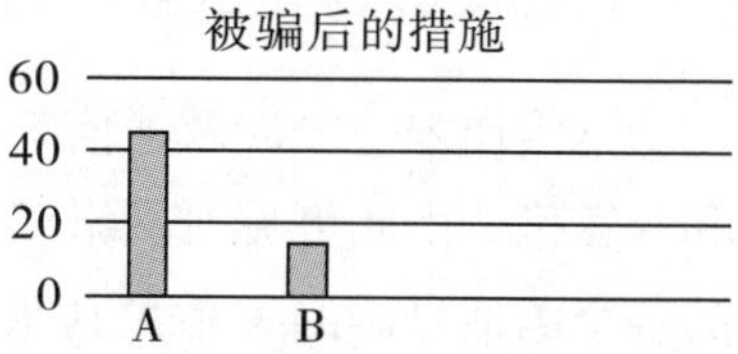

13. 您有没有接受过关于电信诈骗的宣传教育（　　）

A. 有　　　　B. 没有

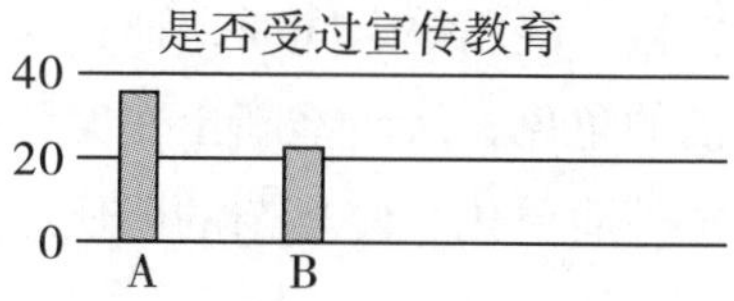

由数据分析可以看出，受到电信诈骗的人虽然不是很多，但是，比例还是相当高的。此外，诈骗方式多以网络诈骗为主，诈骗手法多以虚假中奖、网络购物陷阱以及冒充家人出事为主。多数人认为，应该加大打击力度。很多人接受过相关宣传教育，但仍有不少人没受过相关宣传教育，因此应该加大教育力度。

四、建　议

（一）加强对群众信息的保护

电信诈骗案件作案人员大多以获取信息作为实施犯罪的第一步，没有受害人的信息，作案人员将很难下手或者说无从下手。公安机关应该建立针对性的保护措施和方案，从源头着手，强化对网络通信的监管，加强对人才交流中心和人才市场信息的管理，坚决不能让信息从内部泄露出去，给违法犯罪人员以可乘之机。对于以金钱、物质或其他利益为交换条件出卖个人信息的人员，一经查获，应从严、从重处理。

（二）严格电话卡、银行卡等实名登记制度

公安机关应严格登记制度，加强对相关信息登记部门的监督。在未严格施行实名制登记的今天，作为办案机关所获信息不多，有心办案，却因为线索断裂而无法破案，导致人民群众的财产蒙受损失。实现理想化的登记制度后，公安机关就可以简单地通过这些信息找到源头，揪出犯罪嫌疑人，挽回人民的经济损失。

（三）加大网络工具的管理力度

电信诈骗一般涉及通信工具，而最普通也是作案人员应用最为广泛的是电话和计算机，由此可见对网络工具监管的重要性。在侦查过程中，弄清楚案情出现的各个电话号码的关系尤其重要，分清每个号码的作用，比如联系、发送信号、转接、混用等。同时，通过对电话号码的分析和受害人的陈述，可以基本断定电话的角色，从而推断出作案团伙的内部分工特征和组织特点，这样可以使复杂的案件简单化，使复杂的团伙结构明确化。

（四）注重电信诈骗的相关宣传防范工作，尽量减少电信诈骗

凡事预则立，不预则废。特别是面对电信诈骗这种特征性极强的犯罪，我们更应该注重宣传防范，从源头上减少电信诈骗案件。从当前形势来看，电信诈骗的宣传力度是远远不够的。通过国家统计网得知，全国电信诈骗宣传做得好的几个省市发案率要比宣传力度明显不够的省市低很多，这说明电信诈骗的宣传防范工作做得好就很有成效。关于宣传防范，公安机关可以将此任务由上而下，细化到派出所、警务室，定期、定时地向人民群众宣讲关于电信诈骗犯罪分子的各种诈骗手段、防止上当受骗的方法、发现上当受骗后的处理方法；通过向人们发放宣传单、宣传册、在小区拉横幅等，让人人都知道电信诈骗，人人都懂电信诈骗，从而减少电信诈骗、减少人民的财产损失。

电信诈骗，作为一种新时代不好的产物，因其自身的特点，得以快速蔓延，危害极大，而相应立法还不是那么完善。在这种情况下，我们应该学会保护好自己的个人信息，不轻易泄露；不轻易告诉别人验证码，不轻易相信陌生人的话；遇到亲朋好友借钱，一定要核实确认；不要轻易随便去点击未知网址。国家应该完善相关法律法规，执法人员应加大执法力度，加大对网络的监管，做到有法可依，有法必依，违法必究。

浅谈农村儿童学习心理特点

——以红河县垤玛乡为例

云南民族大学思源支农调研社　朱东成　孔习莎

摘　要：本次调查以半结构访谈的形式开展，从了解当地的经济情况、儿童的家庭、平时的学习情况等多方面入手。本文根据调查结果，从语言学习、课堂专注度和儿童的学习心理状态三个方面，分析了农村儿童学习心理的基本特征、影响儿童学习心理的因素等。

关键词：农村；儿童；学习心理

农村儿童的学习心理特点是影响农村教育水平的一个重要方面。儿童阶段的教育很关键，掌握儿童的学习心理特点是至关重要的。只有提升儿童阶段的教育水平，农村的教育水平才能向更高层次发展。党中央十分关心“三农”问题，党的十八届三中全会也指出“农村改革是我国改革开放的起点，仍是当前全面深化改革的一个重点”。教育水平的提升，可以在很大程度上促进农村改革。

针对这个问题，思源支农调研社 24 名志愿者于 2017 年 7 月 15 日至 30 日，分为两组，通过半结构访谈的形式，在当地展开了以农村儿童学习心理特点为主题的调查活动。由于沟通交流上存在困难，我们只有通过学生的翻译，才能与当地人进行交流。我们此次调研活动的目的一方面是了解当地的教育状况，另一方面是尽可能在支教过程中为孩子带去新的知识，为促进当地教育水平的提升打下良好的基础。最后，我们将调研结果撰写成文，希望为有关部门提供一些有用的建议，促进当地的发展。

一、调研点情况介绍

（一）调研时间

2017 年 7 月 15 日至 30 日。

（二）调研地概况

云南省红河哈尼族彝族自治州红河县垤玛乡位于滇西南方向，坐落于红河、玉溪、普洱三地的交界处，远离城市，位置偏僻，地势落差大，土质疏松，属亚热带季风气候，自然灾害多发。同时，该地有一条贯穿乡镇的垤玛河，农作物都沿这条河分布。

当地共有 3463 人，均为哈尼族。其中留守儿童和空巢老人所占比重大，留守儿童所占同龄人的人口比重达到 70% 左右，空巢老人所占同龄人的人口比重达到 50% 左右。另外，该地基础设施欠缺，经济、文化和教育发展水平落后。

（三）调研对象和目的

为深入学习贯彻习近平同志关于青年成长成才的一系列重要论述，积极响应“广大青年学生在社会实践中受教育、长才干、作贡献，以青春建功的实际行动，为全面建成小康社会贡献青春力量”的号召，了解和探索农村儿童的学习心理特点，促进当地教育水平的提升和发展，云南民族大学思源支农调研社秉着“立足民大，服务三农，塑造自我，以实际行动唤起当代大学生的社会责任感”的宗旨，展开了此次调研活动。

为了保证调研结果的可信度和准确性，此次调研的对象大多数是学生和学生的家长，包括当地文化程度相对高的人。

（四）调研内容与结果

1. 调研内容

这次我们调查的内容主要包括当地的经济情况、教育情况、学生的家庭情况和学习情况，以及被访者的性别、年龄、受教育程度等。

2. 调研结果

（1）经济方面。当地村民的主要经济来源大体可分为：农副产品收入、劳务收入及政府补贴三个部分。

农副产品收入主要包括种植业和养殖业两大类，只占家庭经济收入来源的小部分，农副产品大都是用以自给自足，只有在满足自己需求之后，少量用于销售。由于该地地处偏远山区，地势落差大，有地势低平的梯田、陡峭的山崖，因而种植的经济作物种类多种多样，但其主要偏向于自给自足。该地种植业主要分布于垤玛河两岸，顺流而下。当地农作物主要以水稻为主，附带水果、蔬菜以及烤烟、茶叶。该地的养殖业主要是养殖猪、牛、鸡、鸭等，并对其采取放养模式，这一经济来源虽然增加了人民的收入，促进了当地经济的发展，但也给当地的卫生状况造成了严重的影响。

劳务输出是当地农民经济收入的重要来源。当地劳务输出人员主要是成年男性及部分女性劳动力，劳务输出方向大多是广东、上海、山东、深圳等经济水平较高的沿海城市。少部分人员采取的是就近原则，选择在元江、昆明等离家较近地区务工，便于照顾家庭。

政府补贴是当地农民经济收入的又一个重要来源。随着社会的不断发展，国家改革工作的不断推进，精准扶贫政策的实施，政府补贴在当地的发展建设中起到了一定的作用，为当地经济和教育的发展、人民生活水平的提高做出了一定的贡献。

（2）文化方面。当地是典型的哈尼族聚居村落，语言以哈尼语为主，一些中老年人甚至不会说汉语，并且许多村民穿着具有民族特色的自织、自染、自制的服饰。另外，当地人还有一些特色的节日，例如，祭龙节、九月年、稻田节等。

祭龙节是当地人最隆重的节日，节日时人们以特定的食品、牲畜等祭祀龙树，进而表达对祖先的敬仰、感谢、悼念之情。九月年是哈尼族的又一个隆重节日。该节日是亲戚朋友欢聚的日子，相当于除夕。稻田节是当地哈尼族人民庆祝稻谷丰收的节日，当地哈尼族人民的“稻田节”并不是集中在一天庆祝，而是以自己所在地稻谷成熟的时间为准。

（3）教育方面。当地教育水平相对落后，大部分孩子仅仅接受过九年义务教育，一部分甚至中途辍学，高中生和大学生的比例较低，高中生只约占同龄人的20%，在校大学生占总人数的5%左右。同时，当地的重男轻女现象严重，一些女孩因此失去上学的机会，并且父母的学历较低，部分父母甚至是文盲，无法辅导孩子的作业。因此，孩子学习的独立性较强。

（4）医疗卫生方面。村民的计划生育观念十分淡薄，根据我们所调研的家庭和了解的基本情况，每家至少有 3 个孩子。医疗条件差，医疗设备落后，医疗工作人员欠缺，如若村民出现紧急病情需要到县城救治，将无法得到及时有效的救助。但一个较好的方面是当地村民的医疗报销率达到 98% 以上，基本上可以对村民的医疗进行保障。

（5）交通状况。当地交通条件较差，道路大多数都是盘山公路，缺少维护，下雨过后，道路泥泞，安全隐患较大。

二、调查结果分析

本次调研活动的主题是探索农村儿童学习的心理特点，我们基于以上调查的结果和我们在进行支教的过程中所发现的情况，把农村儿童学习心理特点做以下几个方面的分析和总结。

（一）语言学习

语言，是人与人互相交流的基础。当地居民主要是以哈尼族为主，哈尼语也就成了当地的主要语言。因此，从某种程度上来说，汉语是他们的第二语言。我们在教学过程中发现，无论是汉语或者是英语的学习，儿童年龄越小，学习第二语言时就越容易。因为年龄越小，儿童所接触到的信息相对少，受到外界的影响就少。语言的学习，除了受到生理方面的影响，例如年龄、性别等，还受到学习者的认知、学习动机、情感等多方面的影响。下面我们介绍认知、情感、动机三个方面的基础知识。

1. 认知

儿童认知外物的能力和水平不能与成人相比，但对儿童第二语言的学习有着很大的影响。在学习一门语言的过程中，我们要了解和学习这种语言背后的文化、历史等，这样有利于一门语言的学习，但是这些文化和历史的学习要与儿童的认知能力相符合。

儿童的天性就是好奇、爱活动、模仿能力强，我们在支教过程中就发现，孩子们很容易就能模仿出 26 个英文字母的发音。同时，我们也发现，儿童是边学习语言，边用他们所学过的知识表达他们的思想。正如皮亚杰的发展心理学理论所说的，每当儿童遇到新事物时，总是适用原有的图式同化，并调整或创立新的图式去同化新事物，直至达到认知上的平衡。儿童获取知识的过程就是一个不断同化、平衡的过程。

2. 情感

情感，是影响语言学习的一个重要方面。根据克拉申的第二语言习得理论，有大量可理解的语言输入，并不等于可以学好语言，在这个过程中还要受到许多情感方面因素的影响。例如，孩子的学习兴趣等。我们在课堂上发现，一些儿童在上英语课时不听课而去看其他的书籍，这说明儿童的情感确实影响到其能否学好语言。因此，第二语言学习的一个重要方面就是要培养儿童的学习兴趣，提升儿童的学习积极性，让他们沉浸在学习的乐趣之中，获得更多的知识。

3. 动机

动机，是人们通过激发和激励，从而产生的一种内在驱动力。无论是学习语言，还是做其他的事情，动机都是一个无法回避的问题。马斯洛认为，人类的需求可分为生理需求、安全需求、社交需求、尊重需求和自我实现需求。儿童需要满足自己的社交需求，就需要去使用语言这一工具，这个时候就产生了一种动力，在这种动力的不断驱动下，儿童自觉学习语言的行为和意识，就会逐渐地显现出来。

总之，在第二语言的学习和教学过程中，要让儿童勇敢地表达，无论对错与否，还需努力培养孩子对第二语言的学习兴趣，因为不是每一个人都是天生就对第二语言感兴趣。同时，不仅要做到大量的语言输入，还要注意到孩子的情感。

（二）课堂的专注度

我们在支教过程中发现了一个普遍现象，孩子们很容易被课堂外的事物吸引，比如一只蝴蝶、一只小鸟，或者是一些声音等，都可以吸引孩子的注意力。根据研究，5—7 岁的儿童注意力保持的时间是 15 分钟左右，7—10 岁的儿童注意力保持的时间是 15—20 分钟，10—12 岁的儿童注意力保持的时间是 30 分钟左右。

影响儿童专注度的因素有很多，其中一个比较重要的因素是父母。很多人或许会产生疑惑，父母是如何影响孩子的专注度的。举一个简单的例子，孩子正在玩一件东西的时候，比如说一辆玩具汽车、一把剪刀等，父母总是会询问“你在做什么”，或者是直接干涉“你不能这样做，你要这样做”，从而使孩子的动作中断，在不自觉中影响和破坏了孩子保持专注的能力。

根据埃里克森的人格终身发展论，在儿童期和学龄初期时，孩子有自己的意志，会逐渐形成主动性，如果成人去嘲笑孩子的创造力和想象力，那么孩子会逐渐失去自信。因此，在需要去干涉孩子的时候，我们首先需要以特殊视角看待孩子，去发现孩子的优点，表扬孩子，然后去陈述理由，告诉孩子正确的做法。这样做会让孩子觉得受到了尊重，不会因为被父母打断而闹情绪，会让孩子的专注度得到一个较好的发展。

在培养儿童的专注度时，父母需要以孩子为中心，在可控范围内，不要去随意打断孩子的动作。同时，要为孩子营造一个良好的心理环境，让孩子的内心拥有安全感，不要让孩子因为其他事情，不能集中注意力。

因此，培养孩子的专注力，不仅要从父母做起，社会和国家也要加快当地的教育建设，提升当地的经济和教育水平，为孩子营造一个良好的心理环境，不要让孩子因为家庭经济困难等，分散注意力。同时要多普及一些有关儿童心理方面的知识，父母是孩子人生的第一个导师，父母的言行举止会影响到孩子的心理健康。

如何培养儿童的专注力，是一个值得我们深思的问题，最关键的是一定要注意与儿童的相处细节。

（三）儿童的学习心理状态

我们在支教的过程中注意到了一个现象，就是大多数学生都缺乏自我学习的意识，处于被动学习的状态，缺乏独立思考的能力。一方面是由于自身的学习积极性较低；另一方面是由于家庭经济条件困难，儿童的父母只是把学校看作监管孩子的场所，子女完成九年义务教育后，就会让他们外出打工，这也在很大程度上影响了孩子的学习心理。

儿童的学习心理状态是影响儿童学习效率的一个重要方面，良好的学习心理状态是保持高效率学习的前提和保障。父母和老师都希望儿童能够有自主学习的意识。从不同的角度划分，我们可以把儿童的学习心理状态分为：自主学习和被动学习两种状态。根据齐莫曼的自主学习模型理论，自主学习涉及个人、行为与环境的交互作用，其中就包括了自我观察、自我判断、自我反应与自我效能等。在自主学习的过程中，个人会不断利用社会资源，调整自己的学习行为和情感。

三、结论与建议

由于受到经济条件、文化和教育发展水平等多个因素的影响，学生的学习心理较为复杂。第一，在第二语言的学习上有着很多的问题，例如缺乏学习兴趣和自信等。第二，学习专注度较差，无法保持正常的上课专注度。第三，大多数学生处于被动学习的状态之中，学习动机不明确。我们在借鉴前人的研究基础上，结合调研的实际情况，得出了以下结论：

一是儿童第二语言的学习，是一个不断去同化、平衡的过程。在学习的过程中，要逐渐培养孩子学习的兴趣。另外，情感和动机也是影响第二语言学习的一个重要方面。

二是不同年龄阶段的孩子保持专注的时间和能力不同，父母在孩子小的时候就会影响孩子的专注度，在无意间还会破坏孩子保持专注的能力。

三是良好的学习心理状态是保障高效率学习的前提。相对轻松的学习氛围会让儿童获得更多的知识，会让孩子有自信和勇气去表达自己。

四是在对儿童的教育方法做出调整时，要以特殊视角去看待儿童，以儿童为中心，以外部调整为辅。调动可以利用的资源，制订合理的学习计划。

根据上述结论，我们从微观、中观和宏观三个方面提出以下建议：

（一）在微观层次上（个人）

首先，儿童一定要培养自己的学习兴趣，锻炼独立思考的能力。在对第二语言的学习过程中，儿童要逐渐提升自信，敢于表达自己的想法，不要害怕犯错误。

其次，要保持上课的专注度，合理使用电子设备，例如智能手机、电脑等。在不断学习的过程中，寻找适合自己的学习方法。

最后，教师也要尝试多种教学方法，探索不同的学习模式，激发儿童的学习兴趣，因材施教。

（二）在中观层次上（学校和家庭）

学校要为儿童营造良好的学习氛围，给孩子提供相对宽松的学习环境，这样才有利于孩子获取更多的知识。同时，学校应为儿童提供更多的课外书资源，开拓学生的眼界。

另外，家庭应营造良好的家庭气氛，多从孩子的角度思考，善于去发现儿童身上的闪光点，多给予孩子们理解和鼓励。并且家长要注意与孩子相处的细节，否则会无意间给孩子心理的健康发展造成影响。

（三）在宏观层次上（当地政府）

经济基础决定上层建筑，当地政府一定要抓住当地的特色产业，打造具有一定规模的特色产业链。同时，当地政府需要加大公共设施的投资力度，完善基础设施，对道路进行必要维护，改善当地的交通状况。另外，当地政府要加强社会主义核心价值观的宣传，纠正当地人的一些错误观念。

当地政府需要出台相应的政策，扶持当地的经济发展。同时，需要制定相对应的保障措施，为儿童的教育提供经济保障，确保孩子不因家庭经济条件的限制而无书可读。

以上建议是我们结合调研结果和当地的实际情况提出的，但仅仅做到这些是远远不够的。教育水平的发展与经济水平、文化水平等多方面有着千丝万缕的联系，需要当地政府和社会的长期努力，教育水平才能够得到显著的提升。教育水平的提升，势必会带动当地经济和文化水平的提升和发展。

思源支农调研社圆满地完成了这次为期两周左右的调研活动。研究农村儿童的学习心理特点是一个比较复杂的过程，其中涉及教育学、心理学、社会学等多方面知识的综合运用，由于我们的专业知识不足，能力和水平有限，加之以下几项问题，导致了我们的调研活动很难开展。

一是时间问题：大部分学生的家比较远，并且我们只有在上完课后才有时间，导致调研活动时间局限于几个小时，这给我们调研活动的开展增加了难度。

二是地点问题：我们的所在地只是其中的两个村落，由于交通上的不便，加之考虑到安全问题，我们的调研范围小了许多。

三是语言沟通问题：当地的青壮年大多数外出打工，只有老人和小孩留在家中，而当地老人说的是哈尼语，我们与被访者沟通很困难。

虽然以上这些问题为我们的调研增加了难度，但我们还是尽力去完成任务。例如，寻找一些高年级的学生为我们当翻译，采访一些有知识和文化的人，努力获取精确的数据。

“师者，所以传道授业解惑也”“有教无类”“因材施教”，这些都是古人所提倡的教育理念。探索农村儿童的学习心理特点是一个漫长的过程，当代的教育者更应秉着这些教育理念，去逐渐探索，为农村儿童创造良好的教学环境。

参考文献：

［1］［瑞士］J. 皮亚杰，B. 英海尔德．儿童心理学．吴福元译．北京：商务印书馆，1980.

［2］温雅茹．试论儿童第二语言学习的规律和特点．天津师范大学，2008.

［3］曲尼旺姆．小学低年级儿童的学习心理特点是什么．新课程（中），2011（8）.

［4］刘毅玮．学生学习心理状态研究．河北师范大学学报教育科学版，2003（4）.

［5］周家璧．学习心理问题的个案分析报告．现代交际，2017（14）.

附件：

访谈提纲

<table>
<tr><td>课题名称</td><td colspan="4">探究农村儿童学习心理特点</td></tr>
<tr><td>采访时间</td><td colspan="2"></td><td>采访地点</td><td></td></tr>
<tr><td>小组成员</td><td colspan="4"></td></tr>
<tr><td rowspan="2">采访对象</td><td>性别</td><td></td><td>民族</td><td></td></tr>
<tr><td>年龄</td><td></td><td>文化程度</td><td></td></tr>
<tr><td>采访问题</td><td colspan="4">1. 村上的经济发展状况怎样？
2. 当地的经济作物主要有哪些？
3. 您家的收入来源有哪些？
4. 村民在闲暇时间都干些什么？
5. 村上有没有留守儿童？如果有，他们的生活怎么样？
6. 如果孩子的学习成绩不好，您会以什么方式对待？
7. 平时是否有专门的时间和孩子交流学习的情况或者是生活的情况？
8. 在孩子成长过程中您印象最深刻的一件事是什么？
9. 孩子平常的情绪波动大吗？
10. 平常生活中，孩子对您的依赖大吗？
11. 孩子的自控能力如何？</td></tr>
</table>

网络发展对云南农村中小学生影响的调查

——以师宗县龙甸村为例

云南民族大学人文学院　李　鹏

摘　要：网络的飞速发展给我们带来了巨大的影响，网络发展对青少年的影响有利也有弊，但是科技的进步我们无法阻挡。本文通过研究分析网络发展对青少年的影响，探索网络信息在青少年学习生活中的利弊，以及互联网在社会生活中发挥的作用。

关键词：网络发展；云南农村；中小学生；影响

青少年是国家和民族的未来和希望，青少年不论心理还是身体都处于发展阶段，这个时期应当引导他们树立正确的人生观、价值观和世界观，立足当前、着眼未来，培养良好的思想道德品质，为祖国的建设发展贡献自我力量，因此关注和关心青少年的健康发展尤为重要。

一、龙甸村概况

龙甸村属云南省曲靖市师宗县竹基乡，地处竹基乡东边，距乡政府所在地12千米，到乡道路为柏油路，交通便利，距县城32千米，东部和北部毗邻阿白，南邻抵鲁，西邻七排，全村面积6.89平方千米。龙甸辖白龙潭、大栗树、大龙甸、小营头、柏家村、常庆、大法土7个自然村，现有农户959户，乡村常住人口3813人，其中农业人口3784人，劳动力2570人（现大多外出务工）。

二、研究方法

参考社会学研究方法，在走访中通过观察，随机选择受访者进行调查；访谈时用到了社会工作的访谈技巧，借鉴了一些心理学理论，还结合了一些民族学的田野调查知识；在前期还运用了问卷调查了解问题，在后期资料整理和表达中运用了语言学的表达方式。

三、网络对青少年的影响

网络的迅速发展影响着社会生活的方方面面，本次研究是以师宗县龙甸村为调查地点，主要走访青少年家庭，进行个案的访谈记录；也采用观察法，到网吧附近对青少年上网进行观察。本次调查走访家庭 50 户，青少年 64 人，其中男生 39 名，女生 25 名，整理出的主要内容有以下几点：

（一）网络依赖性大

随着农村信息网络的发展，移动 4G 的进入，在龙甸村除了移动，还有联通和电信，网络信号遍布各处。大多数的孩子用起了手机等网络电子设备，据长辈和青少年自己的描述，80% 的人离不开手机，每天从早到晚就是拿着手机看，慢慢开始变成“低头族”，依赖网络，人均每个月上网流量高达十多 G，还只是算了手机上面的。

（二）每个人利用网络的目的不同

据了解，他们每个人利用网络上网做的事情不同，有的人是喜欢与微信、QQ 好友聊天，或打游戏；有的人是用网络来看视频、小说或八卦新闻；有的是去淘宝购物。总体上是男生主要利用网络来打游戏，看些直播之类的；女生偏向看些小说、娱乐新闻，一些女生也偶尔打游戏。

（三）利用网络学习的时间少

大部分人表示利用网络学习的时间一天不足一小时，有空闲时间上网都是去找好友聊天、看视频、打游戏等，上网学习差不多是在做课后作业的时候，学生喜欢百度搜索，并到网上摘抄等。但也有一部分人真正是将网络用在学习上面，比如看网络教学视频，购买学习卡在网络上面学习，或者是扫描二维码查看试题的讲解分析，还有看电子图书等。

（四）利用网络发表个人动态

在调查中发现，每个用手机的人离不开两个社交软件——微信、QQ，不论男女每天都喜欢把自己当天所做的事情分享到朋友圈，包括饮食、游玩、自拍、正能量的生活趣事等，缓解学习的压力，扩大交流渠道。他们习惯将自己的所见所闻发表到朋友圈中，发表各自的观点和看法，进行评论和调侃。

（五）存在青少年不健康上网现象

在调查过程中，经过多次了解之后，有一些人表示，自己有时候会观看一些黄色不雅视频等，但是并没有去传播分享给其他人。还有一些人会下载一些成人社交软件进行交友等。

（六）影响视力

在调查中发现，因为长时间沉迷于网络、手机等电子产品，好多中小学生视力下降，有的已经开始戴眼镜了。

四、对策及建议

此次暑期社会实践按预订计划完成了“网络发展对云南农村中小学生影响的调查——以师宗县龙甸村为例”调查任务。在社会实践中，通过对龙甸村中小学生深入访谈，了解了他们的日常生活习惯。我虽然只比他们大了几岁，但他们和我们以前读书大不相同，互联网的普及，使他们更多依赖手机等完成一些作业，家庭经济条件好一点的孩子基本都有手机。在与一些学生访谈交流后，他们也认识到自己作为一名当代学生的历史使命和责任感，决心好好学习。我与其他小组成员发挥所学专业优势，将所学知识与社会实践相结合，得到的调研成果对研究网络对中小学生的影响有一定的借鉴意义。以下是我的几点建议：

一是中小学生应该严格要求自己，加强自身思想道德素质的建设，拒绝黄赌毒等暴力网络文化的传播，做到文明上网。每一天都应该制订一些学习目标，减少玩手机、上网的次数。利用网络多在学习上花工夫，远离低俗的网络文化，做一名合格的中小学生。

二是家长应该加强对孩子们的监督管理，对于手机等设备应该在一定时期一定阶段再配备给孩子，不要过度宠溺，这样反而会害了他们。自身也要提高跟随网络时代步伐的能力，了解网络、认识网络、辨别网络，从而加强对孩子们的管理，跟上时代的潮流。

三是学校应该加强对学生网络信息技术的指导和教育，引导学生树立正确的世界观、人生观、价值观。在学习期间管控好学生的手机等电子设备，在空闲时间可以适当放宽，给学生一个自由发挥的空间。

四是社会方面应该加强对网吧的管理和治理，杜绝不文明的上网现象，文明上网，遵守法律法规，做到合法经营。

五、调查成果

通过本次调查走访，我们发现网络对青少年的影响有利也有弊。一方面网络使青少年开阔了视野，接触网上新事物、新思想，也扩大了他们交际的空间，与老师同学朋友联系便捷，活跃创新思维。走访中也有家长们表示，自家孩子上网后，学了些网络新词，借助网络培养一些兴趣，有时还可以网上自学，因为农村父母长辈们以文盲居多，孩子在网上可以查阅资料，避免了家长们教不来的尴尬。但是另一方面网络也给青少年带来了消极影响，好多人沉迷网络游戏，花在学习上的时间很少，学习也不太用心，有的家长表示害怕他们网上聊天交友遇到坏人之类，带坏了孩子。有的人还会在网上浏览不健康的暴力、黄色视频、图片等，不利于青少年身心的健康发展。走访中的交流讲解，使学生认识到处于读书阶段，过多沉迷于手机网络，对自己会有不好的一面，很多人都认识到了错误。有的人有的时候禁不住网络诱惑，深陷其中。我认为此次调查，能让他们认识到这些问题，是很有意义的，虽然改变是一个漫长的过程，需要他们自我管理控制，也需要父母、周围朋友的监督等，但我相信他们会渐渐改变。在调查走访中我们把关怀带给了中小学生，也就把关怀带给了社会，传递了爱心，这种爱心从一个人身上传到另一个人身上，最终会汇聚成一股强大的社会暖流；有助于中小学生树立正确的思想道德观念，促进社会和谐繁荣。

参考文献：

［1］风笑天．社会学研究方法．北京：中国人民大学出版社，2001.

［2］陈晨．青少年网络伤害研究报告．北京：中国人民公安大学出版社，2010.

[3] 王凡．青少年心理健康．长春：吉林大学出版社，2010.
[4] 许莉娅，童敏．个案工作．北京：高等教育出版社，2013.
[5] 师宗县志编纂委员会．师宗县志．昆明：云南人民出版社，2010.
[6] 吴兆彤．互联网络对社会的影响分析．科学管理研究，2004（6）.
[7] 林朝辉．论网络对青少年的影响及对策．福州党校学报，2005（1）.

新形势下大学生国防教育的途径研究

——以云南民族大学“军训团”国防教育模式为例

云南民族大学文学与传媒学院　安建钊　梁书瀚

摘　要： 本文以云南民族大学“军训团”国防教育模式为例，紧密结合新时代下的大学生心理特点，根据大学生思想发展的客观规律，总结探索高校国防教育的新途径，将国防教育在大学生思想政治教育中的作用落到实处。

关键词： 新时代；国防教育；途径

大学生国防教育是大学生素质教育不可或缺的组成部分，军训是大学生国防教育的一个重要方面。随着教育改革和发展的深入，大学生军训不仅是国防教育的主要形式，更是全面贯彻党的教育方针、实施素质教育，培养有理想、有道德、有文化、有纪律的社会主义新人的重要途径。

一、大学生国防教育现状

《关于在普通高等学校和高级中学开展学生军事训练工作意见的通知》（国办发〔2001〕48 号）规定，我国普通高校国防教育是以在校大学生为对象，集中开展学生军训工作。所谓大学生军训，是高校在校学生履行兵役义务，接受国防教育的主要形式之一，是大学生素质拓展的重要内容，它包括军事技能训练和军事理论教学。通过军事训练，提高学生的思想政治觉悟，激发爱国热情，增强国防观念和国家安全意识；进行爱国主义、集体主义和革命英雄主义教育，增强学生的组织纪律观念，培养艰苦奋斗的作风，提高学生的综合素质，为中国人民解放军培养后备兵员和预备役军官，为国家培养社会主义事业的建设者和接班人。高校国防教育的重要性毋庸置疑，但各高校在具体实施操作中还存在一些问题需改善。

（一）国防意识淡薄，相关国防知识缺乏

大学生对于国防教育的重要性普遍有清晰认识。在校期间的军事训练和军事理论课教学后，有效地提高了学生身体素质。但学生对于国防知识、国防观念和国家安全意识认识不到位。

（二）军训实践操作内容单一并缺乏科学性

大多数高校开展国防教育时都比较重视军训的军事技能训练部分，而且时间一般都安排在新生入学阶段。军训手段太过单一，内容枯燥、重复，严重影响了大学生对国防教育的认识，降低了对国防教育的认可，也使得他们对国防教育课程的重要性认识不足。

（三）缺乏保持军训教育效果的长效机制

短短十多天的军训，在一定程度上能够提高大学新生的身体素质、集体意识，但未能保证大学生通过短短的几天就掌握足够的军事知识。如果缺乏保持军训教育效果的长效机制，加之军事课教学安排不合理，那么新生军训期间养成的良好素质未能得到及时有效巩固，将逐渐消失。

二、暑期“三下乡”实践活动概述

以迎接党的十九大和庆祝建军90周年、建团95周年为契机，引领广大青年学生更加坚定跟党走中国特色社会主义道路的理想信念，引导学生牢固树立心中有祖国、心中有集体、心中有他人的意识。2017年8月22日上午，民大40多名新生军训员到解放军驻滇某部，开展了主题为“青春有约，走进军营”的暑期“三下乡”活动。部队崔宁、尹连收两位教官利用现有场地，安排了队列教学、95枪族的分解与组合、参观内务和国防教育大厅四项训练内容。

军训员担任指挥员组织队列训练，可以有效地提高自己组织、指挥和管理队伍的能力。通过队列训练，新生军训员既可以亲身感受和体验现代军人整齐划一和严格正规的队列生活，更能培养良好的身姿，纠正和克服诸如挺腹、含胸、歪头、斜肩等毛病，养成穿戴整洁的良好习惯，树立良好的时间观念、组织纪律观念、集体观念和讲求规范、雷厉风行的工作作风，促进团队合作建设。参观国防教育大厅中的国防兵器模型展，包括航母辽宁舰、中型主战坦克、两栖履带式装

甲运兵车、无防护火力突击车等重型武器模型，通过与各种国防武器的零距离全接触，军训员进一步了解国情，拓宽自身视野，增强了通过奋斗实现“中国梦”的决心。

此次活动，使军训员们不仅认清了国防与国家安危存亡、民族荣辱兴衰密切相关，树立了牢固的国防观念，加深了对中华民族源远流长的爱国主义传统的理解，培养了无私奉献、积极进取的高尚情操，开阔视野、完善了知识结构，活跃了思维方式，磨炼了意志，坚定了战胜困难的信心，增强了军事技能、体能和树立了严格的组织纪律观念。另外，此次活动还全面提升了民大新生军训员的各项素质，为新生军训工作打牢基础。

民大在校内成立学生军训团，采用老生训练新生的国防教育模式，贴近生活、贴近实际、贴近学生，形式新颖、内容丰富，提高了国防教育的有效性，受到了部队领导和教官们的肯定和鼓励。

三、云南民族大学军训团国防教育模式

近年来，民大不断探索，努力促进国防教育的专业化、多样化、新颖化和常态化，使国防教育真正融入学生的日常学习生活中，便于学生更好地吸收和接受。

（一）云南民族大学国防教育专业化

国防教育是教育体系的重要组成部分，对于培育人民群众国防意识、提升综合素质及储备国防后备人才有着突出而深远的意义。云南民族大学作为国防教育工作的重要阵地，经过长期探索和实践，国防教育工作取得了显著成果。民大成立专项团队——军训团，自1990年起至今已持续20多年。学校选拔上一级优秀军训教练员进行培训，再由他们担任新生军训教练员。这种老生管理新生的“军训团”国防教育模式是全国第一家，受到了国家总参谋部的认可并向全军通电表扬。1990年开始至今，2017级新生作为第28届军训教练员更要发扬好坚忍不拔、吃苦耐劳的军训精神。这一批教练员在“训”完自己后，将在新生报到之后对他们进行严格的训练。

（二）云南民族大学国防教育内容多样化

民大的国防教育内容总体采用军事化管理，从生活作息到军事训练全部按照

连队标准严格执行。在15天的时间里，学生们要完成军训课程表中的10个课目、25项学习训练任务，内容包括：以强军目标重要思想、国家周边安全环境、武器装备为重点，组织理论教学，并开展国防知识竞赛；学习单个军人队列动作、定向越野、擒拿格斗、军歌学习、战术训练等军事技能；通过请来专家讲、走进军营看、实际锻炼等方式，让学生全方位、零距离接触军旅生活，真正体会国防教育的重要性。

（三）云南民族大学国防教育形式新颖化

目前，网络迅速成为学生获取更多信息的主要渠道，学校利用新媒体可以迅速了解学生动向，其交互性扩大了开展国防教育的覆盖面，延伸了军事教育效果。新媒体工具的使用，让国防主题教育活动更具有吸引力，学校开展国防征文类活动、网络评选军训教官类活动、军事知识竞赛类活动和网络访谈类节目。以新媒体为载体的国防教育活动与传统教育相结合，不仅大量节省了活动成本，还能丰富活动的组织形式，使大学生参与活动的热情更加饱满，国防教育效果得以巩固。学校创办云南民族大学军训团、云南民族大学国旗班、云南民族大学军旅等三个微信公众号，拓宽学生对军事知识、国防知识、军旅动态的了解，提高学生们对国防教育的关注，培养兴趣，提高国防教育的成效。

（四）云南民族大学国防教育常态化

在校内依靠自身的教学力量施训，绝不是完全脱离军队的学校单独行为。经过军训团的传、帮、带，学校国防教育系统已逐渐完善，不断推进校园国防教育常态化。除每年的为期15天的新生军训外，每学期定期开设形势与政策知识讲座，通过微信、微博等网络信息平台不断推送国防教育相关知识，开设国防教育公共课，组建国旗班，定期升国旗，开展爱国教育专题活动，把国防教育作为一个全程化、全员化的过程，为国防教育持续输出动力。

四、云南民族大学国防教育成效明显

高校国防教育能更好地促进大学生综合素质的提高，是大学生素质教育的重要组成部分，它有利于培养大学生吃苦耐劳的精神，激发大学生的爱国主义热情，强化集体主义观念，全面提高其思想政治素质。

多年来，学校一直培养一批专业团队，始终坚持不懈地推进国防教育。学生通过“军训团”国防教育模式不仅可以学习到基本的军事知识和技能，还能够继承爱国奉献、艰苦奋斗、吃苦耐劳、勇于牺牲、勇敢顽强、坚忍不拔的优良传统。这些都十分有利于学生磨炼意志品质，增强组织性、纪律性，树立正确的世界观、人生观和价值观。“军训团”国防教育模式还激发了学校有志青年报国参军的热情，仅2017年就有39名在校大学生携笔从戎，投身到保家卫国的行列中。

参考文献：

［1］吴佳怡．新时期高校军训思想政治教育工作探索．当代教育理论与实践，2012（8）．

［2］王梦．增强地方高校军事理论和军事技能课程实效的研究．河南教育（中旬），2010（12）．

［3］马安勤，陈敏．高校大学生国防教育的意义、现状与对策．辽宁行政学院学报，2009（1）．

［4］李公根，朱忠祥，朱书卉．专业化视角下高校国防教育师资队伍建设的思考．吉林省教育学院学报（下旬），2013（1）．

新形势下民族院校毕业生就业现状调查研究

——以“情系民大，寻访老校友”暑期走访调研为例

云南民族大学文学与传媒学院　杨巧红

摘　要：改革开放以来，我国少数民族高等教育实现了跨越式发展，民族院校毕业生就业呈现新特点，本文以“情系民大，寻访老校友”暑期走访调研情况为例，简要介绍民族院校毕业生就业状况，总结分析云南民族大学毕业生的就业特点，并试图提出相应对策。

关键词：民族院校；就业现状；调查研究

近年来，云南民族大学毕业生年终就业率均在90%左右。目前主要就业单位是教育系统、各级党政机关、公安系统、解放军各军兵种、武警部队及其他企事业单位。此外，每年还有不少硕士研究生考入国内外高校和科研机构攻读博士，部分本科毕业生考取民大及其他高校继续学习深造，部分专科生通过专升本考试考入省内各本科院校学习。

一、毕业生就业特点

在这次社会实践中我们主要走访了不同时期自云南民族大学毕业的校友，他们来自不同的地区，有着不同的就职经历。通过走访调研和对近年毕业生就业情况的统计分析，可知近年民大的毕业生就业情况呈现以下特点：

（一）由统一分配到自主就业

在采访的14位老校友之中，有两位老校友的就职属于学校统一分配，占比14.3%，他们的毕业时间均在2000年以前，且就业单位以政府部门为主。例如，

赵德宏 1996 年分配到云南省畜牧兽医科学院工作；柏劲松 1995 年 8 月分配至云南省玉溪市峨山县甸中镇镇政府工作。刀桂英、卫岗、排雪梅、许敏四人通过公务员、事业单位考试等渠道如今在政府部门工作，而刘畅、罗光梅、马宝焕、郭秋月等人选择了其他类似教师、商务助理等自由度较高的职业。

（二）就业目标明确，就业心态理智

14 位老校友具有开放自由的态度以及强烈的自我意识，在采访中大部分老校友表示他们在入校时就给自己的大学生活做好了规划。在职场竞争激烈、就业压力大的环境下，他们一直能以平和理性的心态面对现实。如今，就业岗位与专业不对口的情况比比皆是，调查显示，2000 年以前的毕业生更多的是选择就业变动小的职业，之后很少再有变动，他们不盲目追求留在大城市，更愿意直接到一些中小城市或回到家乡发展，这些充分体现了他们理性和务实的就业观。而 2000 年以后毕业的学生会先寻找落脚点，增加社会经验，从而寻找机会获得理想职业。

（三）就业选择多元化，就业途径多样化

在经济全球化和市场经济带来的多元意识形态的影响下，大学生就业选择的机会大大增加，因此有许多毕业生选择自主就业以及报考各类事业单位。目前，国家加大对西部、基层工作的优惠扶持政策，有很大一部分毕业生选择回家乡（少数民族地区）工作。此外，由于新时代的大学生更崇尚自由宽松的工作环境，加上目前的就业形势和国家政策使很多的毕业生产生了选择自由职业的想法，这样不仅缓解了就业压力，还对社会经济的发展起到一定的推动作用。

二、毕业生就业存在的问题

（一）对就业服务的需求量大

在调查中，以往的毕业生对于学校平台提供的就业信息、技能培训、调研实践等内容一直保持着高度的关注。并且他们表示，这些信息对于就职方向具有很好的引导作用，但在其广度和深度上还有所欠缺。因而，就业信息服务这块还有待加强。

（二）风险意识薄，抗压能力弱

在经济新常态的影响下，政府鼓励自主创业。但这次调查和以往的数据显示，仅有 0.3% 的学生选择自主创业，绝大部分学生对当前经济形势下的自主创业认识不足，不了解政府鼓励大学生自主创业的政策，又受各种现实条件影响，自主创业信心不足。

三、思考和建议

高校人才培养模式的改革，是教育界一直在探索的一项复杂而又意义深远的课题，随着市场经济的不断腾飞，社会对于高校人才的需求也在不断地发展变化。因此，民族高校除了紧跟社会和市场经济发展脉搏，还需要适应不断发展变化的人才形势，不断创新民族人才培养模式，培养出真正的少数民族地区所需要的专业性、实用性高校人才，真正地实现“为少数民族服务，为民族地区服务”的办学目标。民族院校相关部门要充分认识就业工作的重要性，形成合力，结合学校实际从以下几个方面入手，积极探索提高学生就业率的有效途径。

（一）指导学生适应经济新常态，树立正确的就业观

2016 年高校毕业生是 765 万人，比 2015 年增加 16 万人，而且中职毕业生和初高中毕业不再继续升学的学生大约也是这个数量。青年就业群体大约有 1500 万人，以高校毕业生为主的青年就业群体的数量还在持续增加。

实际就业状况与调查中所呈现的民族院校学生对就业的期望值有一定差别。民族院校就业相关部门需要不断进行调研，在充分了解当前经济发展及就业需求的情况下，引导大学生们及时调整自己的就业理想和价值取向，降低就业期望值，拓宽就业范围，树立大众化就业观，先就业后择业，帮助学生从社会实际需求出发，充分认识社会就业形势。同时，民族院校就业相关部门应把“大学生志愿服务西部计划”“三支一扶”“农村义务教育阶段学校教师特设岗位计划”“选聘高校毕业生到村任职工作”等政策宣传落实到位，积极引导学生面向西部和基层就业。

（二）充分做好就业准备，重视职业规划

民族院校的一些传统优势专业在就业市场中的竞争力不断减弱，因此学生需

做好个人职业发展规划。参与此次调查的学生中，仅有 11.9% 的学生了解个人职业发展规划的重要性并做过详细规划，大部分学生并不完全知晓其重要性或没有详细规划，这会导致学生在面临就业时因准备不充分而陷入被动。开展职业生涯规划有利于大学生树立科学的择业观；有利于大学生充分认识自己，继而积极发挥自身的优势，从而减少不断就业耽搁的时间。另外，大学生职业生涯规划设计对社会的发展也有巨大的功用。为此，各民族院校应加强对大学生职业生涯的规划教育，充分发挥就业指导课程的作用，使大学生能根据自己的兴趣爱好和职业发展方向进行学习，使大学生在顺利进入人力资源市场后，能持续稳定地自我发展，贡献社会。

（三）提升实习实训质量，鼓励自主创业

在这次调研中发现，大多数毕业生在择业就业之后都意识到了实践的重要性。实习是高校人才培养的重要组成部分，是理论与实践相结合原则的体现，是增强学生实践应用能力的有效途径，也是全面检验和进一步提高毕业生就业质量的必要措施。受竞争激烈的就业市场影响，民族院校大部分学生在毕业前都已具备社会实习的条件，并且在大三学年便可实行，学校相关部门应充分重视学生的实习需求，在课时安排上精打细算，尽可能地将这一阶段学生的上课时间化整为零，为学生实习提供时间上的便利和保障。与就业问题一样，高校学生实习是一项系统的社会工程，需要政府、社会、企业、高校和学生多方主体共同参与和协调，尤其需要给予足够的政府扶持和社会支持。因此建议政府从我国的实际出发，借鉴国外的成功经验，尽快出台相关政策，引导、鼓励企业接收高校学生实习，使高校学生实习的场所、质量得到保障。

近年来，全面推进创新创业教育成为提升民族院校学生就业率的另一重要途径，据统计，2016 年近八成高校出台了创新创业教育激励政策。“网络经济的兴起、社会对服务业新形势的需求旺盛和小微经济的蓬勃发展，为灵活就业提供了广阔的平台和机会，大学生完全可以利用熟悉网络与实时市场需求信息这些优势来合作创业。”学校就业相关部门可以向学生广泛宣传国家在鼓励大学生创业方面出台的关于创业培训、工商登记、融资服务、税收减免等各项优惠政策，积极引导学生适应经济发展形势；应将创新创业教育贯穿人才培养全过程，面向学生开设创新创业教育专业课程，在纳入学分管理的同时，建立弹性学制，允许在校学生休学创业；充分利用校内外资源组织各类创新创业竞赛、创业模拟等学生创

业实践活动，鼓励扶持多种创业形态。

（四）重点关注就业困难群体，增强就业帮扶

云南是我国少数民族较多的省份，世居少数民族有25个，少数民族人口达到33.37%。少数民族基本上生活在边境和山区，这些地区由于地处高原、交通阻隔，基础教育发展缓慢，经济发展较为滞后，因而民族院校的贫困生比例普遍高于其他院校。而受个人成长经历、社会见识、职业技能素养等诸多因素的影响，贫困生中的相当一部分人存在就业困难的问题。对就业困难群体更应该予以高度关注和重点帮扶，在深度走访调研分类统计的基础上，针对各类就业困难的毕业生采取有针对性的帮扶措施。如积极联络各地慈善基金组织，建立“大学生就业扶助项目”，为经济困难学生提供专项就业扶助金；优选师资为就业困难学生提供求职礼仪、面试技巧、简历制作等专题培训；对就业困难学生开展求职心理、职业规划等方面的一对一咨询和辅导；向用人单位重点推荐就业困难学生等。

新时代的来临，对人才的培养目标和模式、教育内容和方法，以至教育思想、观念和行为等都提出了一系列新的要求，教育要承担起培养和造就数以亿计的高素质的劳动者和数以千万计的高素质的专门人才的重任。高校毕业生的就业关乎每个就读的学生及他们的家庭，是教育领域重要的民生工程。民族院校的就业指导工作也要尽快适应经济发展的新阶段，不断开拓工作局面，积极探索民族院校的发展优势，为构建和谐社会贡献力量。

参考文献：

[1] 张德华．民族类院校毕业生就业面临的困境及思考．云南民族学院学报（哲学社会科学版），2003（2）．

[2] 张德华．民族院校毕业生就业指导现状的浅析．桂林电子工业学院学报，2004（4）．

[3] 普丽春．民族院校毕业生就业工作的现状与思考——以云南民族学院为例．云南民族学院学报（哲学社会科学版），2002（2）．

[4] 兰树林．论民族院校毕业生就业难之原因与对策．西南民族学院学报（哲学社会科学版），2001（2）．

[5] 李军，陈新畅．离校未就业毕业生就业指导服务实践思考．现代商贸工业，2015（7）．

[6] 岳昌君．高校毕业生就业状况分析：2003～2011．北京大学教育评论，2012（1）．

[7] 张岩．新形势下高校毕业生灵活就业问题探析．教学研究，2010（4）．

[8] 盛子建．农村大学生就业困境与对策分析．湖南农业大学，2013．

云南民族大学第二课堂评价体系调研报告

云南民族大学东南亚学院　陈　卫

摘　要：本文以云南民族大学为调查对象，通过实地调查走访，了解云南民族大学学生参与活动情况以及云南民族大学第二课堂的发展，并针对大学生第二课堂评价体系进行分析，给出合理的评价体系。

关键词：第二课堂；评价体系

在全国青联十二届全会和全国学联二十六大中，习总书记向中国青年提出“志存高远、德才并重、情理兼修、勇于开拓”的十六字诀。在改革创新的时代浪潮中，青年人的全面发展至关重要。因此，校园作为大学生踏入社会的必经之路，学生在校园的学习与发展变得更加重要。2016 年团中央制定的《高校共青团“第二课堂成绩单”制度试点工作实施办法》规定，要对大学生在校期间在第二课堂上的表现进行评价。第二课堂成绩单是以客观记录学生第二课堂活动为主的评价体系。它客观记录学生在校期间参加各项课外活动，从事团学工作等的情况和取得的各类成绩；以“客观为主，兼顾主观”的原则建立评价体系，对学生进行综合能力的描述性评价。所以我们通过对云南民族大学举办活动的情况以及大学生参与活动的情况进行调查，得出一些较为全面且真实的数据。

一、第二课堂成绩单简述

2016 年 9 月 18 日，为了深入贯彻党中央关于团学工作的部署，切实推动各高校共青团深化改革，中国共产主义青年团中央委员会学校部出台了关于印发《高校共青团“第二课堂成绩单”制度试点工作实施办法》的通知，鼓励各高校共青团积极进行试点活动，改革创新机制，推动第二课堂成绩单制度试点工作取得了实质性进展。第二课堂成绩单在本质上结合各学校开展活动以及团学组织形式的具体情况，对各种校内活动进行科学分类与总结，建立系统科学的分类、审核、评价机制。

第二课堂成绩单将以大学生参加第二课堂的表现作为主要评价标准的方法来反向推动大学生在校期间积极广泛参加各项活动，推动大学生深刻、全方位地融入大学生活，提高大学生综合素质，促进全面发展。同时，根据评价体系中的思想成长、实践实习、志愿公益、创业创新、文体活动、工作履历、技能特长以及提升空间这八个部分的不同得分情况，对大学生在校期间的综合能力进行分类评估，有利于帮助学生们了解自身的优势以及不足，促进大学生的自我完善和提升。

为了响应团中央学生部的改革部署方案，云南民族大学共青团积极深化改革，推动第二课堂成绩单评价体系试点工作的进行。云南民族大学坐落于风景如画的“春城”昆明，是一所以各民族同学为培养对象的综合性大学，是我国历史最悠久的民族高等院校。云南民族大学在建校六十多年的历史中，不断完善团学组织形式，丰富校内社团种类，积极开展校园活动，丰富大学生的课外生活，提高当代大学生的学习能力、实践能力以及组织能力。其中，云南民族大学举办的“民族风情文化周”“元旦篝火晚会”“社团文化节”“东南亚文化节”等活动不仅在校内广受欢迎，而且以独特的风格吸引着云南各高校的师生。除此之外，云南民族大学利用民族优势，充分展现各民族风采，建立各民族文化交流协会，汇集成具有民族特色的活动品牌。同时，云南民族大学为激励大学生创新创业，积极开展创新创业大赛，帮助大学生实现梦想。全方位、多层次的校园活动有利于丰富在校大学生的课外生活，提高大学生的综合素养。同时，为第二课堂成绩单试点工作的进行提供了现实、可行的客观环境。

二、云南民族大学第二课堂成绩单的实践情况

云南民族大学是云南省主要招收少数民族学生的综合性省属重点大学。学校在努力抓好学生的必修课学习的同时，也注重培养学生的综合素质。学校重视学生的社会实践活动，专门成立了云南民族大学学生社会实践领导小组（云南民族大学思想政治工作领导小组，以下简称小组），由其负责社会实践活动的统一领导、指导和协调。

小组着重组织学生在学校内利用学习空余时间参加比赛、讲座、表演，参与暑期“三下乡”志愿服务队活动、科技创新活动、暑期社会实践活动等。

小组每年对学生社会实践活动及其成果进行总结、评审，对优秀者予以表彰，对学生参加的课余活动进行记录，并按照其参加内容记录学生综合量化成绩。

（一）起步阶段

云南民族大学与时俱进，学习新的手段方法，借鉴其他学校的成功经验，不断推陈出新，在小组的努力下一步一步地发展并完善学生第二课堂成绩单。

民大改变了传统的记录方式，将原来的参与活动先由上级发布、班长通知、同学举手参与，再由班长反馈参加人员名单，通知参加人员时间地点这种方式，逐渐变为利用中央共青团发布的“到梦空间”APP 向学生公开发布活动，学生自愿报名参与。

经过一段时间的培训、学习，各个学院、各个组织、各个班级和每一位学生，都大致了解了软件的使用方法，学生们也能很快地接受和利用到梦空间 APP 来参与活动。民大学生第二课堂成绩单的制度正进一步得到完善。

（二）依靠到梦空间软件开展

到梦空间是一款基于互联网思维，由团中央学校部开发的大学生第二课堂成绩单的网络管理系统。它引导大学生以树立梦想为起点，创建第二课堂活动和部落；学生结合自己的兴趣爱好选择自己感兴趣的第二课堂活动和部落，生成自己的第二课堂日程表；按照日程表参加第二课堂开展的活动和组织建设的部落，及时形成信息记录，并且生成第二课堂成绩单。到梦空间可以帮助大学生高效安排时间，科学拓展素质，更好地了解自己的发展方向。

民大正在利用这一软件对学生的第二课堂成绩单进行进一步的规范管理。组织各个学院团委书记、学生代表进行培训学习，再由他们将所学教给其他学生，保证每一位学生都基本会使用这个软件，并根据自己的喜好对参与的活动进行选择。

到梦空间 APP 的使用改变了传统的记录方式，减轻了学校、学院的一部分工作负担，以一种新的方式和手段，融入了学校和集体，并且获得了大多数学校和学生的认同。

初步使用时，我们还在以原始手段和新的方式融合的形式，使学生们逐渐接受这个新的方式，从而进一步改善原先的记录模式，使大学生第二课堂成绩单的记录效率大大提高。

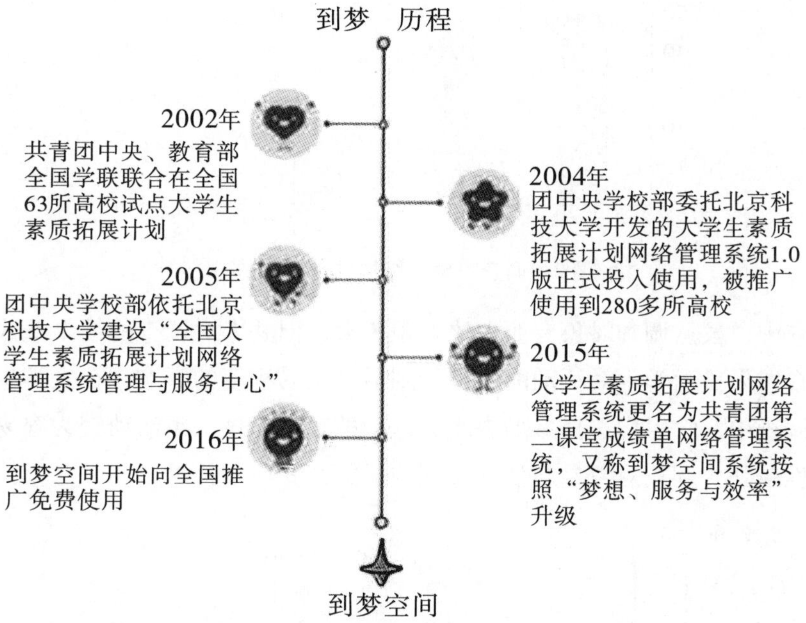

图1　到梦空间形成及发展历程

三、第二课堂成绩单评价体系研究

本文针对云南民族大学在校大学生参加活动的情况制订出云南民族大学第二课堂成绩单评价体系，由此调研小组对云南民族大学在校大学生进行了问卷调查。

调查问卷分为两个部分，第一部分为被调查者的基本信息，内容包括性别、年级、民族以及专业类别等；第二部分为被调查者参与活动的情况，内容包括所参加活动的类型、参加活动的类别、在活动中的获奖情况以及每学期参加活动的次数等。调查问卷中每个问题有若干选项，有多选与单选之分，以保证最后调研结果的科学性。本次调查参与者共 180 人，其中男性为 56 人，女性为 124 人；少数民族占总人数的 46.67%；参与调查的非文科科类同学占总人数的 31.11%，文科类的同学占总人数的 68.89%。

由于不同年级同学在参与活动类别、类型以及参与的积极性有所不同，同时受调研小组的年级分布影响，得到的数据结果受到了相应的影响。大一的同学为 80 人，大二的同学为 80 人，大三的同学为 20 人，由于调研的时间问题，调研时云南民族大学大四学生已离校，因此本次调查并未覆盖到大四学生。调查对象年级构成如图 2 所示：

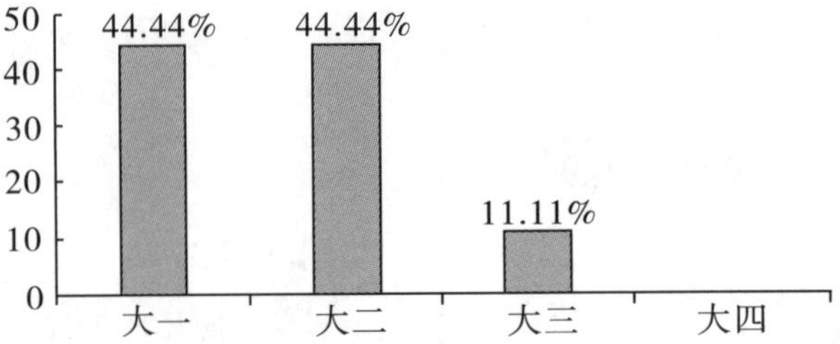

图 2　调查对象年级构成（单位:%）

调查中，虽然调查对象专业占比差距较大，但并未对调查的结果造成太大影响。调查结果显示学生对活动的选择受到活动难易程度的影响。在大学生参与活动情况调查中，学生们选择参加讲座类活动的较多，这一类活动较为容易参与并且理论性较强。调查对象参与活动类别构成如图 3 所示：

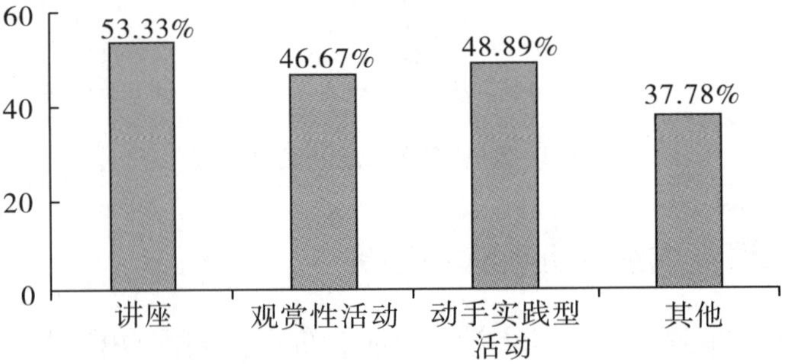

图 3　调查对象参与活动类别构成（单位:%）

本次调研的受调查者以大一与大二的学生为主，并且各个受调查者的爱好不同。调研小组根据云南民族大学开展活动的类型进行调查，根据受调查者的选择得出相应的数据。调查对象参与活动类型构成见图 4：

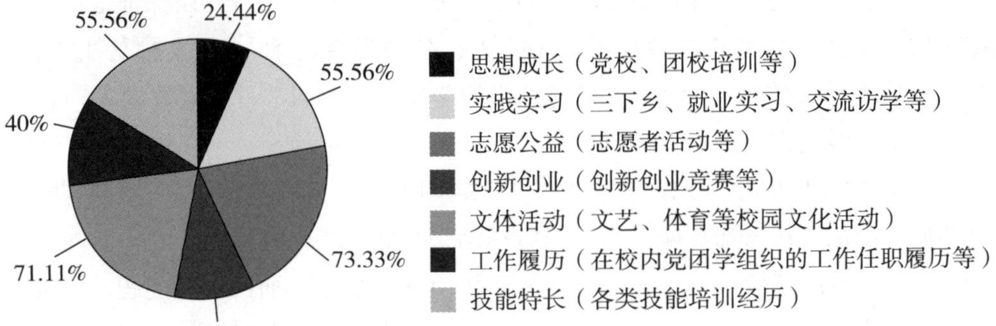

图 4　调查对象参与活动类型构成图

从图 4 中可看出较大一部分同学常常参加志愿公益类活动，其次是文体类活动，技能特长和实践实习类活动也受到大部分同学的欢迎，较少的同学愿意参加思想成长类活动。由此可看出，大学生参与活动受到自身特长与爱好的影响。

同时就云南民族大学大学生各学期参与活动的次数情况以及在不影响大学生生活和学习前提下，受调查者认为大学生各学期应参加活动的次数经调查得出，超过 75% 的同学认为大学生各学期参加活动的次数应控制在 5—10 次之间。

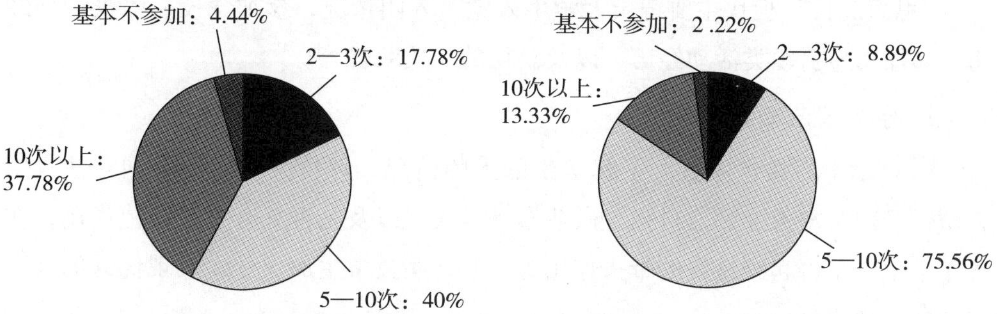

调查对象各学期参加活动次数比例　　调查对象认为大学生各学期应参加活动次数比例

图 5　参加活动次数比例

综合本次调查中的结果以及《高校共青团“第二课堂成绩单”制度试点工作实施办法》的规定，调研小组决定将云南民族大学评价体系设定为 100 分制，体系中根据大学生的活动参与情况以及在活动中的获奖情况对应相应的分值。同时，将评价体系分为八大板块，分别为思想成长、实践实习、志愿公益、创新创业、文体活动、工作履历、技能特长以及提升空间，其中提升空间板块为学生根据自身的爱好与特长参加活动予以加分，鼓励学生积极发挥特长，积极参加自身感兴趣的活动。因此，将 100 分平均划分给八个板块，每个板块占 12. 5 分。

四、评价体系建立

评价体系以 100 分为满分（最高上限），60 分为基本要求分数（及格）。学生的分数高于基本要求分数，这一年的活动分数才能算为合格；分数达到最高上限，这一年的活动分数就能算为优秀；若分数处于 80 分之上，这一年的活动分数为良好；若分数处于 60—80 分，这一年的活动分数为合格。

依据评价体系的八大板块，分别对学生的第二课堂进行记录。每个板块的分值为 12. 5 分，学生参加这一板块的分数满 12. 5 分后将停止加分。为鼓励学生发挥自我特长，板块中的提升空间将可为学生根据爱好与特长参加活动予以加分，同样若学生提升空间已满12.5分将停止加分（详见附录）。

附录：

（一）思想成长（满分12.5分）

“思想成长”板块主要记录大学生入党、入团情况，参加党校、团校培训经历，参加思想引领类活动经历，以及获得的相关荣誉等。

1. 学生政治面貌情况

（1）学生为共青团员。了解学生的入团情况，评价共青团员爱国守法、明礼诚信、团结友善、勤俭自强、敬业奉献等表现以及是否具有先锋模范作用，在青年学生中是否起到良好的带头作用等。共青团员学生加3分，表现优秀的共青团员再多加2分。

（2）学生为预备党员或党员。评价学生党员是否有责任心，是否兢兢业业、勤奋学习、无私奉献，以及是否有高尚的思想道德情操。评比学年的新党员学生加5分，表现优秀的党员再多加2分。

2. 学生党团学习培训经历

（1）学生参加团员学习培训。学生申请入团并积极参加学习培训，表现良好加2分、经过学习获得优异成绩加1分。

（2）团员参加入党学习培训。团员提交个人申请经过学习培训成为预备党员加4分、预备党员通过考查成为正式党员加5分。其中参与组织培养、参加党校讲座、交流学习宣讲会按省级、校级、院级、班级依次加3、2、1、0.5分。

3. 学生参加团学活动经历

（1）学生参加团日活动，考查学生的团学活动情况。积极参加省级、校级、院级、班级团日活动的，参加一次依次加2、1.5、1、0.5分。

（2）学生参加青年马克思主义者培养综合素质拓展工程。代表学校或者个人参加地（市）级、省级团学活动的，参加一次加3分；积极参加校级青马工程（青年马克思主义者培养工程）素质拓展活动的，参加一次加3分；积极参加院级青马工程素质拓展活动的，参加一次加2分。

4. 学生荣获团学相关荣誉

（1）考查团员是否严于律己，宽以待人，品学兼优，能否参加学校各项活动并能起到骨干带头作用，并受到广大同学一致好评。考查团员干部的工作积极性、履职能力、服务意识和工作成效。团员根据考核结果加分，考评结果分为优秀和不称职，考评为优秀的校级优秀团干部加 5 分、校级优秀团员加 3 分、院级优秀团干部加 3 分、院级优秀团员加 2 分，考评为不称职的一律不加分。

（2）团员参加团学知识竞赛。团员参加团学知识竞赛的根据结果加分。获得校级一等奖、二等奖、三等奖、优秀奖的依次加 5、4、3、2 分，获得院级一等奖、二等奖、三等奖、优秀奖的依次加 3、2、1、0.5 分。

5. 校纪校规知识学习情况

考查学生参加学校学生教育管理规章制度和安全知识的教育和学习情况。积极参加学校、学院、班级组织的各项规章制度的学习、安全知识教育、讲座，无缺席的加 2 分；自觉遵守各项校纪校规，全年无任何违纪违规行为的，加 4 分。

6. 附加

无故缺席学校、学院、班级组织的各项相关团学活动，各项规章制度的学习、安全知识教育、讲座的，每次扣 1 分。

（二）实践实习（满分 12.5 分）

“实践实习”板块主要记录大学生参与“三下乡”社会实践活动、就业实习、岗位见习以及其他实践活动的经历，以及获得的相关荣誉。

（1）参与假期“三下乡”社会实践活动、科研立项以及国际交流访学活动、国内高校交流访学活动、全国少数民族大学生暑期实习活动，按国家级、省级、校级、院级、班级依次加 12、10、8、5、2 分。

（2）进行就业实习和岗位见习相关活动加 5 分。

（3）完成假期社会实践加 2 分，获院级假期优秀社会实践加 2 分，获校级假期优秀社会实践加 4 分。

（4）参加省级、校级、院级、班级组织的相关实践学习宣讲会、座谈会、相关知识性讲座每次按省级、校级、院级、班级依次加 2、1.5、1、0.5 分。

（三）志愿公益（满分 12.5 分）

“志愿公益”板块主要记录大学生参与志愿服务西部计划及支教助残、社区服务、公益环保、赛会服务、海外服务等各类志愿公益活动的经历。

（1）代表学校或个人参加国家级志愿活动的每次加 4 分；代表学校或个人参加省级志愿活动的，参加一次加 2 分；积极参加院级志愿活动的，参加一次加 0.5 分；积极参加班级志愿活动的，参加一次加 0.25 分。

（2）组织开展社会公益活动加 1 分。

（3）参与特大志愿者活动（如前往灾区救济、地区支教）加 2 分。

（4）有其他突出事迹（如爱心捐赠、见义勇为、拾金不昧、扶残助弱等事迹）一次加 1 分。

（四）创新创业（满分 12.5 分）

“创新创业”板块主要记录大学生参与各级各类学术科技创新创业竞赛和活动的经历及获得的相关荣誉，以及发表论文、出版专著、取得专利等情况。

（1）参加国家级、省级创业创新相关的观赏性活动宣讲会、座谈会、相关知识性讲座每次按国家级、省级、校级、院级、班级依次加 2.5、2、1.5、1、0.5 分。

（2）参加国家、社会组织的创业创新比赛加 3 分，获一等奖、二等奖、三等奖、优秀奖依次加 10、8、6、5 分。

（3）参加校级组织的创业创新比赛加 2 分，获一等奖、二等奖、三等奖、优秀奖依次加 5、4、3、2 分。

（4）参加院级组织的创业创新比赛加 1 分，获一等奖、二等奖、三等奖、优秀奖依次加 3、2.5、2、1.5 分。

（5）年度内以第一作者身份在核心期刊发表学术论文的，每篇加 4 分；以第一作者身份在一般刊物公开发表学术论文的，每篇加 3 分；以第一作者身份在期刊、报纸发表文章的，每篇加 2 分；以第一作者身份在校报（刊）发表文章的，每篇加 1 分（不超过 5 分）；以第一作者身份在校团委、学生会主办的刊物或院刊发表文章的，每篇加 2 分（不超过 5 分）。

（五）文体活动（满分12.5分）

“文体活动”板块主要记载大学生参与文艺、体育、人文素养等各级各类校园文化活动的经历，以及获得的相关荣誉。

（1）参加国家级、省级、校级、院级、班级组织的文化、艺术、体育类相关的观赏性活动宣讲会、座谈会、相关知识性讲座每次按国家级、省级、校级、院级、班级依次加2.5、2、1.5、1、0.5分。

（2）参加国家、社会组织的文化、艺术、体育类相关竞赛加3分，获一等奖、二等奖、三等奖、优秀奖依次加8、6、5、4分。

（3）参加校级组织的文化、艺术、体育类相关竞赛加2分，获一等奖、二等奖、三等奖、优秀奖依次加5、4、3、2分。

（4）参加院级组织的文化、艺术、体育类相关竞赛加1分，获一等奖、二等奖、三等奖、优秀奖依次加3、2.5、2、1.5分。

（六）工作履历（满分12.5分）

“工作履历”板块主要记录大学生在校内党团学（含学生社团）组织的工作、任职履历、在校外的社会工作履历以及获得的相关荣誉。

（1）担任校级团学组织主席团成员加8分，部门干部加5分，部门干事加3分；参加学校相关的活动宣讲会、知识性讲座、迎接新生等一次加2分。

（2）担任院级团学组织主席团成员加5分，部门干部加3分，部门干事加2分；带领院团学组织获得校级优秀团学组织称号的主席团成员加3分；带领院团学组织部门获得校级优秀团学组织称号的各部干部加2分；获得校级优秀团学组织称号的团学组织干事加1分；获得校级优秀团学组织部门称号的部门干事加1分；参加学院相关的活动宣讲会、知识性讲座、迎接新生等一次加2分。

（3）担任班级学生干部、团干加2分。

（4）参与校内勤工俭学相关工作以及校外社会工作加3分。

（七）技能特长（满分12.5分）

“技能特长”板块主要记录大学生参加各级各类技能培训的经历，以及获得的相关荣誉。

（1）参加国家级、省级、校级、院级、班级组织活动的与各项技能特长相关的观赏性活动宣讲会、座谈会、相关知识性讲座每次按国家级、省级、校级、院级、班级依次加2.5、2、1.5、1、0.5分。

（2）参加国家、社会组织的各项技能特长相关竞赛加3分，获一等奖、二等奖、三等奖、优秀奖依次加8、6、5、4分。

（3）参加校级组织的各项技能特长竞赛加2分，获一等奖、二等奖、三等奖、优秀奖依次加5、4、3、2分。

（4）参加院级组织的各项技能特长竞赛加1分，获一等奖、二等奖、三等奖、优秀奖依次加3、2.5、2、1.5分。

针对各项技能培训获得的相关荣誉做如下补充：

1. 技能培训等方面的情况（本项满分5分，可每学年累加）

获得由国家统一认证的技能资格、等级证书或荣誉者，每类证书（资格）每学年加2分；获得由学校（院）统一认证的技能资格、等级证书或荣誉者，每类证书（资格）每学年加2分。

附加说明：上述技能培训包括获得导游资格证书、律师资格证书、会计资格证、银行从业资格证、CAD工程师认证证书、人力资源从业资格证书、国家司法考试证书、翻译资格证等证，其中获得驾驶资格证书加2分。

2. 普通话水平情况（本项满分5分，可每学年累加）

参加普通话考试，获得三级甲等的，每学年加1分；获得二级乙等的，每学年加2分；获得二级甲等的，每学年加3分；获得一级乙等的，每学年加4分；获得一级甲等的，每学年加5分。

3. 外语水平情况（本项满分5分，可每学年累加）

通过国家大学英语四级考试的，每学年加3分；通过国家大学英语六级考试的，每学年加5分；外语专业学生通过国家专业英语四级考试的，每学年加3分；通过国家专业英语八级考试的，每学年加5分；获得托福（TOFEL）、雅思（IELTS）、剑桥商务英语（BEC）证书每项各加5分。

4. 计算机水平情况（本项满分5分，可每学年累加）

通过国家级计算机一级考试的，每学年加4分；通过国家级计算机二级考试的，每学年加6分；通过国家级计算机三级考试的，每学年加8分；通过国家级计算机四级考试的，每学年加10分。

计算机专业学生获得计算机技术与软件专业初级资格的，每学年加5分；获得计算机技术与软件专业中级资格的，每学年加8分；获得计算机技术与软件专业高级资格的，每学年加10分。

5. 科研能力与参加科技竞赛情况（本项满分5分）

测评年度，在国家级学术科技竞赛中获得一等奖的，每项加5分，获得二等奖的，每项加4.5分，获得三等奖的，每项加4分；在省级学术科技竞赛中获得一等奖的，每项加4.5分，获得二等奖的，每项加4分，获得三等奖的，每项加3.5分；在地、市级学术科技竞赛中获得一等奖的，每项加4分，获得二等奖的，每项加3.5分，获得三等奖的，每项加3分；在校级学术科技竞赛中获得一等奖的，每项加3.5分，获得二等奖的，每项加3分，获得三等奖的，每项加2.5分；在院级学术科技竞赛中获得一等奖的，每项加2.5分，获得二等奖的，每项加2分，获得三等奖的，每项加1.5分。比赛以名次计的，按照以下方法折算：第1名视为一等奖，第2、3名视为二等奖，第4、5、6名视为三等奖。

6. 攻读第二学位的情况（本项满分6分）

测评年度攻读第二学位课程成绩合格的，每通过一门课程加1分。

（八）提升空间（满分12.5分）

为学生根据爱好与特长参加活动予以加分，此板块鼓励学生发挥特长，积极参加自身感兴趣的活动。

（1）参加国家级、省级、校级、院级、班级组织活动的各项与个人爱好相关的观赏性活动宣讲会、座谈会、相关知识性讲座每次按国家级、省级、校级、院级、班级依次加2.5、2、1.5、1、0.5分。

（2）参加国家、社会组织的各项个人爱好相关竞赛加3分，获一等奖、二等奖、三等奖、优秀奖依次加8、6、5、4分。

（3）参加校级组织的各项个人爱好竞赛加2分，获一等奖、二等奖、三等奖、优秀奖依次加5、4、3、2分。

（4）参加院级组织的各项个人爱好竞赛加1分，获一等奖、二等奖、三等奖、优秀奖依次加3、2.5、2、1.5分。

云南边疆少数民族对法律的认知情况调查研究

——以勐腊象明乡为例

云南民族大学法学院　张佰乐　廖逢英　岩光坎

摘　要：本文对勐腊象明乡公民法律意识进行调查，通过对收集到的第一手资料进行分析，并结合公民对法律的认识评价、日常生活中利用法律的手段、对法律机关的认识等情况，得出云南边疆少数民族的法律意识依然淡薄等结论，并提出对策：重视民族习惯文化传统的作用；重点加强普法宣传教育；切实提高文化教育水平等。

关键词：法律意识；村规民约；法治宣传

一、问卷调查统计与分析

通过问卷调查，我们发现，本地区村民法律意识状况基本上呈现以下三个特点：

（一）对我国的法律知识了解不够且不相信法律

表 1　问题一：您相信法律吗

相信	32	17%
不相信	126	67%
其他	29	16%

表 2　问题四：在日常生活中，您认为法律和您的关系如何

无关	28	15%
有点关系	89	47%
关系重大	9	5%
只与干部有关系	61	33%

表 3　问题五：您对“人情大于国法”现象的看法是

对	37	20%
不对	88	47%
不完全对	33	18%
看情况定	29	15%

从问题一中可以看出他们中相信法律的村民仅占 17%，侧面反映出他们基本上不了解我国法律的现状，而且受网络负面新闻影响较大；问题四中认为法律与自身生活关系重大的村民仅占 5%，反映当地村民法律意识淡薄，且实际应用法律的更是少之又少；问题五中明确表示“人情大于国法”现象对的仍占 20%，表明村民依法治国思想意识的淡薄，少数民族传统文化及佛教文化对其影响重大。

（二）回避诉讼倾向明显，“调解、和解”为主要解决纠纷方式

表 4　问题六：您对以下哪几种纠纷解决方式有了解

诉讼	22	12%
仲裁	4	2%
调解	75	40%
和解	67	36%
其他	19	10%

表 5　问题十：您自己权利受到侵害时，您会借助法律保护自己吗

会	69	37%
不会（置之不理）	92	49%
其他	26	14%

结合问卷调查的其他问题可知，问题十中不会通过法律来保护自己的权益的占49%，具体情况包括侵犯消费者权益、家庭暴力、邻里借款纠纷等；其中37%的人会通过法律途径中的和解、调解解决问题。其中所谓的和解又包含大部分的“私了”，其他则指通过非法手段解决纠纷。

（三）对自己所处的法治环境缺乏了解与参与

表6　问题十八：您认为村规民约对自己的影响大吗

有较大影响	78	42%
有影响	92	49%
影响甚微	15	8%
完全没有	2	1%

表7　问题十七：您参加过村民选举大会吗

从没有参加过	28	15%
每次都参加	79	42%
偶尔参加	80	43%

通过访谈和问卷调查统计可知，村规民约在村民生活中发挥着主导作用，对村民的影响力达到91%，积极地约束了村民的违法行为，引导村民的合法行为，村规民约解决了大部分纠纷而且产生了良好的社会效果。村民选举大会是村民直接行使权利的体现，可是通过调查发现，从没有参加过和偶尔参加村民选举大会的村民占57%，另外每次都参加的还带有被强迫的原因。

本部分以原始调查数据为依据，对其中所反映出的被调查者的法律意识的特点进行归纳和阐述，并从各个方面对其形成的原因进行分析，得出以下结论：①象明乡少数民族的法律知识欠缺，表现为法律知识匮乏且无法满足相关的基本法律需要，维权意识较为欠缺，普遍存在担心麻烦、恐惧报复、权利麻木等情况；②当地少数民族的法律情感欠缺，对执法和司法公正性的认同度很低，对执法、司法机关心存芥蒂，对法的实现缺乏信心；③当地少数民族中，法律意识还较大程度地受到宗教，尤其是佛教的影响，当面对相关的法律问题时，他们更习惯用宗教信仰而非法律规范来分析和解决问题；④当地少数民族法律思维方式感性化，法律因素还难以成为他们思维或决策中的主导因素，自身权利受到侵害时倾向于私了。

二、影响当地居民法律意识的因素

“法律意识泛指人们对于法律，特别是本国现行法律的思想、观点、心理或态度等等。有时也称‘法制观念’‘法治观念’或‘法制心理状态’。”① 在依法治国的大背景下，法律意识具有基础性、全局性、先导性的地位，一个国家法治健全与否，在很大程度上取决于全民的法律意识水平，而历史的经验和现实情况表明，一个国家公民法律意识水平的高低，法治观念的强弱，与法律实现的程度有着密切的关系。目前，我国公民整体法律意识比较淡薄，是我国法治现代化进程中急待攻克的难题；特别是云南作为边疆地区，各民族杂居，经济发展水平、文化传统、生活习俗等存在差异，导致这种情况尤为突出，其具体原因表现如下（经济基础决定上层建筑，当地的经济发展水平是制约当地村民法律意识的最重要原因，此处不再赘述）。

（一）社会文化因素

我国传统文化的本质是“人治”，公民思想观念中对于法治的认识较为浅薄。受传统小农思想的影响，公民形成了“自保”和“顺从”的思维定式，与“法治”相比，这种传统直到现在仍然深深地影响本地区的人们，主要有：①“厌讼”文化以及以和为贵思想的驱使。云南边疆地区交通极其不便，网络数字化更为落后，环境较为封闭，对现代法治接受能力比较薄弱，直到今天，涉讼与道德评价在人们心中有不可调和的矛盾，从而导致怕法、逃避法律的现象相当严重。其结果是村民不愿涉讼，遇到纠纷宁可忍气吞声，也不愿寻求司法的保护，把大量的民事争议甚至刑事犯罪交由长老、村委及基层政府解决，甚至不惜作出无原则的退让，牺牲自己的合法权益。②道德中的关系观念。从社会观点说，道德是社会对个人行为的约束，使他们按规定下来的形式行事，使该社会得以生存和延续。中国的道德和法律，都因之得看所实施的对象和自己的关系而加

① 沈宗灵．法理学．北京：北京大学出版社，2001：217.

以一定程度上的伸缩。[①] 传统的人情观念，如“打官司就是打关系”，存在于我国普通社会民众之间，甚至有一些法官和律师也秉承这种观念。云南边疆地区由于经济发展相对滞后和交通的严重闭塞，好多地方依旧还是过着“鸡犬之声相闻”的生活，因此，传统人情观念依然很强。正如费孝通先生在《乡土中国》中所论及的差序格局一样，这里的人情也仅仅局限于亲缘关系或空间范围较有限、距离较近的熟人社会中的人们而已，其必然结果是人根据与己之亲疏远近区别对待别人，这不仅直接影响司法机关的独立工作，也使法律在当地的威信大大降低。

（二）社会法律氛围

礼治秩序是乡土社会的特色，而现代法律的生长则需要依托市场经济及都市化的发达程度。然而，云南边疆少数民族由于各种原因，其很大程度上还停留在自给自足的自然经济阶段，乡村化社会的分散及由此带来的散漫、放任观念，使现代的法律氛围极度弱化。在这种不分秦汉、代代如是的环境里，个人不但可以信任自己的经验，同样可以信任前人的经验；前人用来解决生活问题的方案，尽可作为自己的生活指南。简单来说，维持礼治这种规范的就是传统。具体来说就是传统深深地根植于乡村社会，并影响着乡村社会生活的风俗习惯、村规民约、道德等。

（三）主体法律信仰匮乏

个别行政机关执法不严谨、个别司法机关审判不公正，都直接降低了公民对法律的信任。

当代中国处在一个信息爆炸的时代，各种社会现象受关注的程度不断提高，个别媒体为了吸引观众的眼球，不惜虚假报道、歪曲事实，造成轰动效应。加之公民自身法律知识欠缺，运用法律的能力不足，从而将这些虚假信息、个别现象上升到普遍现象，产生了对法律的误解和不信任，造成对法治信心不足，法律信仰缺失，法律价值认知错误。这既是一种法律价值认知上的错误，也是公民法治意识不足的突出表现。

三、提高公民法律意识的途径

意识引导行为，公民自觉遵守法律是依法治国的保障，也是保证社会经济建

---

① 费孝通．乡土中国．北京：北京大学出版社，2014：31—36.

设顺利进行的前提。本次调研的调查统计数据显示，象明乡村民更多的是遵守村规民约、风俗习惯、道德等，在一定程度上，这些内容是我国传统文化的组成部分。这也反映出当地居民有良好的“守法”基础。那么，提高他们法律意识的关键就是使他们全面正确地了解我国的现行法，并从以下三个方面来进行：

（一）重视现有的民族习惯法文化传统的作用

民族习惯法文化传统（包括村规民约、风俗习惯、宗教、道德等）是在各自族群的社会生活实践中形成和发展的，它与其特定的生产、生活方式、政治制度、宗教信仰和婚姻习俗等相关。以象明乡曼林村村民委员会村规民约为例，其内容由社会治安、村民风俗、乡邻关系、婚姻家庭四个部分组成，涵盖了当地生活的方方面面，具体内容贴近群众的日常生活，凝结着民族的情感，为村民成员提供一种行为模式，有一定的强制力并被各成员自觉信仰和遵守，产生了良好的社会效果。具体措施中应积极发挥一个组织——“村委会组织”和一份文件——“村规民约”的重要作用，乡级以上政府应积极开展村干部培训会并给予相应的物质保障；对村规民约积极审查并建立科学的备案审查制，结合我国现有法律体系和当地实际情况，制定出科学合理的村规民约，循序渐进地完善村规民约，使其符合现有法律制度。这样，不仅能有效地进行普法宣传教育，还可以使当地村民从内心接受、认同法律，逐步提高他们的认识水平，使其放弃落后的习惯规范。

（二）加强普法宣传教育

村规民约虽说有不可比拟的优越性，但其内容缺乏科学性，而对其改良又是一项长期且艰巨的任务，有碍全面依法治国的推进。因此，针对本地区居民对国家法律了解不全面、法律意识淡薄的特点，最直接有效的方法，就是深入持久地开展法制宣传教育，普及法律知识，通过各种途径，把国家的法律思想传播到广大人民群众中去，努力使他们都知法、懂法、守法、用法，在保证国家法律权威性的基础上，采取当地居民能够接受和消化的方式。

具体来说普法工作至少应涵盖四个方面：

（1）合格的普法工作人员。其法律意识、业务知识必须达标，工作作风必须端正，同时又要对老百姓深怀情感，这是负责任的、有效的、真正普法的起点，否则难以改变老百姓心目中的“普法是形式主义”的观念。在此应发挥村委会组成人员的“中心作用”，定期对他们进行培训，在经费允许的情况下聘请相关法律专业人员定点长期指导。

（2）科学的普法内容。具体内容应当包括法律权威观念、权利本位观念、民主平等观念和监督制约观念。要让居民相信法律是神圣不可侵犯的，在自己权益受到侵害时法律能有效地维护自己的权益，任何人搞特权必将会受到法律的制裁。

（3）全面的普法对象。基层领导干部是普法宣传的排头兵，要增强其自觉性和自律性，以身作则，带头懂法、守法、护法，自觉同一切以权代法、以权抗法、以权压法的行为作斗争；司法、执法人员是普法宣传的中坚力量，要让每一位群众感受到司法的公平正义，真正做到“有法可依、有法必依、执法必严、违法必究”，切实地维护宪法和法律的权威和尊严，为培养和提高人们的法律意识创造一个良好的社会环境；广大群众是普法宣传的奠基石，要让他们在日常生活中学法、知法、用法、守法，自觉用法律规范自己的行为。

（4）科学创新的普法方式。在科技日益发达的今天，仅依靠官方渠道进行法治宣传是远远不能够满足公民要求的。公民更多的是通过网络、智能手机等新媒体形式进行信息获取、交流和传递，如何利用好新媒体进行法治宣传将是未来创新法治宣传途径的关键因素。发挥党员、青年带头作用，建立青年法治宣传微信群、QQ 群等；大力发展数字电视，让每一户村民尽可能获取正能量的法制宣传教育。

（三）要切实提高文化教育水平

青少年是祖国的未来和希望，全面依法治国是一项长期而艰巨的任务，提高法律意识要从娃娃抓起，大力发展当地文化教育事业，切实做到法律进课堂。同时，村委会可组织集体学习法律文化、评选法律文化学习优秀家庭等活动。此外，各级政府应当采取各种措施，改善教育条件和环境，多方面、多渠道地对他们进行文化普及教育，提高他们的文化综合素质，减少盲从心理，为提高他们法律意识减少文化上的障碍。

第四部分

党的先进性建设

多校区办学模式下高校基层团组织建设调查研究

——以应用技术学院为例

云南民族大学应用技术学院

陈忠洋　杨　燕　包天瑞　李永虎　周娅美　马荣志

摘　要：随着高等教育的快速发展，多校区办学成为高校发展的新模式，给高校共青团工作带来了新的机遇，同时也存在一些问题。本文以云南民族大学九龙池校区应用技术学院为例，探究多校区办学模式下高校基层团组织建设，对团建工作管理模式和工作方式提出了新思路，以期为高校加强基层组织建设提供参考。

关键词：多校区办学；基层团组织建设；思路；对策

一、多校区办学模式下高校基层团组织建设的问题与挑战

（一）学习氛围差

云南民族大学九龙池校区地处玉溪郊区，周围大部分是新建开发区，基础设施建设处于起步阶段、生活条件较差。校园周边缺少一定现代化设施，校园内部缺乏基础教学设施和校园文化活动场地，并且缺乏良好的学术氛围。

九龙池校区不同于校本部雨花校区，坐落在云南省玉溪市九龙片区飞井海畔，毗邻九龙池公园与玉溪市党校，具有良好的自然环境，但远离市区，单独建立校区也一定程度上导致了人才竞争力薄弱。校园外无一定数量的高校学生群体，校园内无具有一定规模的图书馆，自习室紧缺，一定程度上导致校园内部缺乏浓厚的学习氛围。

（二）资源配置不优化，不完善

共青团组织如果要达到组织青年、引导青年、服务青年的目的，就必须以丰富的活动为载体，而开展高质量的活动，需要有相应的配套设施作为保障。九龙池校区缺少配套设施，宣传载体单一，没有场地支持，难以吸引学生注意力。无法吸引学生，何谈活动育人，加之学院距离玉溪市区约 9 千米，师生出行主要交通方式为玉溪市 32 路公交车，附近没有较大的医院、银行和邮局，对日常生活也产生了一定的影响。

应用技术学院团委作为九龙池校区基层团组织，团学活动开展基本报批上级团组织，缺少与校本部的即时通信。在举办活动的过程中，无论是学院特色活动还是校级立项活动，大部分学生校园文化活动参与范围仅九龙池校区，团学活动开展难以吸引校本部师生，开展方式、对象较为局限。

（三）运行成本过高

异地办学，九龙池校区和主校区相距较远，空间上的距离极大地增加了校区与校区之间共青团工作的运行成本。由于沟通不便、信息传达不畅，导致工作衔接困难重重。

（1）会议成本较高。学院领导、团学干部、学生代表等赴校本部参与会议，均需派遣车辆，涉及人数较多需另包大巴车。

（2）纸质文件收发不便。应用技术学院团委各项上报文件除由前往校本部人员顺路携带外，大部分文件由学校交通车辆送上，由校本部接收方至校本部门口接收，极少情况使用邮件等快递发送形式，效率变低。

（3）活动经费报销不便，学生活动采购等经费均需开具多项证明，进行层层上报。学生活动经费出现学生先自行筹备后报销的情况。

（四）工作理念不新，发展定位不清

几乎所有的大学都以校区本部为整个工作的核心和枢纽，本部校区统领各分校区工作，分校区往往处于被动接受的局面。应因地制宜，不同地区有不同的风格特色，形成不同的工作处理办法，一贯沿用本部校区的思路、方法，不根据实地实际情况分析，容易造成分校区活动难以达到预期效果的问题。云南民族大学九龙池校区应用技术学院远离学校本部雨花校区，应用技术学院团委由校团委指

导开展工作，受新校区条件限制、活动资源不足等原因影响，在开展活动时无法完全按照本部条件开展，需因地制宜策划活动并报上级团组织批准，开展的活动难与本部接轨，活动指导、场地、设备等资源需自行联系，同样活动开展时间易与本部出现偏差，且无法有效吸引本部师生，难以达到预期效果。

二、多校区办学模式下高校基层团组织建设的新机遇

当代大学生具有敢于创新、敢于打破常规、思想不受限制、容易接纳新生事物的特点，大学生活习惯的培养以及外部环境的变化随时会影响他们树立正确的人生观、价值观、世界观。新校区的学生虽然信息相对闭塞，但由于有高校共青团组织搭建的“第二课堂”，在很大程度上丰富了团员们的阅历、提高了他们的综合素质，这也使得分校区的基层团组织建设更容易取得成绩。

面对分校区基层团组织发展中的问题和新机遇，对接上级团组织，云南民族大学九龙池校区应用技术学院着重通过网络交流、采用网络形式接受本部工作安排，以电子形式收发文件。在组织青年、引导青年上，应用技术学院团委着重搭建了微博、微信、QQ 等多个网络沟通平台，在团委宣传部下设立新媒体运营中心，主抓网络新媒体运营，构筑新校区团学宣传阵地。同时，积极参与青年之声、青年之家建设，构建网上第二课堂成绩单，在远离本部的分校区极大拓展了广大青年的精神层面，丰富了课余生活，正确引导了学院广大青年树立正确的人生观、价值观和世界观。

三、应用技术学院基层团组织建设情况

（一）思想政治建设

应用技术学院团委紧紧围绕党的十八大，十八届五中、六中全会精神，2016 年、2017 年全国“两会”精神，以省第十次党代会和云南民族大学第五次党代会的胜利召开为契机，坚持党的领导和社会主义教育主线，积极动员各部门成员响应党中央的号召，努力培养青年的爱党、爱国、爱团、爱校和回馈社会的高尚情操，抓好宣传阵地建设，积极全面宣传党的路线、方针、政策和团学工作，扩大受众面，增强号召力，保证团学各项工作有效开展。

1. 建立健全“中心小组”学习制度

（1）建立“中心小组”学习制度，及时、准确地贯彻党中央和团中央的有

关精神，全面学习党的路线、方针、政策，深入学习有关理论，提高应用技术学院全体师生及团员干部的理论水平、政策水平、思想觉悟水平，在做好思想政治教育工作的基础上，提高工作效率，提高工作能力。

学习内容：政治理论、领导管理、方针政策、时事政治。

学习形式：集中学习、自学。

（2）年度工作开展有序。各项工作的开展严格按照制度条例规定，以制定策划方案—前期筹备工作—严格有序开展—认真进行总结的思路作为工作指导，确保工作开展有组织、有计划、有活动、有总结。

（3）团支部举办学习和实践活动。一是团员思想教育工作；二是新生团员意识教育系列活动；三是新生团员教育活动；四是新生团员实践活动。

（4）上交总结成果，及时反思不足。

2. 夯实宣传阵地，提升思想水平

（1）定期刊出主题黑板报。制定黑板报出刊制度，团委、学生会、社联、青协、广播站及各系团总支学生会轮流定期出刊。

（2）部分特色活动在校级以上刊物公开及新闻媒体上报道。

3. 紧跟党建步伐，完善团的建设

（1）学院党委在经费、人员上的大力支持。

（2）“推优”制度稳步推进。推荐优秀团员作为党的发展对象是党赋予共青团组织的一项光荣任务，也是共青团发挥党的助手和后备军作用的重要内容。

4. 把握团学动态，开展思想调研

（1）及时上报团学动态。每月团学工作开展按照提前计划、及时总结的思路进行，每月 15 日、30 日定期向校团委上报团学思想动态及工作简报，及时传递学院团学工作信息。

（2）组织学生思想状况调研。为及时了解学院学生思想动态，结合学校相关工作安排，积极组织学生参加思想动态调研，及时了解学生动向。

5. 树立校园新风尚，专题活动常态化

结合相关建设工作要求，组织和开展各项特色活动。部分活动如下：

（1）党团理论知识专题学习：青年马克思主义者培养工程培训活动、专题讲座。

（2）校风教育。

（3）学风教育。

6. 借力新媒体，服务新青年

（1）使共青团工作网络化、信息化，有效利用网络平台进行宣传。为实现网络化以及高度利用网络，团委通过各项网络平台积极进行信息宣传与推广，积极向校媒联盟投稿，及时发布学院团委动态，营造应用技术学院和谐发展的氛围，推动团学工作的开展，为广大师生提供沟通交流，实时获取校园动态的平台。

（2）将自己的微信、微博、QQ 等作为网络宣传媒体，使其良好运行。一是成立应用技术学院团委微信公众平台。云南民族大学应用技术学院团委微信公众平台成立以来，在传播团学政治思想的基础上，刊登校园各类特色活动的新闻稿，在推动团学工作发展的同时，融合学院文化生活，营造温馨和谐的校园文化生活氛围，为广大师生提供了沟通交流平台，增强学生们的政治素养。二是应用技术学院团委微博公众平台对学院团学活动进行实时宣传，以及进行正能量内容的转发等。三是应用技术学院团委 QQ 公众号及时推送学院举办的活动动态、团学动态，积极为广大师生推荐充满正能量的语录，为同学们普及党团相关知识，增强同学们的政治素养。

（二）组织建设

应用技术学院团委在学院党委和上级团委的指导下，认真开展各项工作，明确组织工作的根本任务，坚持高效的工作原则，通过建立一支德才兼备的学生干部队伍，实行严格的责任管理制度，不断适应新的环境与挑战，加强自身的组织建设。

1. 加强团内民主建设

（1）团学班子完整，按时完成换届工作。应用技术学院团委团学班子结构完整，共有 101 个班级支部、团委、学生会、学生社团联合会、青年志愿者协会、校园之声广播站、大学生艺术团及五个系团总支学生会（人文学系、财经系、管理系、外语系、计科系）。其中团委设书记 1 人、副书记 3 人（含学生副书记 2 人），下设办公室、组织部、宣传部（下设新媒体运营中心）、社团部（下设活动中心、管理中心、宣传中心）；学生会下设办公室、学习部、生活部、女生部、文体部、宣传部；青年志愿者协会下设办公室、组织部、外联部、宣传部、文艺部、服务部；校园之声广播站下设办公室、主持部、宣传部；大学生艺术团下设合唱队、礼仪队、舞蹈队和器乐队；各系团总支学生会下设办公室、组织部、宣传部、文体部、学习部、生活部。严格按照《团章》及《云南民族大学应用技术学院学生干部选拔、考核及管理办法》规定，定于每年6月完成团学组织换届工作。

（2）健全工作制度，规范干部任用。一是健全团委工作例会制度。二是加强团学班子建设，共创团学工作新格局，每两周召开一次团学组织主席团例会，总结院团委各部门、各组织每周工作，并就团学组织建设积极总结并提出相应的意见和建议。三是严格遵循聘用制度，提升团干自身素质。制定《云南民族大学应用技术学院学生干部选拔、考核及管理办法》《共青团云南民族大学应用技术学院团学干部管理条例》，强化对学生干部的选拔、使用与考核，从源头挑选能力素质强，具有工作责任感的人，并明确落实岗位责任，实行学生监督的管理制度。定期对学生干部进行考核，本着“公开、公平、公正”原则，通过干事打分、会议评议及老师谈话一系列方式，对团学干部进行一学年两次的考核管理，加强学生组织内部团结，规范工作作风，切实提高干部素质和工作能力。

（3）强化干部管理培训，提高服务水平。为了进一步加强学院团学干部队伍建设，明确团学干部开展工作的方向和目的，增强团学干部的组织协作能力、凝聚力、战斗力，树立责任意识、团队意识和大局意识，全面提高学院团学干部的整体素质，从而服务同学、服务学院、努力实现学生自我教育、自我管理、自我服务，应用技术学院团委将团学干部培训和管理纳入日常工作体系，开展了青马培训、公文写作培训、泡面赛事系统使用培训、素质拓展等活动，提升团学干部综合能力。

（4）准时参加团委工作例会。团委工作例会由校团委书记（副书记）主持，每周召开一次。工作例会内容：一是传达贯彻上级团组织的指示精神；二是听取校团委安排、布置学院团委（支部）近阶段的工作；三是商讨学校共青团活动方案；四是分析青年团员状况，听取团组织对团委的工作意见和建议。

（5）规范团学工作，按时上交学期工作计划和工作总结。

2. 团员的管理

完成新生团员团籍管理和团的基础知识教育活动，做好团员档案管理，认真办理团组织关系的接转及团员证管理工作。

（1）新生团员团籍管理工作。针对新生团员的团籍管理，进行前期的团籍收缴、统计、分类、整理等工作，以班级为单位完成新生团籍管理及团组织关系的转接，并做好记录和备份。一是团员档案与团员证管理工作。为了保证团员团籍材料的完整，便于团委班子工作的更好开展，团委组织部对团员档案与团员证的管理采取集中存储、统一管理的方式。二是开展团基础知识教育活动。加强广大团员的政治敏锐性，调动团员参与各项活动的积极性，团委组织对各班级团支委集中进行团基础知识教育活动，从入团积极分子培养、团员发展、团员证制度、团员统计、团员年度团籍注册、团员的奖励和处分等方面进行培训，再由各班团支委对本班同学进行培训，加强团员意识教育，明确团员的基本权利与义务，号召广大团员积极投入团学活动。为了提高大学生环境保护意识，构建良好的价值观，并结合走下网络、走出宿舍、走向操场“三走”活动，开展志愿服务活动。

（2）做好团费（含特别团费）收缴、管理与使用工作。团费主要使用在三个方面：团委办公经费支出、日常活动及学院内各类活动经费的支出、日常办公经费的支出。

（3）积极开展年度团员教育评议，落实团籍注册制度。

（4）开展团员奖励与处分及青年入团工作。

（5）根据团省委的要求做好每年的团员统计工作。为进一步充实和完善共青团基本信息数据库，全面掌握团组织、团员和团干部队伍发展动态及基本状况，按照省团委及校团委工作安排，应用技术学院团委积极配合并开展团员信息的统计工作，分步骤、有计划地进行团员信息的采集。

3. 加强团支部建设，夯实团的基础

（1）团支部按每年一届的制度进行换届。为进一步加强和改进团的基层组织建设，进一步加强对全院广大团员的组织、引导、教育、管理，按照《中国共产主义青年团章程》和《中国共产主义青年团基层组织选举规则》的规定，各班级本着“公平、公正、公开、择优”的原则，经班级民主选举选拔班级团支委。

（2）健全支部工作机制，有效指导支部建设。为巩固团支部的基层一级组织地位，使其能与广大团员青年进行最直接、最广泛的联系，应用技术学院团委加强对团支部的建设，努力把团支部建设成为班级的核心，明确团支部工作范围，组织召开支部委员会，定期进行团学工作讨论；监督团内民主生活会的召开，并组织团员进行政治学习；完善各项组织制度及团员管理制度，保证团支部各项工作的顺利开展。

（3）指导团支部开展好主题团日活动，举行精品主题团日观摩活动。主题团日活动的开展指导意见：广泛开展“学党史、知党情、跟党走”主题教育实践活动；坚持充分发挥团员的主题作用；坚持充分尊重基层创造性。具体要求：统一思想、提高认识、加强指导；及早部署、务求实效、突出特色；统筹安排、树立典型、促进交流；积极动员、畅通信息、加强宣传。

4. 有效指导团学组织建设，提升团学工作水平

（1）制度健全结构合理，各项工作开展有序。一是院团委和学生会有固定的办公地点。二是按时、按质、按量上交学期工作计划等各项工作材料。三是日常管理机制运行，有规范的学生会工作制度、考勤制度、例会制度、财务制度、文档管理制度等，并形成相应记录，确保学生会日常工作的顺利开展。

（2）有效指导社团活动，构建日常管理机制；明确职责，有效开展活动。

（3）完善青年志愿者活动，构建良好管理机制。一是独立设置，有办法、有记录。二是长期有结对服务点，活动开展有详细记录。三是志愿者网上注册80%以上，有志愿者登记册。四是按时、按质、按量上交工作计划、工作总结等各项工作材料。五是参加青协工作交流会、理论中心组学习。

（三）志愿者工作

1. “三下乡”服务活动

（1）壮族山歌情况调研。

（2）关于开发和弘扬民族优秀传统文化情况调研。一方面可以通过此次社会实践来提高学校学院的知名度；另一方面也可以进一步提升学校学院整体的教育实力与实践力度。

（3）传递青春正能量，携手共筑中国梦。第一，从个人层面看，调查使大学生更加深刻地认识到我国农村的发展现状及个人价值实现基础，为大学生村官积累了一些可行经验。第二，从社会层面看，大学生“三下乡”社会实践不但可以为大学生理论联系实践探索一个平台，还可以让大学生通过实践调研活动，

在了解国风民情的同时，也为我国国策进行有效的宣讲。第三，从国家层面看，大学生实践调研活动符合党的群众路线思想，有利于强化青年学生实践能力和运用操作能力，树立正确的社会主义核心价值观，为国家民族的复兴，为中国梦的实现贡献自己的价值。

2. 组织志愿者服务西部计划的相关工作

为帮助云南西部贫困地区儿童，应用技术学院青年志愿者协会经过认真策划并联系玉溪市春和镇团山小学举办支教活动，用他们的爱心和知识，让这些孩子扩大视野，得到关心。

3. 积极开展特色志愿者活动

为进一步引导应用技术学院广大青年学生积极参与志愿者服务，丰富学院学生社会实践活动形式，掀起弘扬社会主义核心价值的热潮，应用技术学院青年志愿者协会面向全院师生，充分发挥广大青年的专业优势和专业特长，广泛开展形式多样、内容丰富的志愿者服务活动，用以帮助他人、完善自我、服务社会、弘扬新风。

（1）不“瓶”凡的爱——瓶子回收。

（2）志愿同行，爱心在墙——应用技术学院青年志愿者协会携手玉溪市暖暖公益举行大型公益活动暨“爱心墙”启动仪式。云南民族大学应用技术学院青年志愿者协会协同玉溪市暖暖公益于玉溪市春和镇开展“爱心墙”公益活动，将各界爱心人士捐赠来的衣物传递到了需要的人手中。

（3）消防安全知识教育讲座。

（4）回访抗战老兵，进行爱国教育。

（5）“禁毒防艾，你我同行”系列活动。

（6）雷锋精神知识竞赛。

（7）“希望心生命救助计划”义诊活动。云南省青少年发展基金会“希望心生命救助计划”暨“国立爱心基金”项目于玉溪市少年宫演艺厅一楼举办义诊活动。应用技术学院青年志愿者协会积极响应活动号召，参与此次活动的志愿服务。

（8）玉溪市福利院“星星之家”照顾自闭症儿童志愿服务活动。

（9）志愿，不分你我——义工联布衣工程。

（四）校园文化活动

应用技术学院团委在学院党委和校团委的正确指导下，结合学院“三风建设”工作重心，各团学组织紧紧围绕校风、教风、学风建设，开展了一系列寓教于乐，丰富多彩的校园文化活动。

（1）“三风建设”。青年马克思主义者培养工程培训活动、汉字听写大赛、英语角活动、军训慰问演出、晨读签名活动、党风廉政建设进校园活动。

（2）党员教育活动。党团理论知识专题学习、爱国主义教育讲座学习。

（3）“三走活动”。篮球赛、晚读活动、爱心支教活动、“五四民族团结杯”篮球赛、宿舍走访活动。

（五）学术科技活动

学术科技活动是培养和造就创新型人才的重要渠道，应用技术学院贯彻落实科学发展观，坚持以人为本，积极动员学院学生参与各项学术科技活动，让学生在学院中学有所得、学有所成，全面提高能力，为学生以后走入社会奠定一定的科学基础。

1. 学院活动

（1）社会实践活动。

（2）读书、讲座等学术活动。

2. 专业特色学术科技活动

（1）“财经综合技能大赛”活动。

（2）品牌介绍会。

（3）营销实训大赛。

（4）营销策划大赛。

（5）导游服务技能大赛。

（6）计算机文化周活动。

3. 学院同学积极参与学术科技活动

应用技术学院学生积极参加各类学术科技活动，并分别在国家级、省市级、校级等层面获得荣誉和奖励近百项。

四、创新多校区办学条件下团建工作的具体对策

（一）加强思想政治教育，有效组织青年参与活动

1. 加强多校区团组织基层建设

共青团工作的第一要义就是加强思想政治教育，本部校区共青团要着眼于重心下移，把团的工作和重心尽量以活动形式开展出来，使活动影响力覆盖到全部学生，并着重对其进行思想政治教育。九龙池校区应用技术学院，由于班级基数大，不便于管理，所以主要是团委指导各班级团支部开展工作，班级团支部的主动性和积极性欠缺。但在满足基本条件的情况下，九龙池校区团委也积极指导各班级团支部开展了多项思想政治教育工作，例如：新生团教、青年马克思主义者培养工程培训、团日活动、主题讲座等。其中每年的青马培训也由九龙池校区共青团组织进行，并在培训中加入素质拓展来增强团员之间的凝聚力，并且在培训结束前表彰优秀学员，让团员在合作中相互学习竞争。

2. 加强团学干部队伍建设，建立党支部和团支部的学习交流联系

建立一批高素质、高效率、高能力的专业化团学工作干部队伍，是做好团学工作的关键。在九龙池校区共青团工作上，应充分调动班主任参与学生工作的积极性和主动性，加强对学生干部的管理和教育，发挥他们的模范带头作用。同时也应积极联系各党支部，实现党支部与班级团支部的良好互动，党建带团建，以保证团建工作的积极有序开展。

（二）积极服务青年，从青年群体角度出发，注重青年成长成才

1. 转变及更新工作观念，通过各种宣传渠道增强组织号召力，培养同学们的服务与接受服务的意识

在实际工作中，多校区中的青年大学生需求更加多样化，伴随时代发展，更加注重信息的时效性和趣味性，传统的宣传方式极大地削弱了高校团组织的凝聚力和号召力。所以，分校区应着眼于转换传统的工作观念，转变工作方式，好的活动要加以宣传，好的精神要积极传播，使同学们拥有服务意识和创新服务意识，以达到成才成长的要求。九龙池校区团委充分利用微信、微博、QQ 等新媒体平台进行互动，这些形式的团员教育宣传，一定程度上比讲座、会议等更加贴

近年轻人的生活，可以更好地吸引年轻人的注意力，也有效地增强了团委的影响力。

2. 各个校区应主动加强自身建设，博采众长，补其短板，提升自身的服务与协调能力

雨花校区要带动九龙池校区做好团组织的各项建设工作。要充分认识和理解两个校区的实际情况，不断完善和创新工作方法思路，使团建活动逐步完善和升华。要充分考虑校区各支部的工作环境不同，团委工作能力不同，不能一味追求工作的齐头并进，全面发展。两个校区都有自身的优势和不足，雨花校区主要通过开展少而精的特色活动，例如就业创业指导活动，来达到服务高年级团员成长成才，提高学生参加团日活动的积极性的目的。九龙池校区在校园文化活动中的创新颇多，可是在意识形态教育培养方面则较为死板，主要以学习马列理论、青年志愿者活动为主，这就要求在活动进程中加强创新，才能提高团员参与积极性。

3. 需大力开展校区之间的调查分析，找准发展定位和学生需求

共青团工作的前提和基础是了解学生的需求。学校团组织和学院团组织应结合学校学生的整体形势及实际情况，创新服务平台，积极开展两校区工作的分享交流会，组织开展实地考察工作、定期召开学生座谈会、开放团组织意见信箱和留言平台、设计网络调查问卷或网上意见征集投票等。及时了解学生们的需求，不仅可以加强组织之间的工作默契，更能通过网络平台使得两校区的同学得以交流。

4. 把握青年思想动脉，创新服务理念，创新服务形式

真正对学生好的工作一定是建立在他们乐于接受、容易接受的基础上，在思想政治教育工作中，组织者只有转变工作思路，才可以更好地开展学生工作。

（1）理论指导实践。理论学习固然重要，可是不能把所学运用到实践工作中的话，理论的学习也不算完整，这就要求团组织主动建立或联系实践平台，让学生在服务社会的同时，更好地实践其自身所学。为了及时准确地贯彻党中央和团中央的有关精神，全面学习党的路线、方针、政策，深入学习有关理论，提高应用技术学院全体师生及团学干部的理论水平、政策水平、思想觉悟水平，在提高思想政治教育的基础上，团组织要提高工作效率，提高工作能力，结合学院实际情况，建立中心小组学习制度，并有序开展各项活动。

（2）加强活动创新辅助思想教育，积极发挥共青团的政治优势和活动优势，寓教于乐，通过开展丰富多彩的校园文化活动，来引导大学生在主题活动中接受思想教育。在九龙池校区，各种活动多以系部或者班级为单位，以各专业举行的特色比赛为主，例如财经系综合技能竞赛、计科系计算机文化周、外语系配音比赛、管理系导游服务技能竞赛、营销策划竞赛等比赛，通过竞赛奖励的方式引导广大学生学习专业知识，积极参与校园文化活动及竞赛。

（3）加强网络教育辅助教育行为，这就需要组织者充分利用大学生喜欢活跃在互联网端的特点，建设共青团宣传网站，开设微博微信，及时有效地占领网络阵地，把传统的思想教育用青年易于接受的形式表现出来。九龙池校区团委在宣传方面紧跟时代的步伐，在团委宣传部下建立了新媒体运营中心，进行团教活动的宣传互动，巩固稳定团学思想建设。

5. 双向优化沟通体系，做到有问题就解决

目前，“校级团委—院系级分团委—班级团支部”这一结构是高校团组织较为普遍的结构形态。在这样的沟通机制下，经验的总结和推广，及时发现问题、分析问题、解决问题，出现了一些断层现象，缺乏沟通、交换意见，使得基层团组织多有计划，少有总结。因此，校区中需要建立健全有效的沟通、协调机制，加强多校区间团建的沟通与交流，相互总结、借鉴，做到有问题可解答，有问题可分析，有问题可解决。

（三）利用不同的宣传载体，使学生认可团组织的工作

（1）利用校园共青团网站。创建新栏目，使学生更了解校园文化、社会实践、组织建设，等等。

（2）利用宣传栏、海报。定期更换校园内宣传栏、海报等，雨花和九龙池校区的优秀活动要相互展示，以起到互相学习、互相促进的积极作用。

（3）利用广播、报纸、新媒体平台。及时加强与校广播站、校媒校报等媒体平台对接沟通，积极宣传共青团活动和优秀团干部、团员事迹等。

（4）利用各类宣传资料。针对大学生关心的热点问题，印制发放就业技能培训、高校毕业生基层特岗、高校毕业生就业见习等各类宣传资料和政策解读。

（5）利用各种宣传活动。结合各班级的“团日活动”学习党中央的报告，开展青年志愿者等活动，组织开展校园宣传和集中宣传。

（四）提高思想认识，正确引导青年

1. 工作要符合学生需求

共青团工作的开展应更多地采用微博、微信、QQ 等新的网络传播平台，而在九龙池校区中，学院团委宣传部下设了新媒体运营中心，主要负责团委官方微信、微博、QQ 等平台的管理与运营，包括新闻报道、采访、进行微博实时推送和微信当天推送，以及学院活动视频拍摄、剪辑与制作，为学院各类活动提供网络技术支持。增设栏目，创新与学生的交流方式，这样更符合大学生的互动形式，可以扩大每个工作平台以及团组织的影响力，使更多同学参与其中，使共青团组织与学生找到“共同语言”。

2. 工作要带来正面能量

团组织的工作要注重内容建设，加强网络正面的宣传效应，有针对性地开展学生工作，引导学生积极投入共青团建设。

五、两校区共青团建设的基本思路和对策

（一）两校区办学条件下团建工作的现状

1. 地理环境有差异，团建工作氛围不同

云南民族大学雨花校区地处昆明市，可用资源多，交通便利。同时，经过长期积淀和发展，校园文化气氛较为浓厚，共青团思想建设、制度建设、组织建设都很完善，开展工作相对容易。九龙池校区（云南民族大学应用技术学院）位于玉溪市红塔区春和镇，地理位置边缘化，周边环境以农村为主，交通不便捷。由于九龙池校区为校企合办，且投入使用时间不长，很多校园设施还在建设中，校园中缺乏浓厚的育人环境、人文环境和学术氛围，学生缺乏校区认同感，心理和思想方面对团的认识不够，团组织建设初期较为困难，制度建设还有待完善。

2. 校区资源配置有差异，活动内容不一致

地处市区的雨花校区，与外界环境联系密切，能动性高，依靠周边资源可以开展多种多样的社会实践、社会调研、就业实习等，以提高团建活动的多样性。九龙池校区的活动内容更多的是注重思想教育，活动数量多，大多是专题教育活

动、支教、敬老院、福利院的志愿服务等主题活动。两校区毕业生就业创业差距大。两校区每年均开展校园招聘会，但参与两校区招聘的企业差距较大，参与九龙池校区招聘的企业以中小型居多，且九龙池校区缺乏大学生创业园，学生缺少平台展现自我。

3. 团员队伍建设差距大，管理思路不一致

低年级团员队伍思想政治不够成熟，对团的认识比较单薄，缺乏相关的组织工作经验，在宣传工作和组织工作方面难免有偏差和疏漏。但其作为新鲜的活力注入共青团组织，又有利于进行思维创新、活动创新和工作创新的一面。高年级学生由于对周围环境已经熟悉，适应了大学生活的节奏，独立性强，但是组织观念淡薄，更多的面临着就业、考研、出国等方方面面的压力，对团组织活动有所忽略，然而他们工作经验丰富，在思想认识和对团组织性质的把握方面较为成熟。所以说两者皆有不足，但又有所互补，因此，对于团员队伍的管理思路应有所不同。

（二）两校区办学条件下团建工作基本思路和对策

1. 在服务青年方面

雨花校区主要通过开展少而精的特色活动，例如就业创业指导活动，来达到服务高年级团员成长成才，提高学生参加团日活动积极性的目的。九龙池校区主要开展丰富多样的校园文化活动，突出极具特色的专业品牌活动，把九龙池校区的校园文化有机地融合到学校统一的校园文化当中，适时地借助校园文化的品牌效应，加深青年学生对校园文化的认识和理解，强化对大学文化的认同感和归属感。

2. 在引导青年方面

第一，引领青年学生形成共同的理想，即实现中华民族伟大复兴的中国梦。第二，引领青年学生树立坚定的政治信念，即走中国特色社会主义道路。这既是历史的选择也是人民的选择，是实现我国社会主义现代化和创造人民美好生活的必由之路。第三，引领青年学生养成良好的道德观念，即培育和践行以“三个倡导”为基本内容的社会主义核心价值观。第四，引领青年学生建立健康的生活理念，即科学的生活态度和文明的生活习惯。针对青年学生做好以上四个方面的引导，有利于提高学生的思想政治觉悟，加强学生自身修养，增强学生对团组织的

凝聚力和向心力。

3. 在组织青年方面

培养优秀的团干部，是带动青年团员奋发向前的重要力量。针对团员团干的培养，应用技术学院建立了系列相关机制。对学生干部，首先，要加强思想教育，引导校区内形成良好的班风学风。其次，指导老师要对各班团支部工作及时给予指导，还可以结合采用团学骨干“帮扶”团支部的方法，使他们在各项团内活动中能够提高语言表达能力、组织能力、协调能力，学会发现问题、分析问题、解决问题，寻找适合自己的方法提高办事的效率。再次，需要致力于培养他们的服务意识和责任意识，重视理论课、实践课学习。最后，建立相应的干部激励机制，以调动学生干部参与团学工作的热情，提升团干部队伍的影响力。

与主校区相比，九龙池校区学生人数多，校区在校学生人数达到5000 余人(几乎为云南民族大学学生总数的1/4)，且只有一个学院，应用技术学院团委要担负起九龙池校区的共青团工作，各项团学活动开展难度大。团组织关系转接，团员信息统计等工作耗时费力，开展困难。

立足学院的实际情况，我们更需要时刻把握青年特点，打造优质品牌活动。把握青年学生的思想动态、生活习惯、兴趣爱好、思维方式以及自我认知当中的新特点、新需求，找准找精相似点、结合点、着力点，不断拓展活动渠道，创新活动载体，丰富活动形式，打造出一批又一批共青团服务青年。

4. 在宣传方面

依据共青团工作特点，高校共青团能够使用新媒体方式，促进青年学生的资源共享和信息交流，发布团委信息，了解学生的思想动态和生活现状等。云南民族大学本部建立了共青团网站和微信、微博公众号，以校园动态、视频新闻、学生组织、学院风采、民族风情、微博动态等板块将最新的团学信息和各项活动情况，及时地向广大师生发布。但是视频新闻部分内容欠缺，且各个板块信息更新时间不定，时效性不足。对现有问题的分析和改进，可以更好地解决不足，而两个校区建立一个共同的信息服务平台，加强对分校区的关注，更有利于共青团工作思路的借鉴和学习，使高校团组织的凝聚力和向心力有所增强。

参考文献：

[1] 吴文．多校区办学背景下高校共青团工作的问题与对策．黄山学院学

报，2009（6）.

［2］李立红．共青团 2015 年将开展十大工作．http：//news. cyol. com/content/2017 –04/26/content_ 16017785. htm，2017 –04 –26.

［3］覃吉春，肖国民，郑世文．两地办学模式下低年级大学生思想政治教育工作研究与探索．中国电力教育，2007（11）.

［4］于磊．多校区高校新校区管理问题研究．天津大学，2009.

［5］凌日飞，辛立章，曾丽萍．试论高校多校区办学团学组织与校园文化建设——以桂林理工大学为例．教育教学论坛，2012（17）.

［6］易皓华．新形势下高校共青团组织建设研究．西南财经大学，2011.

［7］董丙剑．多校区办学团学工作研究．鸡西大学学报，2013（2）.

［8］肖杰．两校区办学背景下学院共青团工作的困难与对策．课程教育研究，2013（16）.

宣讲“两学一做”傈僳小队赴怒江开展暑期社会实践活动的报告

云南民族大学民族文化学院　麻学荣

摘　要：为深入学习宣传贯彻习近平同志系列讲话精神，学习党规党章，做合格党员，暑假期间，由民族文化学院6名同学组成的傈僳小分队，到怒江各地区进行了为期四天的宣讲“两学一做”的社会实践活动。此次活动旨在提高青年大学生社会实践能力，以实际行动，为全面建成小康社会，实现中华民族伟大复兴的中国梦贡献自己的青春力量。

关键词：两学一做；党章党规；怒江傈僳族地区；宣讲

一、实践地基本情况

怒江傈僳族自治州位于云南省西北部，怒江中游，因怒江由北向南纵贯全境而得名，有长达449.5千米的国界线。怒江州北接西藏自治区，东北临迪庆藏族自治州，东靠丽江市，东南连大理白族自治州，南接保山市，政府驻泸水县六库镇。怒江州总面积14703平方千米，人口52万人，少数民族人口占总人口的92.2%，其中傈僳族占51.6%。怒江州辖泸水县、福贡县、贡山独龙族怒族自治县、兰坪白族普米族自治县。怒江州是中国唯一的傈僳族自治州，其中独龙族和怒族是怒江所特有的少数民族，怒江州是中国民族族别成分最多和人口较少、民族最多的自治州。

二、实践的主要内容

（1）实践时间：2017年7月20日—2017年7月24日。

（2）实践地点：云南省怒江州福贡县。

（3）对象：怒江少数民族居民。

（4）方法：双语宣传，走访，座谈。

（5）实践目的：深入学习宣传贯彻习近平同志系列讲话精神，学习党规党章，做合格党员。提高青年大学生社会实践能力，以实际行动，为全面建成小康社会，实现中华民族伟大复兴的中国梦以及迎接党十九大的胜利召开贡献自己的青春力量。

少数民族在中国共产党的带领下，一步步走向繁荣富强，中国梦是我们的梦。热爱我们的国家，拥护中国共产党的领导，贯彻党的政策方针，了解党员基本要求，全面落实科学发展观，加强思想道德建设，我们每个人责无旁贷！

（6）实践意义：同学们通过此次实践，深入了解民族地区风土民情以及发展变化。同时，提高青年大学生的社会实践能力，增强学生建设家乡、服务家乡的责任感和使命感。有利于塑造同学们的世界观、人生观、价值观，提高自身的整体素质，更好地服务社会。

三、实践情况的调查概述

（一）实践情况

怒江迎来了雨季，连续的降雨使江水上涨，淹没了较为低洼的公路，并且多处发生泥石流、滑坡等自然灾害。由于存在安全隐患，我们的实践活动延迟几天进行。两天后，天空放晴，暴雨停息，傈僳小分队便开始沿着滔滔江水逆流而上，一路向北，开始了暑期社会实践活动。

第一站，我们来到了福贡县石月亮乡，这里是傈僳族人民之乡，“亚哈巴”（傈僳语，汉语译为石月亮）如同一轮高挂天空的明月，坐落在群山之间。这里是傈僳人民普遍认为的傈僳族发源地，很多傈僳族人都会慕名前来这里追根溯源。如今，这里也成了许多旅游爱好者必选的旅游目的地。值得一提的是，党如月亮般，照亮了这里的傈僳族人民，江边修建了许多错落有序的移民安居住房，很多住在半山腰的傈僳族人民迁居于此，生活质量得以提高，人们在这里安居乐业。在一位同学的带领之下，我们一行人来到了石月亮之下的米俄洛村，我们受到了居住在这儿的傈僳人民的热情接待。村里的书记接待了我们，在具有傈僳族传统特色的篱笆房里，我们与他们进行了长达两个多小时的访谈。在此，我们看见了傈僳族人民朴实、纯真、好客的美德，并为他们的热情深深感动。据悉，自

2016年“两学一做”宣传活动开展以来，村里都会组织党日活动，通过学习党章党规，每个党员同志在思想觉悟和个人素质上都有了很大的提高。随后，在得到他们支持后，我们到一位老奶奶家进行了走访。交谈中我们了解到，老人世代居住于此，在年轻的时候经历了旧社会的苦难，她说：“自从共产党解放了这里以后，日子便一天天地好转了，我目睹了家乡的变化，现在，生活水平一天比一天提高，我感谢中国共产党带给我们的新生活。”老奶奶的一席话让我们深深感受到党在人民心中的地位和党带给人民的光明。天色渐晚，我们便踏上了归途。晚上，在总结了一天的所见所闻、规划好第二天的行程之后，我们便进入了梦乡。

图1　访谈

第二站，我们来到了独龙江。头一天到达贡山县城时天色已晚，我们便在这里休息了一宿，第二天又早早地踏上了征程。独龙江，位于高黎贡山，沿途道路多弯弯曲曲且狭窄，我们怀着忐忑不安的心，一路往山里进发。待见到了令人震撼的原始森林和高耸的山峰之后，才放下了不安的心，并为这里的美景所震撼。我们来到了独龙江隧道。据悉隧道未通之前，独龙江人民因为大雪封山，有大半年的时间与外界隔绝，为修建隧道，国家投入了大量的人力、物力和财力，隧道修通后，独龙江人民通往外面的路便畅通无阻了。到了目的地独龙江乡孔当村，独龙江乡镇府所在地，这里也是全国道德模范老县长高德荣同志的家乡，在党的光辉照耀下，他带领独龙江人民，与艰苦环境作斗争，如今，独龙江人民已过上了安康的生活。我们找到了当地乡镇的相关工作人员，并向他们说明了此行的目的以后，在他们的带领下，我们先后到乡镇、博物馆进行了参观。这里的房屋，极具独龙族特色，有世外桃源之感，却也不失现代化的气息。博物馆里，记载了独龙族人民各种各样的传统文化。最让我们印象深刻的是高德荣先进事迹展，他的事迹让我们感触颇深。习近平同志说过的不让任何一个少数民族掉队，在独龙族人民幸福的脸上见证了。

第三站，也是最后一站，我们来到丙中洛乡秋那桶村。这里是怒族人民的居住地，经过这里便可进入西藏地区。我们一早便踏上最后的征程，沿途经过了藏族、傈僳族、怒族等的特色村落。在怒江两岸，国家为居民修建了具有民族特色的安居房，一排排的房屋错落有致，这里的住房条件有了明显提高。过了怒江第一湾，穿过丙中洛乡镇，途经石门关、茶马古道等地，我们进入了秋那桶村委会并与村委会的工作人员进行了座谈。我们了解到，这里是怒族人民的聚居地，住房极具特色，聪明的当地人还就近取材，用石头盖房顶。在这里，每个人一般都会讲好几种少数民族语言，当地乡镇政府也正在如火如荼地进行脱贫攻坚工作，这里的居民生活日趋小康。这里让我们感受到的是：在中国共产党的领导下，民族团结、民族平等、民族共同繁荣方面取得了显著成就，全面建成小康社会、中国梦的实现指日可待。最后，我们告别了怒江的最后一站，也是我们这次暑假社会实践的最后一站，踏上了归途。

图2　独龙族博物馆

短暂的社会实践活动虽然结束了，但对我们来说却颇具意义。我们看到了怒江地区的傈僳族、怒族、独龙族等少数民族在中国共产党的带领下，一步步走向繁荣富强。中国梦，我们的梦。热爱我们的国家，拥护中国共产党的领导，我们每个人责无旁贷！

（二）实践感悟

如今，怒江地区在党的光辉照耀下，一改贫穷落后的面貌，人民生活水平普遍提高，住房医疗条件不断改善，改变了当初贫穷的面貌，民族文化也得以保护和传承，在这里居住的各少数民族，保持着自己的民族特色，建立起了民族文化保护机构，文化在各代人之间广泛传承。当然，怒江各少数民族，不管是傈僳族、怒族，还是独龙族，都深深爱戴中国共产党，他们将如今过上的幸福生活归功给党，是党科学的社会主义建设，全心全意为人民服务的宗旨，让他们安居乐业，过上了美好的生活。党十八大召开以来，广大少数民族共产党党员，严格要求自己，为少数民族地区发展带去了党的政策方针，服务家乡建设。如今，怒江少数民族地区，在党的科学领导下，稳步发展，全面建设小康社会的目标，一一落实达成。

我们感谢此次实践活动，让我们加深了认识，增强了社会责任感和使命感，提升了社会实践能力。作为当代青年大学生，为推动家乡的建设发展，我们有不可推卸的责任和义务，我们将不断提高自己的各项能力，更好地为家乡、民族的发展贡献自己的力量。

纳西文化研习会“两学一做”系列社会实践报告

云南民族大学民族文化学院纳西文化研习会　和晓东

摘　要：云南民族大学民族文化学院纳西文化研习会于2017年7月26日奔赴丽江市玉龙纳西族自治县拉市镇打渔村开展为期三天的暑期社会实践活动。我们体会到，在少数民族地区，由于语言环境的限制，民众很难理解“党章党规”的具体内涵，因此，“两学一做”双语教学就尤为重要，通过懂母语的人传播与讲解，民众就能更好地理解党的理论知识与政策方针。

关键字：两学一做；党章党规；宣讲；地方旅游；扶贫助困

一、打渔村调研基本情况

开展“两学一做”学习教育，是落实党章关于加强党员教育管理要求、面向全体党员深化党内教育的重要实践，是推动党内教育从“关键少数”向广大党员拓展、从集中性教育向经常性教育延伸的重要举措，是加强党的思想政治建设的重要部署。而在少数民族地区，由于语言环境的限制，很多人无法真正理解“两学一做”的具体内涵，我们民族文化学院纳西文化研习会结合自己的专业组成了小分队到玉龙纳西族自治县拉市镇打渔村开展宣讲“两学一做”的社会实践活动。2017年7月26日晌午时分，我们到达了打渔村，在村主任的推荐下我们找到了村里老党员木大叔一家。这是我们暑期实践活动的第一天，我们准备在木大叔家开展“两学一做”，即学党章党规、学系列讲话、做合格党员专题活动。

木大叔是村里德高望重的老党员，在他的组织下他们支部成员及村里一些普通群众表示要参与到我们的活动中。我们紧张地做着准备活动。三五人去粘贴海报，几个去拉横幅，剩余几人布置会场，生怕哪个环节出错，我们重复检查了好几遍。我们的专题会重温了党的创建发展历史，十八大以来带来的喜人变化，怀揣中国梦，喜迎十九大等。我们小分队成员与村民面对面谈党、感党、谢党。

向与会村民发放宣传单页，进一步深入基层贯彻习总书记系列讲话。聆听基层党员故事，树立优秀党员榜样作用，向优秀党员学习，在与前辈交谈学习的过程中我们坚定了理想信念，争取在不久的将来早日加入中国共产党，为中华民族的伟大复兴梦努力奋斗。

不知不觉间几个小时过去了，可是大家却丝毫没有感到疲惫、乏味。党员和大妈说道："感谢共产党，现在我们的生活也幸福了，村子里发展起了旅游业，在旅游企业里打工解决了我们的就业问题，提高了我们的收入，我们很幸福。"说完她笑得合不拢嘴。像和大妈这样有话说的基层群众很多，物质生活的提高促进了人民精神文化生活的飞跃，在此次下乡活动中我们感触颇深。随后我们到村里街道上发放关于"两学一做"的宣传单，进一步向村民及来村里旅游的广大游客传递中国正能量。在讲述与回望历程、展望未来中，我们结束了当天的活动。

二、地方旅游业的开发与保护探究活动

近期丽江旅游业因受部分负面新闻影响被推上风口浪尖，丽江古城形象遭到破坏。本次探究活动意义在于对外进一步宣传丽江古城，恢复世界文化遗产名誉，重塑丽江古城文化名城美好形象，吸引更多中外游客感受丽江、熟知丽江。丽江与我们共命运，同呼吸，如果当地名誉形象遭到破坏，一定程度上就会影响到当地经济、文化的发展。

丽江作为一座旅游文化名城，主要依靠旅游业发展经济，而拉市镇是丽江市典型的发展旅游重镇，如何在开发与保护中进一步促进旅游业的发展，我们来到基层农村力求找到答案。我们小分队一行 15 人，分成 3 个小组，分别对村民、当地政府部门、当地旅游企业进行走访调查。经过一天的努力，我们找到了各方面的线索。

村民、政府部门的调查情况：（1）普遍认为旅游业的发展带动了经济的发展，增加了村民收入，带动就业，提升村民生活质量。（2）随着不断开发，当地生态系统遭到破坏，应予以重视。（3）人地矛盾激化。（4）村民自发地参与环境与生态的保护。（5）缺乏民族文化特色，过度商业化。（6）基础设施建设有待提高。

当地旅游企业调查情况：

（1）不局限于传统经济模式，进一步在保护生态、保护文化、保护村民利益上给予企业创新活力。

（2）谈及一些与游客的纠纷负面事件时，企业员工向我们倾诉，在努力做出赔偿安抚工作后，希望广大游客也能提高自我认识和修养，这样可以避免事态升级，尊重彼此是前提条件。

（3）为了更好地开发与保护企业，推出合并共赢策略，例如将村民自己的小马场归并到大的马场，促进了旅游市场的良性竞争，提升了对生态系统的保护力度，还避免了村民因此失业、收入减少等问题。

希望家乡的旅游业越来越好，也希望更多的旅游村落能够发展起来，带给群众更多的实惠福利。在村旅游的开发与保护工作中，老党员木大叔一直是带头人，为此忙活了几十年。临近傍晚，我们相聚在木大叔家里，向他赠送了我们准备的一幅东巴画。这幅东巴画意为“山高水长”。我们在追寻金山银山的同时，要更加注重对绿水青山的保护，希望山更高，水更清、更长。在走访的过程中，村民及旅游企业都很自觉地参与到地方旅游的开发与保护中，这是最令我们感到欣慰的。希望有更多像木大叔这样的建设者与保护者，在他们的努力下打渔村能够创造更多的财富。

三、开展扶贫助困服务活动

留宿木大叔家时，在同他谈话中得知村里有一户人家因火灾失去了家园，正在重建，所以第二天我们决定去他家帮忙。去杨大哥家需要爬过一座山，我们翻过山峰来到了他家。由于房屋被烧毁，杨大哥一家寄宿在他哥哥家中。临近中午，我们也正赶上杨大哥家吃午饭，同杨大哥一家一同吃了一顿马铃薯大餐。吃完午饭，我们也只能帮他们做一些我们力所能及的事情。

“虽然房屋被烧毁了但是家人都还在，我们还可以靠我们的双手重建家园，特别要感谢党和政府部门的关怀，修房子的钱大部分是他们给出的，你们说有这样好的党和政府，我还有什么好担心的啊。也要感谢村民们的帮助，只要没什么事，像老木（木大叔）这样的人会经常过来搭把手。”杨大哥一边翻着木块一边对我们说道。灾祸无情，人间有爱，在灾祸面前这个村子是如此团结互助，令我们感动，我们小分队也忙乎了起来，在自己能力范围之内帮杨大哥家多做点事情。

那天是我们调研以来最为辛苦劳累的一天，也是本次暑期“三下乡”活动的最后一天。夕阳西下，我们才登上回程的汽车，大家都睡着了，但看到大家嘴角扬起的微笑，我觉得这是对这三天时光最满意的答卷。

本次系列活动在校园与社会、在大学生与人民群众间架起了一座桥梁，使我们对自己家乡的发展状况有了更深了解，也更好地让我们理解和拥护党的路线、方针、政策。这次活动不仅促进了我们大学生社会责任感的形成，磨炼了我们的意志，奉献了我们的爱心，同时也提高了我们独立思考问题、分析解决问题的能力，从而提高了自身的综合素质。在这次活动过程中，我们一起食宿、一起工作、一起调研走访，相互照应、同甘共苦，大大增强了我们团结协作的精神，为步入社会与投身祖国建设做好准备。